東突厥斯坦

EAST TURKISTAN

維吾爾人的真實世界

HÜR TANGRITAGH
霍爾・唐日塔格＿著

阿爾泰山
蒙古
阿勒泰
斯河
克拉瑪依
昌吉
烏魯木齊
哈密
山
甘肅省
巴音郭楞
塔里木河
沙漠
青海省
西藏自治區

東突厥斯坦簡圖

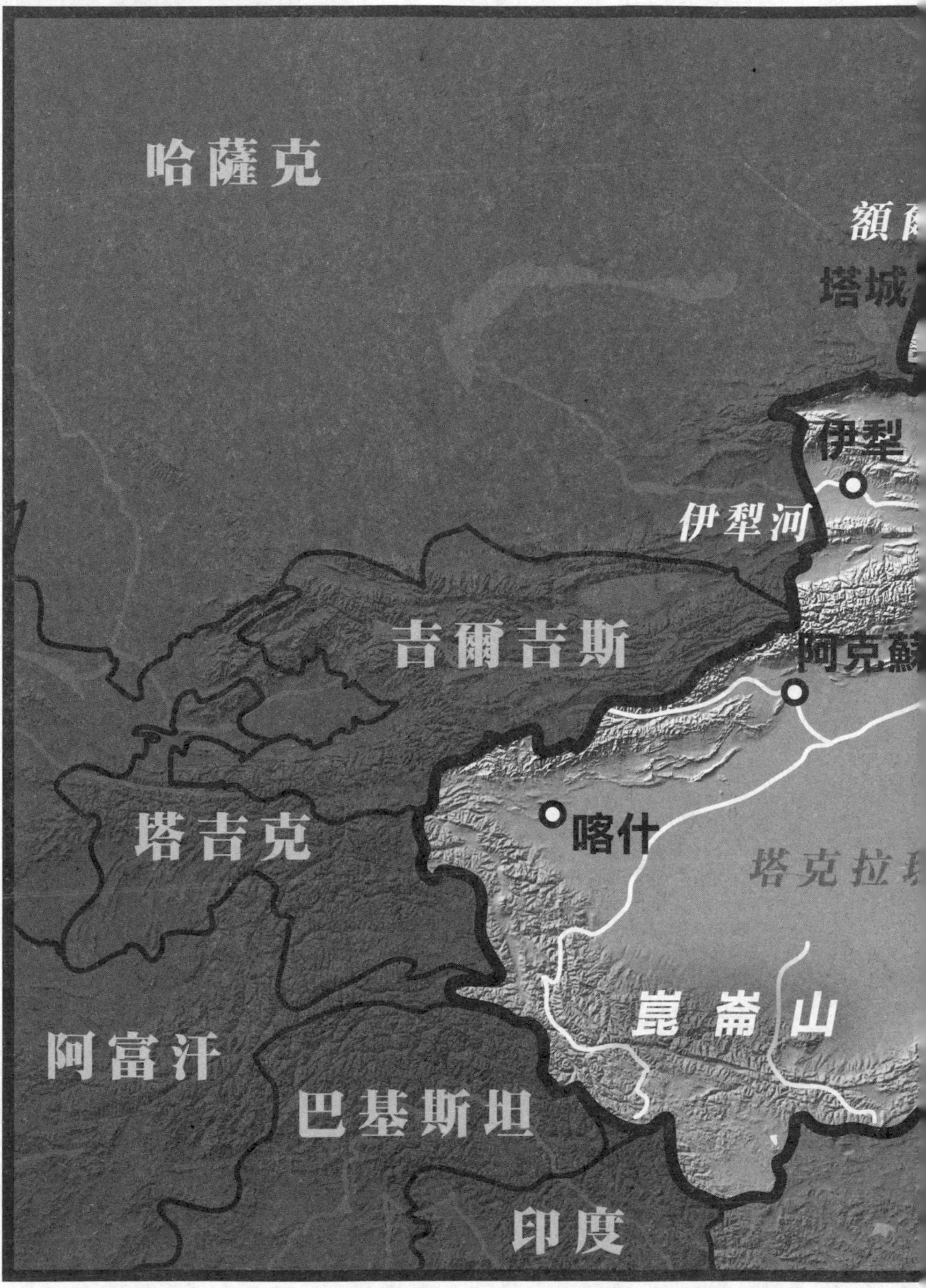

我羅斯
蒙古
內蒙古
自治區
甘肅省
斯坦
青海省
西藏自治區

東突厥斯坦與周邊國家位置圖

參考圖資來源：
Natural Earth (Public Domain) http://www.naturalearthdata.com/about
GTOPO30 (Public Domain) http://webgis.wr.usgs.gov/globalgis/gtopo30/gtopo30.htm

新疆胡楊三千年，
長著不死一千年，
死後不倒一千年，
倒地不爛一千年。

代序

幾年前一次偶然的機會，一位朋友將本書書稿轉給了我。

拿到書稿那天，我挑燈夜戰，坐在電腦前，將全書書稿連夜整個讀了一遍。

說實話，這是我平生第一次讀到一本站在維吾爾人立場，詳細闡述東突厥斯坦、維吾爾人問題的中文書籍。

在驚歎、敬佩作者富有勇氣、敢於冒風險，書寫這麼一本爲東突厥斯坦（新疆），爲維吾爾人自由、平等吶喊的作品之餘；也爲作者對東突厥斯坦、維吾爾人歷史、文化、宗教信仰之深入、詳細研究，對中共統治下東突厥斯坦、圖博（西藏）、中國形勢之縝密、周到分析，對海外中國民運及法輪功等反共人士之入木三分觀察、研究所折服。

沒有幾年、甚至幾十年辛勤的資料蒐集、研究、觀察，是不可能成就這麼一本極具說服力的作品的。

令人遺憾的是，作者堅持以匿名出版本書，使得大家無法將這麼巨大的功勞，歸於付出了心血的英雄。

因種種原因，本書一直未能見天日、得以付梓印刷。

拿到書稿近幾年，本人也因家事、工作、社團等事務纏身，而未能及時聯絡朋友、尋找出版門道。但，一直也未忘記要想辦法讓此稿見天日、出版發行，以彌補站在維吾爾人立場陳述有關東突厥斯坦、維吾爾人問題之中文資料的短缺，以饗對東突厥斯坦問題、對維吾爾人問題有興趣，且關心、關切之中文讀者。

本書是在二〇〇五年年底完成的，也就是說，是十年前完稿的一本書；據此，可能會有人質疑是否有必要出版一本十年前寫的書。

如果我們仔細、耐心地研讀本書內容，就會發現本書的主要內容，特別是針對東突厥斯坦歷史、維吾爾人問題及其由來、演變之陳述；對東突厥斯坦被中共統治以來局勢之分析；以及對中國爲實現其長期佔領東突厥斯坦，而實施鼓勵漢人移民政策之揭露。作者根據對中國、東突厥斯坦海外各組織、海外民運、法輪功組織立場、觀點之分析，所提各項建設性建議，可以斬釘截鐵地說，到今天，仍都一點也不過時！

去年年底在和一位朋友的交談中，我談到此書稿計畫出版的構想，這位朋友當場承諾要幫忙，一定要讓這本書見天日、得以出版。

很快地，朋友告訴我台灣有朋友願意幫忙、願意冒風險出版此書；我在高興之餘，答應很快將書稿轉過去；但因工作變動，未能及時將書稿轉過去，又耽擱了一段時間。

但無論如何，書要出版了；在經歷了十年輾轉之後，終於要見天日、與讀者見面，幸事、喜事。

書稿之經歷，足以見證東突厥斯坦、維吾爾人事業之艱辛、曲折；也見證東突厥斯坦、維吾爾人自由事業如同本書稿，在經歷艱辛、曲折之後的不遠將來，一定會驅除黑暗、迎來自由光明的一天！

對出版書稿的一點多餘說明，是爲序。

美國維吾爾人協會主席 **伊利夏提**

二〇一六年三月九日於維吉尼亞家中

目錄

前言

隨著上世紀九〇年代初期蘇聯的解體和東歐劇變，地球上的共產主義體制宣告徹底破滅。然而，中共卻憑藉著手中強大的軍事力量，以及獨裁、高壓的統治，仍然在垂死掙扎。近年來，中共為了維持自己的統治地位，不惜使用坦克、機槍鎮壓「六四」民主運動，取締法輪功民間組織、迫害法輪功學員，殘酷鎮壓新疆、西藏的民族的反抗，全面清除異議勢力，剝奪中國公民的人權和自由，走向了極端的獨裁、專橫統治。

中共企圖利用它改革開放後所取得的經濟發展，更準確地說是走資本主義道路而取得的經濟發展成果，來證明共產黨的執政業績和統治地位的合法性。但是，它無法掩蓋潛伏於這個泡沫經濟背後的社會危機。儘管中共當局通過新聞封鎖和對國內媒體的控制來製造一個社會穩定、國家繁榮、民族團結的假象，以致於很多中國人和外國輿論界都被這種假繁榮所蒙蔽。然而，隨著資訊技術的高速發展，越來越多的中國人開始覺醒，開始瞭解到中共政府的腐敗、殘暴和種種黑暗內幕。反對共產黨獨裁統治的呼聲越來越高漲，中國的局勢可以說是到了一觸即發的地步。

迅速發展壯大的海外中國民主運動組織，通過向國內外華人的大力宣傳和對中共邪惡本質的揭露，開始喚醒了中國人民，帶給了中國民眾擺脫中共枷鎖和走向自由、民主的希望，大大加快了中國的民主進程。《九評共產黨》一書和退黨狂潮敲響了中共獨裁統治的警鐘。

九〇年代以來，國際社會發生了巨大的變化，人權、自由、民主成了二十一世紀人類共同的宗旨，前共產黨國家紛紛瓦解並走向了民主道路，很多獨裁與專制政權一個個走向了崩潰。這一切給中國人民帶來了振奮和希望。

一九九九年，統治印尼幾十年的獨裁者蘇哈托被示威民眾趕下了台。

二〇〇〇年，塞爾維亞獨裁者米洛舍維奇被人民群眾的反抗浪潮推翻。

二〇〇四年，喬治亞反對派的示威運動，嚇跑了該國獨裁者謝瓦納茲。

二〇〇五年，尤申科帶領人民群眾衝向政府議會大樓，結束了烏克蘭的專制統治。

同年，吉爾吉斯示威群眾從四面八方湧向首都，把統治該國十五年的獨裁者阿卡耶夫趕出了總統府。

這些都不是武裝革命或者是軍事政變，而是人民的正義力量。這種被媒體稱爲不流血的「橙色革命」或「絲絨革命」，成爲推翻專制政府和獨裁者的新方式、新潮流。絕大多數的中國人都深信，搖搖欲墜的中共恐怖統治，也總有一天會被人民的力量推翻。

「六四」以後，中國的民主運動進入了嶄新的階段，海外的民運組織不斷發展壯大，華人當中反共和要求中國走向民主自由的呼聲日益高漲。中國人民對中共的恐怖統治已經到了忍無可忍的地步。新疆、西藏、內蒙等人民的自由獨立運動也出現了空前的活躍，特別是新疆（東突厥斯坦；簡稱「東突」）[1]的政治組織在近十幾年得以迅速發展壯大，把新疆問題搬上了國際政治舞台。新疆、西藏問題已逐漸在熾熱化、國際化；「法輪功」在近幾年也形成了威脅中共統治的龐大的政治勢力。在國際政治舞台上陷於孤立的中共政權，在外交上利用經濟利益作籌碼以及金錢外交在與各國周旋，在全世界的譴責中艱難地維持著自己的統治地位。已陷入四面楚歌的中國共產黨在不遠的將來即將宣告滅亡，這是不可阻擋的歷史潮流。

一部分海外華人指望「和平過渡」，等待出現一個明智的共產黨領導人，逐步進行政治體制改革，一步步走向民主化，甚至對胡錦濤抱有這種幻想。這種可能性當然會有，可是要等幾十年呢？這很難預料。出現規模更大的第二次「六四」運動，全國動員、全民示威，迫使中共退位也不是沒有可能的。

在這種局勢下，海外的民運組織、華人團體、民主人士有沒有做好各種準備去面對共產黨的垮台和民主中國的降臨呢？到了那一天，中國民主政府將如何成立？如何在中共留下的一片廢墟上，重建一個嶄新的民主中國？如何解決其所面臨的一系列重大問題和突發事件？特別是如何解決新疆、西藏、內蒙的問題？

無論是「和平過渡」，還是「政治突變」後的民主中國，都無法回避新疆、西藏等民族問題。

因此，爲了避免中國將來出現類似波赫共和國、科索沃和車臣等地的悲劇，海外的民運組織以及東突（疆獨）組織、西藏流亡政府、內蒙異議組織都應該做好一切準備，各方要彼此合作，加強對話，通過探討和協商，共同制定出各方都能接受的一個解決新疆、西藏和內蒙問題的最佳方案。中國民運組織要想制定出一個正確的、公正的、有效的解決方案，首先就必須做到以下兩點：

（一）和海外東突組織、西藏政府等機構加強接觸和對話。

到目前爲止，民運組織與東突組織、西藏和內蒙組織進行的溝通與對話是遠遠不夠的，還必須要經常召開聯合會議，探討新疆、西藏問題的解決辦法，各方的合作不能只侷限於爲了對付共同敵人——中共政權而聯合組織抗議活動，還要不斷地加強各方之間的溝通，通過辯論、協商等辦法找到分歧和共同點，最終達成雙方都可以接受的共識。

（二）瞭解新疆、西藏的歷史和現狀，以及當地人民的願望。

在海外民運人士以及華人政治活動家們的文章裡，在他們針對新疆問題發表的種種言論中可以發現，大部分民運人士和民主運動評論家們對新疆的歷史和現狀瞭解甚少，以致於提出了很多不切實際的，甚至很荒唐無理的觀點和主張。中國的民運人士們要想成功地解決新疆問題，必須先要瞭解新疆的眞實歷史，特別是這裡的民族和中國的歷代關係史：要瞭解新

1爲了方便漢族讀者更好地理解，在本書裡有很多處仍用「新疆」一詞，代替了正確的提法「東突厥斯坦」，但是在外語中均譯爲「Eastern Turkistan」。

疆到底是什麼時候，以及如何併入中國版圖的？新疆到底是不是中國不可分割的領土？依據是什麼？中國對新疆的統治是否具有合法性？共產黨在這些地區犯下了哪些罪行？新疆各民族的現狀如何？他們的感受和願望是什麼？新疆民族矛盾的實質以及原因是什麼？東突民族獨立運動為何越演越烈等等。只有在真正瞭解這些實際情況後，民運人士才能拋開民族偏見，擺脫大漢族主義的思想約束，正確地、公正地做出解決新疆、西藏等問題的決策。

本書以實事為依據，詳細闡述了新疆的歷史和現狀、新疆與中國歷屆朝代的關係史、中共在新疆的法西斯暴行、維吾爾人民的反抗鬥爭，以及海外東突組織的政治運動等問題。

在《九評共產黨》和「退黨潮流」對中國民運帶來新的希望之際，我將本書獻給所有為中國的自由、民主而奮鬥的中國民運鬥士、華人華僑以及其他所有有良知、有正義感的中國人。真誠地希望所有中國民眾能夠瞭解新疆的真實歷史、中共在新疆所犯下的罪行，以及維吾爾人民的苦難和願望。

最後，希望中國民運組織以及東突（疆獨）組織加強雙方之間的對話與合作，共同尋求一個在民主、自由、人權的框架內，公正地解決新疆問題的最佳方案。

第一章

新疆的民族分布和簡要概況

一、各民族人口的布局，以及這些民族定居新疆的年代。

依據二〇〇四年中共官方統計年鑑資料，新疆人口為一千九百三十四萬人，佔全中國人口的一．四%，其中維吾爾族人口八百八十二萬，佔總人口的四五．六%；漢族人口七百七十一萬人，佔總人口的四十%；其他各少數民族人口合計二百八十一萬人，佔總人口的一四．五%；農村人口六五%，城鎮人口三五%。

按人口數排序，維吾爾族人口最多，漢族居第二位，第三位是哈薩克族，第四位是回族，第五位是柯爾克孜族，第六位是蒙古族。

（一）維吾爾族：人口八百八十二萬[1]，佔總人口的四五．六%，信仰伊斯蘭教。

維吾爾族是新疆的主體民族，世世代代居住在天山南北的新疆絕大多數地區。他們的祖先曾經在包括這塊土地在內的蒙古大草原和中亞地區建立了匈奴帝國、突厥帝國、回鶻帝國、喀喇汗王國、高昌回鶻王國、察合台汗國、賽伊德汗國等獨立的主權國家。直到十八世紀末被滿清帝國征服而淪為殖民地，十九世紀末（一八八四年）被正式併入中國版圖。維吾爾人是這塊土地的主體原住居民，這是不容置疑的事實。

目前，維吾爾族八十%的人口生活在農村，只有二十%生活在城鎮地區。集中居住區是經濟落後的南疆，約佔南疆總人口的八十%；另外，還集中居住在北疆的伊犁地區和東疆的

被松林環抱的天山之心——天池。維吾爾族世居天山南北麓地區，並曾在包括此區域的土地上，建立龐大帝國。

哈密地區，人口比例佔這兩個地區的四十%左右。

（二）漢族：人口七百七十一萬，佔總人口的四十%，無宗教信仰。

一八八四年新疆正式被滿清併入中國版圖以前，新疆沒有一個漢人居民。到了一九四九年底，在新疆生活的漢人才只有二十九萬人，佔新疆人口的六%。這群漢人主要包括了被整編的國民黨軍隊、民國政府官員和他們的家屬，以及部分的商人。然而，在中共統治以後的短短半個世紀裡，漢族人口增至七百五十萬，幾乎佔了新疆人口的一半。那麼，他們是什麼時候？從哪裡來到新疆定居下來的呢？

九五%以上的漢人都是在中共一九五〇年以

1 海外疆獨組織宣稱維吾爾人口至少有二千萬，中共爲了達到其政治目的，隱瞞了實際數字，這個問題有待考證。

後的統治時期，在中共的移民政策的實施下陸續遷入新疆定居的。主要分成以下四批：

第一批：中共老軍頭、殺人狂王震的一部分解放軍部隊於一九五〇年入疆後解甲歸田，與起義的國民黨部隊合計二十萬人集體轉業，成立了生產建設兵團，從五〇年代開始不斷從內地引進漢人移民來擴充兵團人數。現在，該兵團的人數已達二百四十五萬之多。

第二批：六〇年代「三年大饑荒」時期，一批批從河南、四川、甘肅、陝西、山西等地逃荒來到新疆的難民開始陸續定居新疆，使這一時期的漢族人口猛增十倍。這些漢人和他們的後代構成了目前生活在新疆的漢人之絕大多數。

第三批：七〇年代，一批批「知識青年」（中學畢業生）高喊「響應毛主席的號召，支援邊疆建設」的口號，來到新疆扎根落戶。其中只有一部分上海等地的知青，在上世紀八〇年代後回到了上海等原籍，其他大部分仍然生活在新疆的大城市和兵團。

第四批：八〇年代起，中共政府爲了加快落實它的移民計畫，制定了一系列吸引漢族移民的優惠政策，把紛紛湧入新疆的內地民工安置在新疆各城鎮，提供給他們戶口、住房和工作，形成了新疆最新的漢族移民群體。

總之，新疆的漢人在新疆的定居歷史，前後只有五十多年。他們是外來移民，不是這塊土地的主人；他們最終要離開新疆，回到屬於自己的家園。

目前，除了兵團居民以外的新疆漢族移民之九十%的人口，主要集中生活在經濟最發達的北疆烏魯木齊、石河子、昌吉、奎屯、獨山子、呼圖壁、克拉瑪依，以及南疆的庫爾勒和阿克蘇等大城市；而兵團人口分散在新疆土地最肥沃、水源最豐富的南疆塔里木河沿岸綠洲和天山北坡草原地帶。

（三）哈薩克族：人口約一百三十五萬，佔總人口的七％，信仰伊斯蘭教。

主要生活在與哈薩克接壤的新疆北部阿爾泰山一帶，是塔城、阿勒泰兩個地區的主要居民。作爲突厥民族的一個分支，他們同樣是世世代代以游牧方式生活在天山以北、阿爾泰山一帶廣闊的草原上，也是這塊土地的土著民族，與同屬突厥民族的維吾爾人同祖同宗。他們也把東突厥斯坦視爲自己的祖國，爲了祖國的獨立鬥爭，曾經與維吾爾人並肩作戰。

（四）回族：人口約八十六萬，佔總人口的四％，信仰伊斯蘭教。

主要分散居住在新疆的昌吉、焉耆、烏魯木齊等地。十九世紀清朝末期發生在中國西北的回民起義遭到左宗棠的殘酷鎮壓後，一大批回族難民爲了逃避戰亂和清軍追捕，從甘肅、寧夏、陝西等地紛紛西逃，竄入新疆。由於他們也是穆斯林，當時維吾爾人接納了這些難民，給了他們家園和田地。後來的一百多年裡，繼續有回族人跟隨漢族移民陸陸續續從中國西北地方遷入新疆定居，其人數不斷上升，構成了現在新疆的回族人口布局。他們在新疆也只有一百多年的歷史。

（五）柯爾克孜族：人口約十七萬三千，不到總人口數的一％，信仰伊斯蘭教。

作爲突厥家庭的一員，柯爾克孜人一千多年來居住在南疆帕米爾高原一帶的草原地區，從事游牧生活。他們也是這塊土地的原住居民。

（六）蒙古族：人口約十六萬七千，不到總人口數的一％，信仰喇嘛教。

主要分布在新疆北部準噶爾盆地的博爾塔拉草原和南疆的巴音布魯克草原。在這裡，我們要注意一點：成吉思汗時期定居新疆的察合台蒙古人早在十四世紀初就被維吾爾人同化了，他們當時已經融合到維吾爾人裡，成了現代維吾爾人的一個組成部分。而近幾百年來一直生活在天山北部的準噶爾蒙古人（卡爾梅克人）則於十七世紀曾經一度建立了準噶爾汗國。但是，在乾隆時期（一七五八年）清將姚惠的軍隊征服準噶爾汗國的過程中，這些蒙古人被清軍趕盡殺絕，無人生還（有歷史記載可以證實）。

現在生活在新疆的蒙古人大部分是十八世紀末，從歐洲頓河一帶爲了逃避沙皇俄國的壓迫，而長途跋涉遷移到新疆定居的蒙古衛拉特四部中的土爾扈特部、和碩特部。一七七〇年，土爾扈特首領渥巴錫率領所部十七萬蒙古人東征，來到新疆只剩下七萬人，現居住在巴音郭楞、和布克賽爾、精河等州縣的蒙古人即是他們的主要後裔。一七六四年和一八一三年，清朝從張家口以北地區遷來部分察哈爾蒙古族，現在他們的後裔主要居住在博爾塔拉蒙古自治州的博樂、溫泉縣。這些蒙古人定居新疆的歷史有二百年左右，也算是新疆的土著民族。他們和新疆土著居民有著深厚的感情和友誼，兩百多年來與其他原住民和平相處，沒有任何民族矛盾。維吾爾等新疆土著居民把這些蒙古人視爲自己的兄弟，願意與他們共用這塊土地。新疆的其他民族，例如塔吉克、烏茲別克、俄羅斯、達斡爾、錫伯、塔塔爾等只有幾萬人，甚至幾千人。所有這些民族人口合計爲十萬三千人，佔總人口的〇．五％。在此省略不談。

從上述事實中，我們可以得到這麼一個結論：東突厥斯坦（新疆）是維吾爾、哈薩克等土著突厥人民的共同家園，維吾爾人是這塊土地的主體原住民族。共產黨統治新疆以前，維吾爾人比例約佔總人口的八十％，現在降到了四五％，而漢人卻從六％猛增至四一％。這批漢人是近五十年裡遷移到這裡的外來移民，是中共殖民政策的犧牲品。

二、新疆的真正名稱——東突厥斯坦

首先，我們要搞清楚「新疆」、「東土耳其斯坦」（簡稱「東土」）、「東突厥斯坦」（簡稱「東突」）、「突厥」、「西域」、「維吾爾」等名稱的含義和相互關係，因爲大部分的中國人對這些名稱和概念都感到困惑不解。

學術界公認曾經生活在中國以北和西域一帶的匈奴，就是後來突厥人的祖先，而突厥人泛指講突厥語的，分布在中亞、西亞、西伯利亞等地的各民族，包括現在的土耳其、亞塞拜然、土庫曼、烏茲別克、哈薩克、吉爾吉斯、塔塔爾、維吾爾等民族。英文稱這些民族爲：

Turkic 或 Turk，中文譯爲「突厥」。

《北史·突厥傳》曰：「突厥者，匈奴之別種也。」《舊唐書·回紇傳》曰：「回紇，其先匈奴之裔也。」《周書》與《隋書》中的突厥傳中都記載說：「突厥姓阿史那，平涼雜胡，乃匈奴後裔。」世界各地的學術界也都對此早有定論，一直公認突厥民族就是匈奴的延續，而維吾爾人是突厥民族的一個支系。

一提起突厥人，很多中國人就聯想起唐代在漠北大草原建立突厥帝國的突厥人，認爲當時突厥人被回鶻人（維吾爾人）擊敗後退出了歷史舞台。中國人將古代突厥和現在所指稱的突厥人等同看待，其實不然。當時唐代文獻裡提到的突厥是指整個突厥民族中的其中一個部落，學術界稱之爲「Kok Turk」（藍突厥），而現在廣泛採用的「突厥」一詞，泛指今日世界各地講突厥語的各民族。中國史書上唐代的「東突厥」、「西突厥」是指當時這個北方藍突厥帝國分裂爲東、西兩國，與現在有著相同名稱的「突厥」無關。

造成這種概念混亂的原因是中國人把古代 Kok Turk（藍突厥）和現代 Turk（突厥）都一概稱作「突厥」。

突厥民族生活的中亞地區（現在的新疆和中亞五國），在近代歷史上開始被稱爲 Turkistan，中文譯爲「突厥斯坦」或「土耳其斯坦」，意思是「突厥人生活的地方」，而古代中國史書上稱這片區域爲「西域」，近代中國稱之爲「回疆」（穆斯林的疆域）。

土耳其、維吾爾、烏茲別克、哈薩克、吉爾吉斯、土庫曼、亞塞拜然、塔塔爾等各突厥民族向來都認爲大家是同祖同宗的民族，就像阿拉伯人、斯拉夫人、不列顛人以及華人一樣，雖然分散居住在不同的國家，但是有著共同的歷史、語言、文化和宗教信仰。只是由於突厥人在歷史上以部落形式分散游牧、生活在不同區域，而且在近代歷史中沒有建立統一的國家，因而導致後來形成了不同的民族支系。

歷史上在中亞、西亞建立的所有不同名稱的突厥國家都通用統一的突厥語。到了十八世紀末，中亞突厥斯坦被俄羅斯帝國和中國滿清帝國瓜分之後，這些民族開始被人以地區劃分隔開，俄羅斯版圖裡的部分被稱爲「West Turkistan」（中文稱作「西突厥斯坦」或「西土耳其斯坦」），沙皇俄國在此地建立了「突厥斯坦總督府」，開始了對西突厥斯坦（今中亞五國）的殖民統治。而被中國佔領的部分被稱爲East Turkistan（中文稱作「東突厥斯坦」或「東土耳其斯坦」，也有學者稱作Chinese Turkistan〔中國突厥斯坦〕）。這些名稱長期以來被全世界廣泛採用，成爲這個地區的政治、地理、學術名稱。「新疆」這個名稱是一八八四年滿清政府徹底兼併東突厥斯坦後所起的，顧名思義，意思是「新的疆域」。

二十世紀初，沙皇俄國境內講突厥語的各民族在喀山市先後兩次召開了突厥穆斯林大會，試圖統一突厥語言文字和民族名稱，可惜於一九一八年被布爾什維克政權取締。蘇聯十月革命後，中亞突厥人民建立了「突厥斯坦蘇維埃共和國」，亞塞拜然人建立了「亞塞拜然突厥共和國」，後來都被迫加入了蘇維埃社會主義聯邦。一九二六年三月，來自蘇聯境內各突厥民族的一百六十名代表，在亞塞拜然首府巴庫召開了突厥語代表大會，一致決定所有突厥人使用統一的拉丁文字並確定了通用突厥語。後來，史達林由於擔心人口眾多的突厥人對其政權構成威脅，採取了「分而治之」的政策，一九三七年以「泛突厥主義」的罪名處死了這些宣導者，取締了拉丁文字，將突厥人按部落名稱劃分爲烏茲別克、哈薩克、吉爾吉斯、土庫曼、塔塔爾等，以人爲的手段創造了許多個民族，並把以前的突厥斯坦分割成五個加盟共和國。史達林從此不允許提及「突厥」或「突厥斯坦」，否則就以「泛突厥主義者」罪名治罪。蘇聯政府爲了徹底分化突厥民族，後來又將斯拉夫字母強加給他們，按照各地方言給他們創造了不同的民族語言。

一九二三年，鄂圖曼帝國瓦解，安那托利亞突厥人建立了共和國，起國名爲 Turkiye（土耳其），是突厥國的意思。由於這是當時唯一一個獨立的突厥國家，所以只有他們沿用了自己的民族名稱。

而東突厥斯坦（新疆）人民曾分別於一九三三年和一九四四年，兩次建立了獨立的「東突厥斯坦共和國」。此後，這個名稱就被新疆以維吾爾族爲主的突厥人民，公認爲是自己的祖國名稱。後來，共產黨政府也仿效史達林，禁止使用這個名稱，不然就以「泛突厥主義」、「分裂主義」、「民族主義」、「東突」分子等罪名予以鎮壓、打擊。

蘇聯解體前，《阿拉木圖報》就曾刊文公開號召成立包括了蘇聯和中國等，所有使用突厥語民族的「突厥斯坦共和國」。烏茲別克的「團結會」曾向莫斯科要求建立突厥語民族聯盟。

九〇年代，中亞各突厥國家擺脫蘇聯獲得獨立後，在土耳其的宣導下，成立了「世界突厥國家首腦會議」，爲建立一個突厥國家聯盟和制定統一的突厥語言文字，以及統一的教科書奠定了基礎。

一九九二年，土耳其召開了第一屆「突厥語國家首腦會議」，此後每年召開一次。

一九九三年三月，亞塞拜然、哈薩克、土庫曼、吉爾吉斯、烏茲別克五個共和國的代表在土耳其首都安卡拉，一致同意廢除前蘇聯強加於它們幾十年的斯拉夫字母，而採納以現行土耳其文爲基礎的統一新拉丁字母，確立了建立起一個以土耳其爲中心，囊括中亞國家（塔吉克除外）和亞塞拜然的大突厥統一體，或仿效阿拉伯聯盟體制，以建立一個突厥國家聯盟作爲目標。甚至現在中亞執政的獨裁者卡里莫夫和納扎爾巴耶夫也都提倡突厥各族的統一，卡里莫夫還爲此著書《突厥斯坦——我們的共同家園》。

世界各地的學術機構和大學裡都有突厥語、突厥學的研究和教學課程，北京大學和北京民族大學也有突厥語課程和突厥學研究會。一九八七年，中國突厥學權威學者耿世明先生建議在新疆社會科學院成立「突厥研究所」，結果，他被王震轟出了新疆。

也就是說，新疆主體民族維吾爾人與土耳其人，以及中亞的烏茲別克、哈薩克、吉爾吉斯、土庫曼等民族都同屬一個突厥民族，就像華人分廣東人、閩南人、上海人、四川人、新加坡人、台灣人、香港人一樣。甚至，這些突厥民族的方言區別，還沒有中國的方言區別那麼明顯。生活在同一個廣東省的客家人、潮汕人、湛江人、廣州人雖然都是漢族，但是他們之間卻無法用方言溝通，可想而知各省之間的方言區別之大。但是，突厥各族之間的方言溝通，比起漢族卻更加暢通無阻。

總之，被清朝政府起名為「新疆」的這個突厥人的家園，其眞正名稱叫 East Turkistan，中文譯為「東突厥斯坦」或「東土耳其斯坦」（簡稱為「東突」或「東土」），而這個名稱在中共眼裡是「分裂主義」、「恐怖主義」的代名詞。

三、東突厥斯坦（新疆）的簡要歷史

讓我們縱觀歷史，簡單回顧一下維吾爾等突厥民族在東突厥斯坦的眞正歷史。

新疆，地處中亞腹地。早在西元前，這裡曾是屬於古代伊朗人種的塞特人、吐火羅人和屬於突厥人種的匈奴人的共同家園。這裡曾經歷過多次民族之間的混戰，導致多次民族遷移和民族融合。西元後三世紀到六世紀，突厥人的祖先——匈奴人逐漸融合了其他當地民族而變成了這個地區的主體民族。九世紀起，維吾爾突厥人的政治中心從蒙古大草原遷移到了天山南北地區，從此，新疆（東突厥斯坦）就成了以維吾爾人爲主的突厥人的祖國。

西元前三世紀到西元九世紀的一千多年裡，維吾爾人的祖先曾經在中國長城以北的蒙古大草原，和西域天山南北的廣闊地區先後建立了匈奴帝國（西元前二二〇～西元三八六年）、柔然帝國（西元三八六～五二二年）、藍突厥帝國（西元五五二～七四四年）、回鶻帝國（西元七四四～八四〇年），甚至在中國本土的華北和西北地方建立了北魏拓跋王朝（西元三八六～五八九年）、甘州（甘肅）回鶻王朝（西元八五〇～一二二八年）等國家。這些國家當時都是獨立的主權國家，與中國以長城、黃河爲界，比起中原同一時代的漢人政權——秦、漢、三國、兩晉、南朝、隋、唐等朝代更強大。在雙方之間發生過的無數次的戰爭中，雖然有幾次被中國打敗過，但是絕大多數的時期，這些國家的軍事力量比中國更加強盛，領土比中國更爲遼闊，甚至迫使中國人採取和親政策和修建長城來保衛自己的國家。在這段歷史時期，新疆這塊土地一直是這些突厥國家的一部分。

九世紀以後，突厥人開始放棄了北部（今蒙古一帶）的游牧生活，陸續往西部遷移，定居在中亞、小亞細亞等地。以維吾爾人爲主的突厥人在中亞（包括新疆）地區先後建立了喀喇汗王朝（西元八四六～一二一〇年）、高昌王國（西元八四三～一二二八年）、察合台汗國（一二六四～一五一四年）、帖木兒帝國（一三三六～一四〇五年）、賽伊德王朝

（一五一四～一六九五年）、和卓汗國（一六九五～一七五九年）等國家。一部分突厥人在阿富汗和印度建立了迦澤尼王朝，在西亞建立了塞爾柱王朝和鄂圖曼帝國等政權。

從九世紀到十八世紀這段歷史時期裡，這些突厥國家與同時代的中國五代、宋、元、明、清朝都是平等的關係，都是獨立的主權國家。中國的西北邊境一直是玉門關、陽關一帶，新疆一直是上述突厥—維吾爾國家的領土。

九世紀到十三世紀，維吾爾突厥人建立的喀喇汗王朝、高昌王朝統治新疆以後，從漠北遷來的維吾爾突厥部落（回鶻）和天山南北的原住突厥部落開始融合，逐漸形成了現在維吾爾民族的主體。這個時期，突厥人已開始接受了伊斯蘭教，並通過絲綢之路接受了伊朗、希臘和阿拉伯文化，創造了空前的文化繁榮，許多西方先進文化在這個時期，透過這裡的維吾爾突厥人傳到了中國。

十三世紀，蒙古人崛起，成吉思汗的子孫們四分天下，察合台征服了中亞後與窩闊台汗國合併，建立了察合台汗國；旭烈兀在伊朗、伊拉克一帶建立了伊兒汗國；拔都在歐洲烏拉山、窩瓦河一帶建立了欽察汗國；最後，忽必烈征服了中國，建立了元帝國。這四個國家雖然都是蒙古人建立的，但是相互之間是獨立並存的，並不屬於元朝管轄，它們之間發生過多次戰爭。除了元朝被朱元璋推翻，中國的蒙古人被趕回了蒙古本土以外，其他三個國家的蒙古人都被當地人民同化，他們建立的這些國家，成了當地民族的一個歷史組成部分。

這一時期，新疆作爲察合台汗國的一部分，進入了一個新的民族融合時期。由於這個國家的主體民族是突厥民族，少數蒙古統治階層在不到幾十年的時間內被突厥化、伊斯蘭化，最終融合到當地的突厥人之中。察合台汗國作爲一個伊斯蘭－突厥國家，一直持續到十四世紀末被另一個突厥國家——帖木兒帝國征服。十五世紀初，維吾爾人在現在的新疆一帶建立了獨立的維吾爾突厥國家——賽伊德汗國，與當時中國的明朝是鄰國。

十七世紀中旬，天山北部的準噶爾蒙古人建立了準噶爾汗國，很快地統一了蒙古地區，並和中國的清朝之間發生了持久的戰爭。

此時，賽伊德王朝發生了白山派宗教首領所領導的未遂政變，政變首領阿帕克和卓於是邀請準噶爾蒙古人於一六八一年打敗並推翻了賽伊德王朝，在準噶爾人的幫助下在南疆建立了「和卓汗國」（一六八一～一七五九）。

中國乾隆皇帝於一七五七年派兵打敗了準噶爾汗國後，應和卓汗國反對派大小和卓的邀請，於一七五九年派兵推翻了和卓汗國的統治者，在新疆扶植了滿清的傀儡政權。由此，新疆（東突厥斯坦）與當時的朝鮮、越南、西藏、蒙古一樣，變成了大清帝國的藩屬國。

但是，東突人民不願接受清政府的控制和它的軍事佔領，於是便掀起了一系列的抗清運動。最終在一八六六年趕走了清軍，建立了「哲德沙爾國」，獲得了完全獨立，並很快獲得英國、沙俄、鄂圖曼帝國的承認。

可惜，這個國家只持續了近二十年後，於一八七九年遭左宗棠以屠殺了一百萬人的代價被徹底征服。一八八四年，東突厥斯坦被清政府起名爲「新疆」，即「新的疆域」，並劃爲中國的一個省分。東突厥斯坦正式被列入中國的版圖。

東突人民在以後的一百多年裡，進行了無數次的獨立運動，都遭到中國中央政府的血腥鎮壓，一九三三年和一九四四年先後兩次宣布獨立，建立了獨立的東突厥斯坦共和國，但是都以失敗告終。

自一九四九年起，中國進入中共統治時期以來，東突人民遭受了空前的劫難，直到現在，以維吾爾人爲主的東突厥斯坦人民在中共的暴政下慘遭蹂躪和屠殺。

第二章

新疆被併入中國版圖的確切年代

中共一再聲稱：「新疆自古以來就是中國不可分割的一個部分，自漢朝起，新疆就歸入了中國中央政權的版圖。」中共的這一觀點是依靠哪些歷史依據呢？海內外「東突」組織和維吾爾學者則聲稱東突厥斯坦（新疆）是在清末、也就是十八世紀末開始淪入中國的殖民統治，十九世紀末才正式劃入中國的版圖。那麼，這個觀點又是依據哪些歷史事實呢？

眾所周知，在共產中國，文學藝術、學術研究都要爲政治服務，是共產黨的宣傳工具。共產黨的學者們要寫一篇歷史文章，寫一本學術著作，首先要迎合共產黨的政治主張，尤其是寫新疆、西藏、台灣的歷史時，絕不能離開「自古以來是中國領土不可分割的一部分」這個主題。爲了證明這一論點，中共的所謂歷史學家們千方百計地在史書裡尋找依據。實在找不到，就編造一些「歷史事件」和「考古證據」出來，或者將某些有利於他們論證的歷史事件加以歪曲、誇張，來編造出自己需要的歷史文章。

中共當局爲了把統治新疆、西藏合法化，公然篡改歷史，編造虛假的歷史故事來欺騙民眾，在教科書裡編入了許多違背歷史事實的謊言和根本不存在的歷史事件，以證明「新疆自古以來就是中國不可分割的領土」。在中共統治下成長的幾代中國人，通過學校教科書和宣傳媒體的長期灌輸，已經相信新疆自古以來就是中國的領土這一論點。甚至有相當多海外的民運人士和華人也是這麼認爲，因爲除了共產黨的教科書裡提到的「歷史事實」以外，他們沒有接觸到任何有關新疆的眞正歷史資料。

爲了鞏固自己的政權，歪曲歷史、以謊言欺騙民眾是共產黨經常玩弄的政治把戲，在「紅旗下」長大的人都知道共產黨的抗日戰爭歷史和現代中國歷史是怎麼寫的，是如何教育人民的。說什麼「國民黨勾結日寇，消極抗日，是共產黨領導人民奮勇抗戰，奪取了抗戰勝利」、「紅軍爲了北上抗日而進行了長征」、「國民黨軍隊燒殺掠搶，共產黨把中國人民從黑暗的舊社會解放出來了」等等。美化自己，醜化對方。這就是中共寫歷史的方式！共產黨獨裁統治者們可以把白說成是黑，把黑說成是白，而大陸人民就是在這種灌輸和洗腦下成長的。正如中國的一句俗話：「謊言聽了一千遍就成了正理！」因此，絕大多數中國人在不知不覺中接受了這些謊言。

那麼，新疆的歷史事實到底是如何呢？新疆到底是什麼時候被中國征服的呢？下面讓我們回顧一下中國歷代王朝與北方和西域民族的關係史。[1]

1本篇所引用的歷史事件全部來自於中國歷史文獻，如果讀者認爲它的眞實性值得懷疑，我建議海外民運組織和海外東突組織聯合舉辦一個由歷史學家參加的學術專題研討會來專門辯論新疆的歷史問題，特別是讓中立的第三方，也就是長期從事中國以及中亞歷史研究的外國學者們擺出歷史依據，闡明東突厥斯坦和中國的歷史關係事實。海外民主人士只有在瞭解新疆（東突厥斯坦）的歷史眞相和它與中國眞實的歷史關係之前提下，才能對新疆自古以來是不是中國的領土，中國對新疆的統治是否合法等問題產生正確的認識，也才能正確地做出解決新疆問題的決策。

一、夏、商、周、春秋戰國時期，中國和「北狄」的關係。（西元前二十世紀～西元前三世紀）

西元前一九〇〇年到西元前七二二年，中國漢民族形成之前的這段長達一千多年的上古歷史時期，在黃河流域的中原地區先後出現了夏、商、西周、東周等國。夏朝的炎黃五帝只是個民間神話傳說，並不是歷史事實。商朝、周朝是哪些民族建立的？是不是華夏人的祖先所建？這在史學界還是個有爭論的問題。這個時期，漢人的祖先華夏人活動的範圍只不過在現在的河南、山東一帶。到了西元前八世紀，周國分裂成幾個小國，開始了長達五個世紀的春秋戰國時期。

同一時期，在中國黃河以北，蒙古大草原和西域一帶，獨立地生活著一群被中國人統稱爲「北狄」的幾大強悍游牧民族。北狄是當時中國人對生活在北方草原的匈奴人（突厥人）、蒙古人、通古斯人（滿族人）三個種族的統稱。這三個民族均屬阿爾泰語系，他們在人種、血緣上與中原華夏漢人沒有任何關係，他們的鐵蹄經常蹂躪著中國的北方土地，成爲當時中國人可怕的惡夢。

中國人單方面宣稱中國有五千年的文明歷史，從所謂的神話傳說中的夏朝計算自己的文明史。其實，這一論點從來沒有被國際學術界所證實和承認。周穀城先生的《中國通史》也指出：「夏、商、周並不是三個相續的朝代，而是三個不同的部落或民族，也就是說，這些國家其實也不是漢族人建立的政權，漢族人是在秦漢時期才形成的。」

幾乎在秦始皇於西元前二二一年統一中原的同時，突厥人的祖先匈奴人把其他游牧民族都納入自己的統治之下，統一了漠北大草原和西域，建立了強大的草原帝國——匈奴帝國（西元前二二〇～西元三八六年）。

匈奴分爲三大部：大單于居中，控制蒙古大草原；左賢王居東，控制現今中國東北部、朝鮮半島及西伯利亞；右賢王居西，控制包括現在新疆在內的中亞大片土地。匈奴帝國的疆土北到西伯利亞，南到長城腳下，東到朝鮮半島，西至裏海、印度河。他們在這片土地上活躍了長達六百多年！

而中國人第一個強大的國家——秦朝（西元前二五五～西元前二〇六年）自消滅周朝並逐漸統一中國後，它的版圖僅僅包括現在的華東、華北、華中一帶；北部以長城爲界，西到甘肅河套，南到南蠻各國，東到沿海。除了華南和西南以外，基本上統一了目前漢族生活的土地（東北除外），開始形成漢民族。秦朝的疆土比起北方鄰國匈奴帝國的版圖簡直是小物比大物，顯得十分渺小，而且秦朝自滅周算起，也才維持了僅僅四十多年的生命。

由於強大的北方匈奴帝國經常攻打中國，秦始皇不得不用二十萬人的生命代價來修建長城。眾所周知，防範匈奴入侵是修建長城的唯一目的，說明當時匈奴帝國比起中國秦朝要強盛得多。中國此時的北方邊境便是長城，這是無可非議的，長城就是鐵一般的事實。

中國人用「我國古代北方少數民族」來描述匈奴人簡直是荒唐可笑！

二、秦、漢時期，中國和匈奴帝國的關係。（西元前三世紀～西元後三世紀）

匈奴帝國興起於西元前三世紀（戰國時期），消亡於西元後四世紀（晉朝）。它在大漠南北和西域一帶持續了約六個多世紀，是一個強大的、獨立的主權國家。

秦始皇滅六國（西元前二二一年）建立的秦朝前後只持續了十多年，於西元前二〇六年被漢朝取代。此時匈奴帝國繼續保持著強大的實力，漢朝與匈奴多次軍事較量的結果是匈奴勝過漢軍，漢朝甘拜下風而不得不提出和親政策，把漢朝公主嫁給匈奴國王，並且每年向匈奴進貢大批絲綢、白銀等，以換取暫時的和平。[2]

當時，漢朝的版圖也只侷限於長城以南，甘肅河套以東，在原秦朝疆域基礎上向南擴張，基本上涵蓋了扣除現在甘肅、寧夏、東北、雲南以外的中國本土和越南，漢民族的主體在這個時候已經形成。然而，匈奴帝國的版圖則越來越大，包括現在的東北三省、朝鮮半島、新疆、甘肅、寧夏、內外蒙古、西伯利亞和中亞五國。在匈奴帝國面前，漢朝也只是一個區區小國而已。

西元前二〇〇年，漢高祖率師三十二萬攻打匈奴，結果被匈奴冒頓單于（Mete Han）的三十萬騎兵圍困於今日之山西白登山，差一點全軍覆沒，自己也幾乎丟了性命。後採用劉敬的和親建議，將獨身女兒魯元公主送給冒頓單于，同時又贈送大量金銀財寶作爲停戰條件，才保住了自己的性命和漢朝江山。

漢武帝時期四十餘年之間，武帝傾全國之力，發動了對匈奴的十五次遠征，雙方各有勝敗。匈奴和漢朝爲了爭奪絲綢之路，在西域進行了長期的拉鋸戰。西域當時有樓蘭、大宛、大月氏、夏、康居、烏孫等三十六國，後分爲五十四國，這些國家當時都是匈奴帝國的屬國。

西元前一三八年，漢朝爲了挑撥離間而說服這些西域國家反抗匈奴的統治，曾兩次派張騫出使西域，然而張騫兩次都空手而歸。但是，他帶回了有關這些國家的地理、國情等情報資料，爲以後漢朝對西域的軍事入侵做了準備。

西元前一二一年，漢將霍去病在河西走廊向匈奴發起進攻，此後漢朝控制了河西走廊（今甘肅一帶）。後設立四郡：酒泉郡、武威郡、張掖郡、敦煌郡。於是，中國人從匈奴手中奪取了這塊土地，將中國的勢力範圍擴展到了甘肅、寧夏一帶。

西元前一〇三年，漢朝皇帝劉徹派大將李廣率領遠征軍向西域出發，試圖懲罰不肯銷售汗血馬的大宛王國（今烏茲別克），卻被該國軍隊打敗，中國傷亡十萬人左右，不得不撤回

2 按照中國人的歷史觀，這叫作「屈膝稱臣」或者「歸屬」。

本土。

西域的另一個國家樓蘭王國的首都位於今新疆若羌；而位於羅布泊西部的樓蘭城是該國重鎮，西元前九二年，樓蘭王死去，漢武帝派刺客暗殺了新國王，並以保護國王的名義派遣部隊駐屯樓蘭境內，從而爲攻打匈奴和西域諸國獲得了主動權。

西元前七一年，中國校尉常惠率兵幫助伊犁河流域的烏孫對付匈奴。西元前六五年，漢將馮奉世推翻了葉爾羌王的統治；西元前六〇年，鄭吉佔領了吐魯番，他本人作爲漢軍統帥駐紮在烏壘（今輪台縣），以此控制整個塔里木地區。

西元前六〇年，漢宣帝派李廣遠征西域，征服了西域其他小國，最終完全控制了天山南麓，並在烏壘設立了西域都護府。於是，中國人從匈奴手中暫時奪取了對絲綢之路的控制權，西域諸國都成了中國的屬國，或者說是保護國。由此，中國第一次開始了對包括新疆在內的中亞地區的軍事控制。

但是，這些國家有時歸屬匈奴，有時歸附於漢，玩弄著兩面派的政策，介於漢和匈奴兩大勢力之間，巧妙地維持著其政治生命。漢和匈奴對西域都盡力實行懷柔政策。

西元四八年，匈奴帝國內部分裂，分爲南匈奴與北匈奴兩個國家。南匈奴爲了對付北匈奴，與漢朝結盟。[3]

西元七五年漢明帝時，在匈奴的支援下，塔里木各地爆發了一次反抗中國宗主統治的運動。焉耆王暗殺了中國都護陳睦。庫車和阿克蘇人包圍了在喀什的班超。北車師（吐魯番古城）王國殺了中國的封臣王安得，包圍了中國的戊己校尉耿恭的堡壘。漢章帝命令班超和耿恭撤離塔里木盆地。

西元八九年，漢朝與南匈奴聯合出擊北匈奴，北匈奴大敗，一部分北匈奴西遷到歐洲，消滅了羅馬帝國，建立了以阿提拉爲首的歐洲匈奴帝國；另外一部分北匈奴繼續在西域一帶與漢朝抗衡。而南匈奴在漢朝保持強盛時，一直是漢朝可信賴的盟國，到漢朝衰落時，他們成了漢朝的摧毀者。

漢朝朝廷因西域連續不斷的叛亂喪失了信心，於西元一〇七年召回了在塔里木的全體駐軍。從此，漢朝結束了它在西域（今新疆）斷斷續續一百多年的宗主統治。

此後，東漢開始進入衰落時期，西元二二〇年，東漢滅亡，中國漢中地區進入三國鼎立時期。此時，南匈奴乘機向南推進，越過了長城，把勢力範圍擴張到黃河流域，在中國本土建立了幾個匈奴人的國家，對中國黃河流域進行了三百多年的統治。

3 此段歷史並不是如中國史書上說的那樣，是被漢朝打敗或降服的。

三、三國、晉朝、南北朝時期的中國，與拓跋北魏帝國（Tabghach）和柔然（Avar）等國的關係。（三世紀～六世紀）

三國（西元二二〇～三一七年）的歷史，大多數中國人由於熟讀《三國演義》，都很清楚這三個國家的活動範圍只侷限於長江流域。此時長城南北、甚至黃河流域都成了匈奴人的領土。到了三國末期，由漢人建立的晉朝統一了魏、蜀、吳三國。不久，由於發生「八王之亂」，晉朝四分五裂。在中國中原地區同時出現了匈奴部落和其他民族建立的大大小小十六個國家，史稱「東晉十六國時期」（西元三一七～四二〇年）。這就是中國人稱的「五胡亂華」時代。

與此同時，在長城以北的大漠草原和西域地區，匈奴人的後裔突厥各部落開始崛起，又在匈奴帝國的故土上建立了一個草原國家——柔然帝國（西元三八六～五二二年）。

西元三〇八年，一位盤踞在山西太原的拓跋部（中國人稱之爲鮮卑）匈奴首領，爲了合法奪取漢朝江山，採用了漢朝姓氏，起名劉淵。這位匈奴首領率領五萬匈奴軍，揚言是漢朝的合法繼承人，遂在太原稱帝，建立了「北漢」王朝，也就是在北部的漢朝，同時向晉朝發起進攻。

劉淵之子劉聰於西元三一一年佔領洛陽，火燒晉國宮廷，俘獲晉懷帝，然後向長安逼近。

遭俘的晉懷帝被送往劉聰駐地平陽，強迫他作爲劉聰的斟酒侍者，直到西元三一三年被殺。在匈奴返回平陽後，中國的新皇帝晉愍帝在長安建立朝廷，但是匈奴於西元三一六年捲土重來，又包圍了長安城，迫使這位軟弱的統治者投降。匈奴王又一次在平陽接見了被俘虜的中國皇帝，迫使這位皇帝在宴會上洗刷碗碟，最後，於西元三一八年把他處死。晉朝喪失了中國北部領土後，一位皇族成員逃到南京（當時名建康），以長江爲屏障，於西元三一七年在南京建立了第二個晉朝，稱爲「南晉」或「東晉」。匈奴人劉聰作爲古都長安和洛陽的主人，對山西、陝西、河南、河北和山東地區進行了統治。

劉聰於西元三一八年死後，劉淵的突厥將領石勒在河北周圍割地爲王，建立名爲「後趙」的新匈奴王朝。他的統治區很大，包括陝西、山西、河北、山東、河南，甚至江蘇北部和淮河流經的安徽。

另一個叫苻洪的匈奴王於西元三五〇年以長安爲都，在陝西建立了獨立的統治政權。他的王朝被稱爲早秦，即前秦（西元三五〇～三九四年）。他從前燕手中先後奪取了河北、山西、山東和河南，成了整個北部中國的主人。西元三七六年，他吞併了另一個匈奴小國——甘肅的涼國。西元三八二年，他派部下呂光去征服塔里木盆地。呂光接受了鄯善（羅布泊）王、吐魯番（南車師）王和喀喇沙爾（焉耆）王、龜茲（庫車）的歸附。

苻洪之子苻堅在征服了中國北部的所有匈奴國家以後，試圖要征服南部的東晉王朝。西元三八三年，他進攻淮河沿岸的東晉國，但是，在淮河上游遭到慘敗，從此一蹶不振。他的部下叛變，並獲得河北和山東，於是建立了後燕國。西元三八四年，苻堅下屬姚萇以長安爲首都，在陝西和河南部分地區建後秦國（西元三八四～四一七年）；另外兩位突厥將領在甘肅建立了兩個小國，即以蘭州爲都的西秦國（西元四〇九～四三一年）和呂光所建的後涼國（西元三八六～四〇三年）。

西元四二三年，突厥人拓跋珪征服了河南、陝西、山西、甘肅、河北等地的北方匈奴諸國，奪取了洛陽和長安城。西元四六七年征服了淮河流域，西元四六九年佔領了山東。由此，拓跋人（鮮卑突厥人）完成了對中國北部境內所有匈奴王國的統一。所有這些國家都構成了大拓跋珪帝國，即中國人稱呼的北魏帝國（西元四二三～五五〇年）。

西元四九四年，拓跋珪把都城從熱河的平城遷到洛陽，由此開始了拓跋人的中國化，拓跋人毫無保留地採用了中國文化，卻失去了他們突厥祖先所具有的堅韌和英勇的性格。他們打算征服南部中國王朝，結果失敗了，西元五〇七年拓拔恪做了最後一次努力，但是未能攻克標明兩國邊界的淮河防線。

此後，北魏孝文帝連年推行禁鮮卑突厥服改漢服、禁鮮卑突厥語而推行漢語、禁突厥姓改漢姓等徹底的漢化改革，北魏皇室拓跋氏改爲元氏。由此，加快了北魏突厥人漢化的步伐。統治中國北部近三百年的匈奴後裔拓跋突厥人，到了六世紀初已完全漢化了，宮中爆發叛亂、發生了王室分裂和內戰。西元五三四年，北魏帝國分裂成東魏和西魏兩支。東魏擁有河北、山西、山東、河南，以今天的彰德爲都城；西魏擁有陝西、甘肅，以長安爲都城。東、西魏後來都被他們的漢族大臣們推翻，於是北齊王朝（西元五五〇～五七七年）取代了東魏；北周王朝（西元五五七～五八一年）取代了西魏。但是，這些王室已經是中國人了，他們的歷史不再是草原歷史的組成部分。這些拓跋突厥人融合到了中國人之中，成了北方漢人的一個組成部分。

自此，匈奴突厥人對中國北部領土長達三百多年的統治宣告結束。

中國的這段歷史被稱爲「東晉十六國時期」（西元三一七～四二〇年），即中國北部的諸多匈奴突厥國家和南部的東晉形成對立局面；以及「南北朝時期」（西元四二〇～五八九年），即北方的匈奴突厥國家——拓跋國（北魏）和南方的漢人國家——宋、齊、梁、陳四國的對立局面。

總之，北魏自拓跋珪於西元三八六年建國，至西元五五七年西魏被北周取代，立國一百七十年，加上此前五胡十六國的一百三十年——也就是從東晉到隋朝的建立這段時間——大半個中國遭受了匈奴突厥人整整三個世紀的統治。

被中國人稱爲「中華民族的文化寶庫」的佛教三大石窟，即甘肅敦煌石窟、洛陽龍門石窟、大同雲岡石窟，其中後兩個是北魏時期拓跋突厥人所建，而敦煌石窟也是後來甘州回鶻人的傑作。也就是說，這三個文化寶藏都屬於突厥人，而不是漢人的文化遺產。

南匈奴人在中國本土建立了「五胡十六國」和拓跋帝國（北魏）的同時，在長城以北的大漠草原和西域地區，匈奴人的後裔突厥各部落在匈奴帝國原來的版圖上建立了幾個新的突厥政權，即：柔然國、嚈噠國和高車國，由於中國（晉朝、南朝）和這幾個國家之間隔有北魏等匈奴國家，這些突厥國家與中國之間並沒有發生太大的歷史關係。

總之，在三世紀到六世紀的這一歷史時期裡，新疆作爲突厥柔然帝國和高車國的領土，一直獨立於中國之外。

四、隋、唐時期中國與藍突厥帝國和回鶻帝國的關係。（六世紀～十世紀）

西元五八一年，北周貴族楊堅推翻了北周政權，建立了隋朝。西元五八九年滅陳，結束了中國的三國、魏、晉、南北朝時期近四個世紀的分裂割據局面，重新統一了中原（即長城以南、玉門關以東的中國本土）。

隋朝是一個短命的王朝（西元五八一～六一八年），僅僅傳位二世，前後不到四十年。南北朝末期，北方蒙古草原的藍突厥部落推翻柔然帝國，建立了強大的藍突厥帝國（西元五五二～七四四年）。

藍突厥帝國把中亞草原、西域諸城郭國家、蒙古草原統一了起來，並創造了突厥文字，逐漸形成了一個共同的語言——突厥語。這個突厥語系橫貫整個亞洲，覆蓋了從東北亞到蒙古大草原，從中亞腹地到小亞細亞的廣大地區，包括了長城以北蒙古大草原和整個新疆地區。

藍突厥帝國很快開始和當時的拜占庭帝國、波斯帝國和中國隋唐帝國抗衡。突厥軍隊曾經逼近大唐帝國的首都長安城，甚至差點迫使大唐帝國遷都。此時的藍突厥帝國，已經控制了東至遼河上游、西至裏海沿岸、南至中國長城、北至貝加爾湖，包括現在的內外蒙古全境、中國東北、中亞（包括新疆）、西伯利亞等地的廣大地區。帝國的首都設於鄂爾渾河上游的於都斤山（Otuken）。

在短短的三十多年間，突厥人就建立了一個疆域超過一萬華里的國家。這是現在講突厥語的各民族頗爲自豪的一段歷史，在室點密可汗（Istemi Kaghan）管轄西域時曾離間拜占庭帝國和波斯的關係，並慫恿他們挑起戰端，結果拜占庭帝國和波斯在西元五七一年起，進行了二十多年的戰爭。

隋朝皇帝一邊對突厥人採取和親，把公主嫁給突厥國王，暗中卻對突厥汗國採取離間政策。西元五八三年，突厥汗國最終分裂爲東、西兩個汗國，西突厥汗國定都於新疆焉耆，東突厥汗國則繼續在原帝國首都。

西元六一五年，當隋煬帝在高麗進行的戰爭失敗使隋朝威信掃地時，東突厥始畢可汗

（Bilge Kaghan）乘機攻打隋朝，把視察邊防的隋煬帝圍在山西西北的雁門，幾乎俘虜了隋煬帝本人，可汗之妻義城公主（隋帝室女）說好話求饒，才放了中國皇帝一條活路，史稱「雁門事件」。接著，中國隋朝爆發內戰，導致了西元六一八年隋朝的覆滅。此後到唐朝統一，東突厥一直是北踞蒙古草原的強勢軍事集團。

西元六二四年，唐朝建國初期，東突厥可汗頡利（Kultekin），率領他的騎兵隊伍對唐帝國都城長安進行威脅。隋末亂世時的軍閥薛舉、劉武周、梁師都、李軌、高開道、王世充，甚至李淵，為了奪取中央政權都先後向東突厥始畢可汗稱臣，以求其軍事援助，西元七〇〇年，大唐開國元勳李世民甚至向東突厥可汗屈膝稱臣。

唐朝統一中國後，唐太宗便著手解決突厥的威脅，派李靖與張公謹領軍北擊。西元六二九年（唐貞觀三年），李靖的六路大軍，揭開了唐代與突厥三十餘年的戰爭。西元六五九年，東突厥被打敗並淪為唐帝國的屬國，但中國人對東突厥的統治僅僅持續了二十一年。

此時，西突厥佔有準噶爾盆地周圍東到玉門關，西到裏海，南至興都庫什山的大片中亞土地。唐朝征服東突厥後，開始了對西突厥戰爭，最後，唐軍於西元六五九年滅國王眞珠葉護於雙河（新疆博樂），西突厥也被打敗。唐朝先後在西域設置了龜茲、焉耆、于闐、疏勒四個軍事據點，和昆陵、蒙池兩個都護府。唐朝的勢力範圍延伸到中亞巴爾喀什湖以西的地區。

正當中國唐朝似乎已經實現了它在中亞的征服目標時，形勢突然改變。從西元六六五年起，西突厥的各部落開始反叛中國指派的可汗們；西元六七〇年，他們在塔里木盆地從中國人手中奪取了被稱爲「四鎮」的焉耆、庫車、于闐和喀什。這次唐朝對西突厥汗國的控制也僅僅持續了十一年。

西元六八〇年，在東突厥汗國原王室後裔骨咄祿可汗（Kutluk）率領下，東、西突厥人聯合起來在很短的時間內又恢復了突厥帝國。突厥人很快趕走了唐軍，結束了唐朝對東突厥二十一年的統治。

西元六八二年，東突厥骨咄祿對中國人發起進攻，先是收回了東突厥汗國的失地——漠北蒙古大草原，西元六八五年攻入太原北部的忻州，大敗唐軍。西元六八七年，攻北京西北部的昌平；同年秋，攻山西朔平。骨咄祿於西元六九一年去世。他的汗位由他的兄弟默啜（Moyanchur）繼承，使突厥帝國再次達到了鼎盛時期（西元六九一～七一六年），又恢復了以前的版圖。

西元六八三年，高宗皇帝去世，其遺孀武則天掌權，突厥人繼續進攻中國領土，由於中國宮廷拒絕了默啜可汗的蠻橫要求，默啜對宣化以南進行了可怕的遠征，席捲了蔚州，進攻河北保定，又取趙州。西元六九四年，攻佔了寧夏附近的靈州；西元七〇二年，攻山西北部的代州；西元七〇六年，在敦煌東鳴沙山打敗唐將沙吒忠義後才撤退。

隨著西突厥部的歸順，突厥再次形成了令人畏懼的整體，突厥帝國又重新建立起來了。在巴爾喀什湖以南的伊犁河下游，默啜可汗成了一個東起中國邊境（玉門關），西到裏海，包括新疆和河中地區（今中亞五國）的突厥各部落的唯一君主。

西元七四五年，另一個突厥部落回鶻（維吾爾的變音）首領率部眾推翻了藍突厥帝國。突厥各部大多數歸附了回鶻政權，一部分則西遷到了中亞、西亞。從此，回鶻（維吾爾）帝國（西元七四五～八四〇年）取代了藍突厥帝國。它對蒙古大草原和西域的統治持續了一個世紀。

當時的回鶻（維吾爾）帝國的政治中心在蒙古高原，正當回鶻人（維吾爾人）在北方草原攻打藍突厥政權，忙於建國的時候，唐朝雇傭的突厥將軍阿史那乘機攻打西域的葛邏祿（Karluk）、突騎施（Turkesh）等突厥部落，並再度控制了西域的安西四鎮（焉耆、庫車、喀什和于闐）和巴爾喀什湖以南的伊犁河三角洲。西元七二三年，唐朝又在西域建立了北庭（吉木薩爾）都護府。

這次唐朝對西域的控制也只持續了二十八年，直到西元七五一年被阿拉伯人與回鶻聯軍趕回了玉門關以東的中國本土。八世紀初，阿拉伯帝國擴張到中亞一帶，唐朝為了爭奪這塊絲綢之路要道，派大將高仙芝領三萬大軍攻打阿拉伯人。西元七五一年七月阿拉伯人聯合回鶻（維吾爾）帝國與高仙芝的唐軍在怛邏斯（Talas，今吉爾吉斯境內）大戰，高仙芝被這些聯合部隊打得全軍覆沒，唐軍一敗塗地，高仙芝率殘兵逃回了長安。從此，中國人再也沒有敢走出玉門關，直到一千年後的一七五九年清朝末期征服新疆。

這是唐朝第二次走出自己的國土在西域交戰，第一次戰勝了西突厥，獲得了對西域十一年的控制權，但這次被阿拉伯人和回鶻人（維吾爾人）打得慘敗，唐朝從此一蹶不振。唐朝對西域（新疆）的軍事控制前後加起來才五十年之久。

西元七五五年，唐朝國內發生突厥將軍安祿山和史思明爲首的叛亂，史稱「安史之亂」，叛軍佔領了長安、洛陽，唐玄宗逃亡四川。玄宗之子肅宗皇帝向回鶻（維吾爾）帝國求援，並答應將唐朝公主嫁給回鶻（維吾爾）國王，而且每年給回鶻絹帛兩萬匹。結果，回鶻（維吾爾）國王派大軍進入中原幫助平叛，並很快消滅了安祿山和史思明的叛軍，解放了長安和洛陽，扶植唐肅宗坐上皇位後，帶著唐朝賞賜的金銀財寶和長安、洛陽兩城的中國美女們回到了自己的國家。

此後一百多年裡，唐朝在這些過分強大的回鶻（維吾爾）盟友面前一直感到恐懼不安。爲了討好回鶻（維吾爾）帝國，唐朝皇帝先後嫁過寧國公主、咸安公主、大和公主三位皇室千金給回鶻可汗。

回鶻人（維吾爾人）從伊朗和西方接受了摩尼教和源於敘利亞文的粟特字母，並從粟特字母中發明了自己的文字。在九世紀，這種文字已取代了鄂爾渾河的古突厥字母，成了所有突厥民族通用的文字。借助回鶻文，回鶻人（維吾爾人）創造了最早的突厥文學，他們把伊朗文的一些摩尼教經典和梵文、吐火羅文和漢文的大量佛經譯寫成突厥文。於是，回鶻（維吾爾）比其他的突厥—蒙古各族更先進，在突厥—蒙古各族中，以及往後的成吉思汗時代，回鶻人被稱爲「先生」。

然而，在取得文明的過程中，回鶻人（維吾爾人）衰弱了。西元八四〇年，由於當年蒙古草原出現空前的嚴寒，凍死了無數百姓和牲畜。除了這場災難，再加上另一個突厥部落黠戛斯人的攻擊，回鶻帝國徹底瓦解了。回鶻人失去了對蒙古草原的控制之後，開始分三路大規模西遷。

一部分維吾爾人於西元八四三年定居在塔里木綠洲的高昌（吐魯番）、吉木薩爾、焉耆和庫車，與此前就生活在這裡的突厥部落會合，建立了高昌回鶻王國（西元八四三～一二二八年）。這個國家的版圖主要是現在新疆的北部、東部和中部。他們在這裡接受了佛教，創造了燦爛的佛教文化。這個王國一直延續到十三世紀，維持了約四百年。

另一批維吾爾人，遷移到甘肅一帶，約在西元八六〇年建立了甘州回鶻王國（西元八六〇～一二二八年）。領土包括現在的甘肅、寧夏和青海北部。中國人稱他們爲「黃頭回鶻」。現在生活在這個地區的裕固族（維吾爾的變音）就是他們的後裔。他們當中的絕大多數已被

前往喀什（喀什噶爾）路上的古塔，約建於西元800年。西元846年，維吾爾人與其他突厥親屬部落以喀什為中心，建立喀喇汗王朝。

同化，成了中國西北漢人的組成部分。

西元八四六年，第三批維吾爾人投奔到天山和帕米爾一帶的葛邏祿、樣磨（Yaghma）、突騎施等親屬突厥部落，與他們一起以喀什噶爾（今喀什）爲中心建立了喀喇汗王朝（西元八四六～一二一一年），中國人又稱之爲「黑汗」王朝。它的疆域包括現在的新疆南部、吉爾吉斯、塔吉克、烏茲別克、土庫曼、哈薩克南部的廣大中亞地區。此時，唐朝已滅亡，中國開始了五代十國的分裂割據局面。

從此，回鶻人（維吾爾人）的活動中心從漠北蒙古高原遷移到了天山南北，塔里木盆地出現了又一次的民族大融合。回鶻人與當地的突厥各部落融合後，形成了現在的維吾爾族。

有一些漢族學者認爲維吾爾族不是新疆的原住民，漢族人比維吾爾人早一千年進入了塔里木盆地，理由是：漢朝時期西域已有三十六國，其居民不是回鶻人。而班超出使西域後，漢朝在新疆設立了都護府，對這個地區進行過一段時期的宗主統治。

沒錯，回鶻人（維吾爾人）的主流是在九世紀從蒙古草原移居新疆塔里木一帶的，西元前上古時期，塔里木盆地最早的原住居民確實是古代伊朗塞特人、吐火羅人等雅利安人種，而天山以北、阿爾泰山一帶自古以來就是突厥人的故鄉。然而，西元前後，西域三十六國都成了匈奴帝國的屬國。這一時期，匈奴突厥人開始進入天山以南與當地人混居，到了六世紀後，葛邏祿、突騎施、樣磨、拔悉密（Basmil）等突厥部落已經定居在天山南北，當地屬伊朗語種的民族已被突厥化了，突厥人已經成了這個地區的主體民族。九世紀回鶻人（維吾爾人）遷來時，這裡的居民基本上已經是突厥人了，而且此前這裡也是回鶻（維吾爾）帝國的屬地，有相當比例的回鶻人生活在塔里木一帶。回鶻人也是突厥人，也是匈奴人的後裔，因此，他們很快與當地原住民融合後形成了現在的維吾爾族。漠北回鶻和塔里木原住民都是現代維吾爾人的祖先，如同兩個支流的河水流入一個幹流，形成一條大河。因此，現代維吾爾人是漠北回鶻草原文化和古代塔里木雅利安文化的繼承者，在血緣上是突厥人和雅利安人的共同後裔。

五、五代十國和宋朝時期，中國和遼、金、西夏、喀喇汗、高昌、甘洲回鶻等國的關係。（十世紀初～十三世紀末）

唐朝於西元九〇七年被黃巢領導的一次大起義推翻，突厥部落的一支沙陀突厥人在唐朝的廢墟上建立了後晉、後梁、後唐等國。從此，中國進入了四分五裂的五代十國時代（西元九〇七～九六〇年）。這一時期，突厥人對中國人的統治持續了半個世紀，直到宋朝統一中國本部。這些突厥人後來被中國化，融合到漢民族裡去了。

十世紀後期，突厥人基本上已經離開了北方蒙古草原，主要生活在西域天山南北、中亞兩河流域和中亞大草原，甚至到了高加索和小亞細亞半島（土耳其）。他們在這些地方先後建立了高昌汗國（在新疆中部、北部、東部）、甘州回鶻王朝（在甘肅和青海北部）、喀喇汗王朝（新疆南部和中亞五國一帶）、伽色尼王朝（在阿富汗、巴基斯坦和印度一帶）和塞爾柱王朝（在伊朗和土耳其、亞塞拜然一帶）等突厥佛教和伊斯蘭國家。

而在北方蒙古大草原上，此時又崛起了其他幾個游牧民族。在十世紀末到十三世紀之間，他們在蒙古草原和中國的北方黃河流域建立了自己的獨立王國：契丹人（蒙古部落之一）建立了遼國；唐兀人（藏族的一支）建立了西夏國；女真人（滿族人）建立了金國。

西元九六〇年，依靠父親趙弘殷任沙陀突厥後唐政權的禁軍「飛捷指揮使」起家的宋太祖趙匡胤統一了中國南部，建立了宋朝（西元九六〇～一二八〇年），北部與上述遼、西夏、金國爲界。這幾個國家之間不斷地發生爭奪地盤的戰爭，宋朝節節敗退，被迫遷都南京，宋朝的江山只剩下長江以南，直到十三世紀這些國家全部被蒙古人一一征服。

十世紀至十三世紀，中國中原地區的局面是：延續了三個半世紀的五代十國爭強，宋、遼、金、西夏對峙，此時的中國已經四分五裂，中國的一半領土在外族統治之下。在同一個時期，遠在中國以外，包括新疆的西域地區則並存著喀喇汗王朝、高昌回鶻王朝、甘洲回鶻王朝三個維吾爾突厥國家。

九世紀末，建立了喀喇汗王朝的維吾爾首領毗伽闕·卡迪爾汗（Bilg Kul Kadir Han）把中亞地區使用突厥語作爲族語的諸民族統一了起來，其孫薩圖克·博格拉汗首先皈依了伊斯蘭教。西元九六〇年，木薩·阿爾斯蘭汗宣布伊斯蘭教爲國教；十世紀末，打敗了伊朗薩曼王朝；十一世紀初，在經過長達四十餘年的戰爭後，建立地跨蔥嶺（帕米爾）東西的強大王朝，成爲中亞唯一霸主。十一世紀初，喀喇汗王朝達到鼎盛時期，其疆域包括今新疆南部，以及吉爾吉斯、塔吉克和哈薩克南部、烏茲別克等地的整個中亞地區。首都在八剌沙袞，陪都在喀什噶爾。

一〇四一年，喀喇汗王朝分裂爲東、西兩部。後來西部淪爲另一個突厥國家——塞爾柱王朝的附庸，控制新疆的東部政權持續到一二一一年被喀喇契丹人（後遼）消滅，緊接著於一二一八年被成吉思汗的蒙古軍隊佔領。

威震中亞的喀喇汗王朝統治中亞三個半世紀，其政治、經濟、軍事、文化及宗教方面，在新疆與中亞史上產生了巨大影響，不僅是維吾爾人，同時也是整個突厥民族歷史上最顯赫輝煌的時期之一。在這一時期，包括新疆在內的西域突厥地區出現了空前的文化繁榮，他們接觸了阿拉伯、波斯和希臘文化，出現了大批的文學、哲學、數學、天文學學者，以及舉世聞名的著作。通過絲綢之路與中國宋朝建立了貿易往來。這一繁榮景象一直持續到了十三世紀末後遼的入侵，和接之而來的成吉思汗之征服。

維吾爾學者麻赫穆德·喀什噶里和他的百科全書式的巨著《突厥語大詞典》，以及玉素甫·哈斯·哈吉甫和他的長詩〈福樂智慧〉，便是這一時期的代表人物以及典型代表作品。

在政治、經濟方面，喀喇汗王朝長期與中原保持著密切聯繫。西元九三三年夏，在喀什噶爾的喀喇汗國王薩圖克·博格拉汗向居於華北的遼朝契丹國派出第一個友好使團，西元九四〇年遼朝派使團回訪成功；據中國史書記載，一〇〇九年，玉素甫·卡迪爾汗開始向宋王朝派出了第一個友好使團，至一〇八八年間，喀喇汗王朝共向宋朝派出使團達五十餘次。

同一時期，以吐魯番為中心的高昌回鶻王朝（西元八四三～一一二八年），是信仰佛教的另一個維吾爾突厥國家，它統治著新疆中部、北部和東部，這裡也出現了繁榮的佛教文化。其疆域最盛時東起敦煌、西抵熱海（今吉爾吉斯伊塞克湖）、北逾天山、南隔沙漠而與于闐相連。西元九八一年，高昌回鶻王遣使者訪問宋朝，宋太宗派遣王延德出使高昌。兩國之間也建立了友好往來。高昌回鶻國的統治延續了四個多世紀。在這個漫長的歲月中，高昌維吾爾人也實現了從游牧經濟到定居的農業經濟的轉變，完成了維吾爾人社會經濟、文化的重構整合，使維吾爾人逐漸融合其他突厥部落而形成這一地區的主體民族。

西元八四〇年，在甘肅、青海一帶建立的甘洲回鶻國雖然是小國，但是它統治河西走廊和敦煌一帶近三百年，控制了絲綢之路的交通要道，這部分回鶻人也是敦煌佛教文化的主人之一。一二二八年它被西夏所滅，後來銷聲匿跡，只剩下現在甘肅的裕固族後裔。由於地理位置的原因，這個國家和中國的關係最爲密切，它和當時的遼、金、西夏、宋發生過戰爭，也建立了友好關係。

從這個歷史階段，可以看出當時唐朝滅亡後，中國先是進入了分別由突厥人和中國人建立的五代十國混戰時期，後來宋朝統一了中國的南方，而藏族、蒙古族和滿族部落所建立的西夏、遼、金等國把勢力範圍擴張到長城以南的黃河流域，佔據中國的北方領土長達三百五十年。當時的宋朝雖然文化繁榮，但是軍事實力卻非常的薄弱，始終沒有能夠把這些民族趕出長城。直到十三世紀下旬，成吉思汗的蒙古人征服了所有這些國家。

宋朝與遠在西域的三個維吾爾突厥國家——喀喇汗、高昌回鶻、甘州回鶻王朝之間只是發生過外交和貿易往來，根本談不上什麼從屬關係。

六、元、明時期中國和察合台汗國、帖木兒帝國及賽伊德汗國的關係。（十三世紀末～十七世紀末）

十三世紀初，蒙古人崛起，成吉思汗及其子孫們很快就征服了遼、金、西夏、宋朝以及中亞、西亞，一直打到了歐洲。成吉思汗死後，其子孫四分天下，拔都在歐洲俄羅斯草原建立了欽察汗國（一二五五～一四八〇年）；察合台在中亞建立了察合台汗國（一二六四～一五一三年）；旭烈兀在伊朗、阿富汗建立了伊兒汗國（一二五六～一三三六年）；最後，忽必烈在中國中原和蒙古本土建立了忽必烈王國（一二七一～一三六八年，中國人稱之爲元朝）。

一二六四年，成吉思汗之子察合台在中亞建立了自己的王國——察合台汗國（後來又兼併了窩闊台汗國）。從此，新疆便進入了察合台汗國的版圖，這個國家的版圖包括現在的新疆、哈薩克、烏茲別克、吉爾吉斯、塔吉克、土庫曼等地。這一片地帶是穆斯林突厥人居住的地區，而察合台汗國的上層蒙古族統治階級和蒙古軍隊只佔人口極少數，就像後來的清朝少數滿族人統治中國數億人口一樣。因此，察合台建國後不久，他的子孫逐漸開始被突厥人同化了。十三世紀末，察合台蒙古國王改信了伊斯蘭教，他還下令全國的蒙古人立即接受伊斯蘭教，違者將遭受馬蹄錠釘在額頭上的刑罰，很快地，境內所有蒙古人全部變成了穆斯林。

這些蒙古人改信伊斯蘭教後，開始講突厥語，並且完全融合在當地的突厥人裡去了。從此，察合台汗國實際上已變成了一個穆斯林突厥人的國家，就像後來滿族人的清帝國逐漸變成了中國的一個朝代。

這個時期，在察合台汗國境內以前信仰佛教的高昌維吾爾人也接受了伊斯蘭教，從此，維吾爾人正式完成了伊斯蘭化的進程。十三世紀至十五世紀時，維吾爾突厥文曾被欽察汗國、帖木兒帝國和察合台汗國作爲官方文字使用。這個官方突厥語隨後逐漸形成了所有突厥人通用的語言文字——察合台突厥語，同時出現了一系列察合台突厥文學作品。

不僅察合台汗國的蒙古人被同化了，伊兒汗國、欽察汗國的蒙古人後來也都改信了伊斯蘭教，被當地穆斯林同化後融合到這些民族裡去了。在阿富汗和伊朗現在仍有很多講波斯語的穆斯林哈扎拉蒙古人，他們就是伊兒汗國的蒙古後裔。今天俄羅斯境內的韃靼（塔塔爾）突厥人，也有欽察汗國蒙古人的血統。

忽必烈於一二七一年征服中國後，建立了元帝國，把蒙古本土、西夏、金、宋（中國）和大理國（雲南）合併於元。元朝蒙古人把本國人分爲四等，第一等：蒙古人；第二等：色目人（中亞突厥移民）；第三等：漢人（指原金國地域的北方漢人）；第四等：南人（指南宋的漢人）。由此可見，那時，在中國的土地上，中國人最爲卑賤。

蒙古人征服中亞、西亞在先，佔領中國在後。察合台和旭烈兀佔領中亞和西亞後，派出大批包括維吾爾人在內的穆斯林軍隊幫助忽必烈攻打中國。同時，把大批以維吾爾人爲主的穆斯林學者，如天文學家、建築師、工匠遣送到元朝大都（北京），開始了當今紫禁城的修建。忽必烈征服中國的突厥穆斯林軍顯示出他們卓越的軍事才能，爲蒙元帝國立下了汗馬功勞。他們南征北戰，每佔領一個地區，留一部分軍隊駐守、屯墾，而他們的大本營設在西北，這就是中國回回遍天下，形成大分散小集中格局的原因。特別是攻佔大理國，基本上是突厥軍隊的功勞。[4] 隨蒙古人來華的中亞突厥穆斯林學者也顯示出他們的才華，幫助蒙古人管理國家，從而受到忽必烈汗的信任和重用。據《元行省丞相平章政事年表》和《新元史·行省宰相年表》所舉，有一百多人次的穆斯林在元朝中央政府、地方政府和軍隊中擔任高階職務，其中有大臣（部長級）五十人次，四名達到了副首相級，如賽典赤·贍思丁、哈三、道剌沙、白杜魯丁。忽必烈汗把元朝疆域劃分爲十二個省，其中八個省的省長是穆斯林，縣級以上的官員基本上是穆斯林，而這些穆斯林官員以維吾爾人爲主。

回回司天監掌管天文與曆算，由維吾爾天文學家札馬魯丁、愛薛（伊薩·伊本·艾比·舒克爾）主持，有二十幾名穆斯林學者在其中工作。一二六七年札馬魯丁奉元世祖忽必烈之

4 現在雲南的回族人就是他們的直接後裔；明朝遠征西洋的航海家鄭和，就是元代從中亞來雲南幫助蒙古人攻打大理國的中亞突厥穆斯林後代。

命編獻《萬年曆》。由此，突厥穆斯林把當時世界上最發達的天文學帶入了中國。

蒙古人在征服世界各地的過程中，聘請了很多維吾爾人作顧問和軍事將領。在元朝建國後的和平時期，元朝皇帝們認爲維吾爾人的文化素質高，曾經幫助過蒙古人打天下，而且十分善於治理國家，因此，他們先後從鄰國察合台汗國聘請了無數維吾爾人在元朝擔任各類官員，並且採用了維吾爾文字[5]。於元朝任職的維吾爾學者，在把中亞、西亞伊斯蘭文明帶入中國的過程中起了重要作用，譬如說，維吾爾族的魯明善編寫的《農桑衣食撮要》一書，就是中國第一部農事曆書體裁的農學著作。

蒙古人西征曾給阿拉伯及中亞突厥伊斯蘭文明帶來災難性的毀滅，同時也打開了中西文化交流的通道。蒙元時期大量穆斯林入華，帶來了伊斯蘭地區先進的科技文化，包括天文曆算、醫學、數學、幾何學、地理學、化學等方面科學的技術，極大化地豐富和發展了中國文化。現在中國的回族絕大多數居住在西北與西南（雲南爲主），因爲那裡原來是隨蒙古人來華的中亞、西亞穆斯林軍隊的大本營；其次是散布在全國各地。這些回族人便是包括維吾爾人在內的中亞突厥穆斯林的後裔。

元朝蒙古人對中國的統治不到一百年後，就被朱元璋於一三六八年趕出了長城。元朝蒙古人逃回蒙古大草原後在長城以北繼續了忽必烈蒙古政權，直到一六三四年，最後一個蒙古大汗林丹汗被滿族人殺死，統治中國一個世紀的忽必烈帝國最終滅亡。

可笑的是，很多中國人不知羞恥地把成吉思汗稱爲中國人，還自豪地說：「我們中國人在元朝時，成吉思汗打到了歐洲，佔領了半個世界，當時我們是多麼強大！」蒙古人和漢人是兩回事，一部分蒙古人佔領了中國，在中國的版圖內建立了蒙古人的忽必烈大汗帝國（中國人稱之爲元朝），並對中國人持續了一百年的統治。但是元朝疆域只限於中國本土，不包括忽必烈的兄弟們在其他地方建立的國家，這是一個被史學界公認的事實。

蒙古人在中亞、歐洲等地建立的其他三個國家都是獨立並存的，和元朝是平等的國家。這四個國家之間發生過無數次的戰爭，並沒有一個中央政權的管轄，不能說這些地方曾是元朝的版圖，更不能說當時這些地方都是中國的版圖，這是一個很簡單的道理。

察合台汗國於一三八八年被另一個突厥國家——帖木兒帝國（一三三六～一四〇五年）兼併，察合台國王臣服於帖木兒。由此，新疆併入了該帝國的版圖。突厥人民的驕傲，中亞傳奇式人物帖木兒在一三七〇年至一四〇二年之間短短的三十二年裡，征服了二百一十四萬平方英里的土地，建立了世界上最大的帝國之一——帖木兒帝國。他的帝國包括整個中東、中亞，從印度河到地中海的廣大地區。這是中亞突厥人最輝煌的歷史時期。帖木兒曾試圖像

5 這種文字被蒙古人一直沿用至今，甚至也被後來的滿族人使用。今天的北京故宮所有宮殿門上寫的滿文，就是維吾爾文字。

成吉思汗那樣征服世界，卻於一四〇五年病逝於遠征中國（明朝）的途中。

一四〇五年，帖木兒帝國瓦解，維吾爾人在天山南北恢復和建立了自己的國家——東察合台汗國（一四〇五～一五一三年）。東察合台汗國定都別失八里（新疆吉木薩爾縣北），後遷都亦力把裡（今伊寧市），對新疆進行了一個世紀的統治。一五一四年，賽伊德．阿里汗擊敗各政敵，率兵攻下喀什噶爾、葉爾羌、和闐等天山南部各地，最後佔領吐魯番和伊犁，推翻了東察合台汗國，在新疆葉爾羌（今莎車）建立了賽伊德汗國（一五一四～一六九五年），也稱「葉爾羌汗國」。

賽伊德汗國當時的疆域，包括了現在新疆全境和中亞的吉爾吉斯、費爾干納和喀什米爾等地。與同一時代的鄰國——印度的蒙兀兒王朝、中亞的昔班尼王朝、波斯王朝，以及西亞的鄂圖曼帝國建立了密切的關係；與同一時代的明朝和清朝只是鄰國。

一三六八年，明朝取代了元朝後，明朝的版圖僅限於長城以南，玉門關以東。爲了鞏固北方邊境，防止蒙古人再次入侵，明朝繼續修建了長城邊境。明朝末期，它在西方的鄰國——賽伊德汗國（新疆）正逢鼎盛時期，兩國互派使節訪問，建立了友好關係。除了一五三一年在哈密曾經出現過一次糾紛以外，兩國沒有發生過戰爭。

明朝的統治持續了二百多年後，於一六四四年被滿族人推翻，中國開始進入滿清帝國的殖民統治時期。

七、滿清帝國對西藏國、準噶爾汗國（蒙古）、和卓汗國（新疆）的侵略。（十七世紀末～二十世紀初）

一六四四年，努爾哈赤率領滿族人越過長城，打入關內並推翻了中國明朝政權。滿族人藉由對中國人進行的史無前例的大屠殺，只用了三十七年的時間就佔領了中國全部領土，建立了滿清帝國。從此，中國進入了滿清的殖民統治時期，清朝的歷史實際上也就是中國人的亡國奴史。

清軍入關對中國的征服中，把此前從來沒有被中國征服過的東北大片領土，也同時帶入了清帝國版圖，但是在二百六十多年對中國人的統治過程中，滿族人最終融化在漢人的汪洋大海裡去了。

清朝初期，清帝國的版圖在明朝領土的基礎上只是增加了東北地區。而當時的蒙古（準噶爾汗國、喀爾喀四部）、新疆（賽伊德汗國），以及西藏都是獨立的國家。

一六七六年，蒙古貴族噶爾丹（Galdan Kontaji）自立爲準噶爾汗，並統一了西蒙古諸部，在新疆北部準噶爾盆地和蒙古西部建立了準噶爾汗國（一六七六～一七五九年）。

一六七〇年起，東突厥斯坦的賽伊德汗國發生內訌，維吾爾人分裂爲黑山派和白山派兩個教派，相互爭權奪利。喀什的白山派宗教首領阿帕克和卓（Hidayetulah Hoja）舉兵叛亂，試圖奪取賽伊德汗國的政權，結果被國王伊斯馬伊汗打敗。後來，阿帕克經過喀什米爾逃往西藏投奔五世達賴喇嘛。達賴便寫信給噶爾丹，要求他幫助阿帕克和卓恢復地位。此時噶爾丹已佔領哈密和吐魯番，阿帕克和卓的求助正中其意。於是，當阿帕克和卓帶著達賴的信去見噶爾丹時，噶爾丹馬上答應了他的請求，並於一六八一年派準噶爾蒙古軍隊一萬二千餘人越天山南下，攻佔了賽伊德汗國的首都葉爾羌，俘獲了國王伊斯馬伊汗。

噶爾丹佔領葉爾羌後，任命賽伊德汗國的汗室成員、吐魯番巴拜汗之子阿布都熱西提爲賽伊德汗國國王，作爲自己的附庸，阿帕克也恢復了宗教首領的地位，然後率兵返回了天山北路。阿帕克和卓以每年提供十萬騰格（相當於十萬兩白銀）給準噶爾人作爲條件。

一六八二年，賽伊德汗國發生暴亂，阿布都熱西提從葉爾羌逃奔伊犁，由於他執政時排擠阿帕克和卓，噶爾丹將其囚禁。隨後，阿布都熱西提的二弟穆罕默德．伊敏被擁立爲汗。在他在位期間，曾兩次秘密向清政府進貢求助，力圖擺脫親噶爾丹的白山派勢力對自己的控制，但未能成功。一六九二年，阿帕克和卓發動各地信徒暴亂，殺害了穆罕默德．伊敏汗。在阿帕克和卓操縱下，其長子雅赫雅繼承汗位。此後，賽伊德汗國實際上成了由和卓們幕後操縱的一個國家，直到一六九五年，最後一位國王穆罕默德．穆明汗被趕下台，賽伊德汗國結束。從此，阿帕克和卓的後裔和卓們成了這個國家的眞正統治者，新疆從此進入了「和卓汗國」的統治時代（一六九五～一七五九年）。

就這樣，維吾爾人在東突厥斯坦建立賽伊德汗國存在了約二百年後宣告滅亡，取而代之的是被準噶爾人扶植的傀儡政權——和卓汗國。此時的東突厥斯坦實際上已是準噶爾汗國的一個保護國，或者可以解釋爲盟國。它的疆域只包括新疆天山以南地區，而天山以北則在準噶爾蒙古汗國的控制之下。

此時的噶爾丹雄心勃勃，企圖恢復成吉思汗的蒙古帝國，遂起兵進攻漠北喀爾喀蒙古四部。一六八八年，噶爾丹大軍攻入漠北，喀爾喀土謝圖部、車臣部等迎戰失敗，乃逃入長城以內，向清帝國求助。噶爾丹企圖如成吉思汗擊敗金國那樣擊敗滿清帝國，遂於一六九〇年率軍殺入長城。

清康熙帝率大軍北上迎戰。雙方會戰於北京以北七百里，張家口以北的烏蘭布通，噶爾丹大敗而退。清帝國趁機將蒙古東部大片地區併入了自己的版圖。

一六九七年（清康熙三十六年），噶爾丹在與清朝軍隊作戰失敗後死亡。和卓汗國的國王——白山派首領阿帕克和卓的孫子阿合瑪特和卓趁機宣布擺脫準噶爾蒙古人的控制，拒絕提供原先答應每年上貢的白銀給準噶爾汗。一七〇〇年，準噶爾部新即位首領策妄阿拉布坦率兵攻打和卓汗國，佔領首都喀什噶爾。阿合瑪特和卓等被押送到伊犁拘禁，黑山派首領達尼亞力和卓又在準噶爾蒙古的庇護下，登上了和卓汗國的王位。

一七二〇年，清軍進攻西藏，飽受準噶爾軍蹂躪的西藏人也在後方策應，準噶爾軍戰敗，策零頓多布的軍隊退回了蒙古本土。隨後，康熙在西藏設立辦事大臣，西藏國（包括青海）正式成爲滿清帝國的藩屬國（殖民地）。

一七二七年，策妄阿拉布坦去世，其子噶爾丹策零即位，清朝雍正皇帝發軍進攻準噶爾遭到大敗，清軍退出科布多。一七三五年，雍正和準噶爾汗國簽訂和約，規定兩個國家以漠北杭愛山爲界，以東屬清帝國，以西屬準噶爾。

一七四五年，噶爾丹策零死後，準噶爾汗國遂衰。經過一番內亂，一七五三年，策零頓多布之孫達瓦齊即位，而清帝國雍正帝也早於一七三五年死去，乾隆帝繼位。此時，準噶爾貴族阿睦爾撒納爲了爭奪準噶爾的統治權發動了內戰，結果阿睦爾撒納兵敗，不得已率所屬二萬多人投奔清廷，並求清帝國幫助他奪取王位。

一七五五年，乾隆派清將班第和阿睦爾撒納率領的遠征大軍五萬人進攻準噶爾汗國，結果，準噶爾人被徹底打敗，達瓦齊被綁送清軍。但是，清朝並沒有讓阿睦爾撒納當國王，只是晉封他爲雙親王。阿睦爾撒納不甘心臣服清帝國，遂起兵反抗。

一七五八年，乾隆派兆惠率清軍大舉攻打阿睦爾撒納，將男女老少的準噶爾人幾乎趕盡殺絕。據史書記載，當時兆惠的軍隊對準噶爾蒙古人的大屠殺是舉世罕見的，連搖籃裡的嬰兒都被殺光了。阿睦爾撒納被迫逃往俄國。由此，稱霸中亞和蒙古草原一個多世紀的準噶爾汗國被徹底消滅，至今只留下一個地理名詞「準噶爾盆地」而無準噶爾人了。這不僅標誌著強盛一時的準噶爾汗國的滅亡，也標誌著蒙古貴族及其後裔對天山以北幾百年的統治宣告結束。蒙古大草原和天山北部的準噶爾盆地從此被滿清帝國侵佔。

在清軍和阿睦爾撒納的聯軍打敗準噶爾國王達瓦齊的那一年（一七五五年），清軍佔領了伊犁。曾被準噶爾人囚禁在伊犁的白山派和卓首領瑪罕木特的兩個兒子波羅尼都、霍集占兄弟（史稱「大小和卓」）獲得了自由。他們請求清軍幫助推翻準噶爾人在和卓汗國扶植的黑山派政權。清軍同意了他們的要求並借給他們一支軍隊，大小和卓率領從清軍那裡借來的這一小支部隊，先後從黑山派手中奪取了烏什、吐魯番、喀什，最後奪得葉爾羌。

一七五七年春，波羅尼都和霍集占佔領了喀什噶爾和葉爾羌。大功告成後，就要求清軍撤出他們的國家。但是，清軍企圖通過駐紮軍隊來控制這個維吾爾人的和卓汗國，這引起和卓們的強烈不滿，他們這才發現自己是引狼入室。後來，就利用阿睦爾撒納與清朝政府之間剛剛爆發的戰爭宣布和清軍斷絕關係，並殺死了那些借來的清軍士兵。隨後，波羅尼都自立爲巴圖爾汗（勇敢的國王）。但是，好景不長，當清軍消滅了阿睦爾撒納後，轉而大舉進攻和卓汗國。從此，揭開了清帝國對東突厥斯坦大舉入侵的序幕。

一七五八年，一支由清將兆惠率領的清軍從伊犁河南下到塔里木，霍集占在庫車附近被打敗後，躲到葉爾羌，在那裡進行了頑強的抵抗。與此同時，波羅尼都對兆惠進行了一場艱苦的圍攻戰，致使兆惠所率的三、四千名士卒被維吾爾軍包圍在喀什黑水營達三個月之久。

一七五九年初，由於富德派來援軍，兆惠才得救。結果，葉爾羌和喀什先後淪陷，兆惠砍下了大小和卓的人頭，屠殺了王室老老少少全家三百多人，唯獨沒有殺霍集占之妻香妃（Ipar Han）。爲了給乾隆皇帝獻媚，兆惠把美麗無比的香妃和大小和卓的頭顱一起帶到北京獻給了乾隆皇帝。但香妃心懷「國破家亡，情願一死」之志，始終不從乾隆，最後被太后賜死。[6]

由此，一七五九年，天山南北被清帝國徹底征服，和卓汗國滅亡。滿清帝國在這個國家又扶植了幫助過清軍入侵的維吾爾貴族地方政權，東突厥斯坦從此變成了滿清帝國的殖民地。

值得強調的是，此時的新疆、西藏、越南、朝鮮、蒙古都是清帝國的藩屬國（保護國或殖民地），而不是大清的正式領土。清朝在這些國家扶植了擁護自己的新汗王，駐紮了清朝軍隊（將軍府）和辦事大臣（外交使節），但是保留了當地他們自己原先的統治方式和管理制度。清朝的行政管理制度和法律在這些國家並沒有強制實施。最簡單的例子，在清朝本土，不留辮子就要砍頭，但是在新疆的維吾爾人從來就沒有留過什麼辮子。

發生在十八世紀末的，準噶爾汗國和和卓汗國被清帝國軍事佔領的這兩樁歷史事件都有一個共同的特點：引狼入室！蒙古貴族阿睦爾撒納爲了爭奪準噶爾汗國的王位，邀請清朝軍事援助，結果清軍藉此聯合阿睦爾撒納的勢力消滅了準噶爾汗國，其本人不但沒有因此獲得王位，反而落了一個逃往俄國避難的下場。大小和卓爲了奪取和卓汗國的統治權也邀請清軍出兵協助，結果給清帝國提供了侵略東突厥斯坦的絕好機會。清軍在協助盟友的幌子下吞併了這個維吾爾人的國家！大小和卓的這一歷史性的錯誤之後果比阿睦爾撒納更慘，儘管他們後來發覺自己被滿清控制而試圖擺脫這種局面，但還是落了個國破家亡、人頭落地的下場！

這次歷史事件，也反映了中國清朝當局在近代對外侵略擴張的野心，和乘鄰國之危藉援助之名將其吞併的強盜行爲。

滿清帝國通過這次侵略戰爭使東突厥斯坦和蒙古淪爲滿清殖民地。而中共的教科書上卻把清朝侵略準噶爾汗國與和卓汗國，說成是「平定準噶爾貴族叛亂和南疆大小和卓叛亂」。試問：在這以前，這些領土是屬於滿清帝國的版圖嗎？一個國家派軍隊到另一個國家去平定「叛亂」，有這個道理嗎？這正是中國侵略者的無賴邏輯。

略知歷史的人都知道，自從西元七五一年唐朝怛邏斯大戰後、中國軍事勢力被趕出西域以來，直到一七五九年這次歷史事件的發生，在這個長達一千年的歷史時期裡，中亞（包括新疆）地區一直是獨立的主權國家，中國的版圖從來沒有包括新疆（東突厥斯坦）。因此，

6 中共的史書將此事件篡改爲：在「平定」大小和卓叛亂後，平叛有功的維吾爾貴族把女兒香妃獻給了乾隆皇帝！

所謂的「平定準噶爾叛亂和南疆大小和卓叛亂」，實際上就是中國人對蒙古和東突厥斯坦發動的一次赤裸裸的侵略戰爭。

此後，東突厥斯坦人民掀起了一場又一場的抗清獨立運動。清軍侵佔東突厥斯坦後，大小和卓的後裔逃到了中亞浩罕國（今烏茲別克），隨後開始在當地招兵買馬。大和卓波羅尼都之孫張格爾和卓（Jahangir Hoja）爲了完成祖先的復國大業，從一八二〇年至一八二八年間，從浩罕國率兵攻打清軍，先後五次佔領了南疆。一八二八年初，張格爾在阿克蘇被清軍捕獲，押往北京處死。

一八三〇年八月，張格爾之兄玉素普和卓攻陷喀什噶爾、英吉沙爾二城。一八四七年七月，和卓後裔穆罕默德·伊敏又一次率軍攻佔喀什噶爾等地。一八五七年，阿里汗和卓再次進入南疆，又一度攻佔喀什噶爾和英吉沙爾二城。可惜，這些獨立活動一次又一次地被清軍鎮壓下去了，每次鎮壓都是以血洗和屠城告終。這些抗清獨立運動被中國史學家們稱作是「十二和卓之亂」。

一八六四年，在中國發生太平天國運動和陝甘回民起義的同時，新疆爆發了規模空前的反清大起義。在庫車首舉義旗的熱西丁和卓率領維吾爾起義群眾一舉攻佔了庫車縣城，殺死庫車辦事大臣等清朝官員。起義的烽火迅速燃遍天山南北。在庫車起義之後的短短幾個月內，庫爾勒、烏魯木齊、喀什噶爾、和闐、哈密、塔城和伊犁等地也相繼舉行起義，沉重地打擊了清王朝在新疆的殖民統治。

一八六六年，維吾爾人民最終在阿古伯（Yakup Bek Bidevlet）的領導下，統一了各地的反清力量，徹底趕走了清朝佔領軍，建立了「哲德沙爾國」（Yette Sheher，一八六六～一八八一年），獲得了完全獨立。這個國家很快獲得英國、沙俄和鄂圖曼帝國的承認。

十九世紀末，清朝內閣裡的李鴻章與左宗棠之間發生了海防、塞防之爭，左宗棠主張攻佔東突厥斯坦哲德沙爾國，認爲在西北「自撤藩籬，則我退寸而寇進尺，尤其會招致英、俄滲透」。

結果，一八七五年，清廷任命左宗棠爲欽差大臣，督辦新疆軍務，一八七六年左宗棠率六萬湘軍，駐肅州指揮多路軍進軍東突厥斯坦。次年與阿古伯的軍隊展開了激戰，經過幾年的戰爭，清軍佔領了除伊犁地區外的新疆全部領土。一八八一年，阿古伯的軍隊被徹底打敗，哲德沙爾國滅亡，東突厥斯坦又一次淪爲滿清的殖民地。

根據當時正在新疆考古的西方學者目擊紀錄，左宗棠的軍隊在東突厥斯坦進行了一場滅絕性的大屠殺，估計最少屠殺了近一萬名維吾爾人。這一點，在左宗棠給朝廷的奏摺裡，以及《平定回疆方略》一書中都有記載。正因爲左宗棠殺人太多，他才得了「左屠夫」的綽號。雙手沾滿維吾爾人民鮮血的這個漢族屠夫，在中國人眼裡卻被認爲是民族英雄。

前《金融時報》記者克利斯蒂安．泰勒（Christian Tyler）在她所著的《西部中國：新疆的馴服》（*Wild West China: The Taming of Xinjiang*，二〇〇三年八月七日出版）中，依據大量的歷史資料，也證實了在晚清時期有超過一百萬的維吾爾居民被清軍屠殺的歷史事實。

左宗棠佔領東突厥斯坦後，隨即上書建議將這個國家設爲中國的行省。一八八四年，清政府正式宣布將這個國家歸入中國版圖，起名爲「新疆」省，劉錦棠被任命爲首任新疆巡撫。

由此，維吾爾人的祖國——東突厥斯坦（新疆）正式被中國兼併。但是，在一八八四年至一九一一年清朝正式統治新疆的二十七年裡，維吾爾人民從來沒有放棄過抵抗運動，一次又一次的獨立運動，遭到了清政府一次又一次地殘酷鎮壓和屠殺。

八、小結

從上述的歷史回顧中，我們可以把中國人和突厥人（匈奴、藍突厥、回鶻人等突厥民族的總稱）的關係史分爲以下兩個階段：

第一個階段：西元前二十世紀至西元後九世紀（自夏、商到隋、唐）約三千年。

這一時期，突厥人主要以游牧方式生活在北方蒙古大草原和西域一帶。中國歷屆朝代的疆域都是以中原爲本土，以長城爲北方國界。而突厥人在長城以北、河套（甘肅）以西的漠北和西域地帶建立了匈奴帝國、柔然帝國、藍突厥帝國、回鶻帝國等強大國家，作爲獨立的主權國家活躍在這個歷史舞台。它們和中國的秦、漢、晉、隋、唐等朝代之間不斷發生過戰爭。從歷史整體看來，這些突厥人的國家比中國同時期的各朝代更強大，曾多次打敗並征服過中國政權，迫使中國人修建長城，嫁公主講和親，繳納絲綢年貢，請求軍事援助，甚至稱臣屈膝。在這三千年裡，中國人僅僅在漢朝和唐朝時期曾短暫控制過新疆的局部地區。三國、兩晉、南北朝時代，一部分匈奴突厥人在中國本土建立了北魏等國家，對北方半個中國進行了三百多年的統治；唐末五代十國時期，又有一些突厥部落在中國領土上建立了自己的政權，也統治中國北方領土長達六十多年。他們由於接受了中國的文化而很快地漢化，並消失在中國的歷史之中，但是主體突厥民族從來沒有放棄自己的民族文化和失去民族尊嚴。

突厥人的國家之間經常發生內部糾紛，一個部落推翻另一個部落的統治政權，這是歷史的自然現象，正如中國改朝換代一樣。兩者之間最大的區別是：中國人是以農業爲主的定居民族，在歷史上他們的活動領域一直固定在中原一帶，改朝換代後漢民族還是生活在原地。而北方部落民族的游牧特性，決定了他們在草原上頻繁遷移的特點。所以，每當發生部落之間的戰爭或者成立一個新的草原政權時，都會引發大規模的民族遷移。

第二階段：九世紀到十八世紀末（即中國的五代、宋、元、明到清朝初期）約一千年。九世紀後，包括回鶻（維吾爾）部落在內的大部分突厥人離開了蒙古草原，遷移到了中亞（包括新疆）和小亞細亞一帶。回鶻（維吾爾）部落在這裡接受了佛教和伊斯蘭教後，開始了定居的農業生活，他們的活動範圍開始固定在天山南北地區。其他突厥部落在西遷過程中也先後接受了伊斯蘭教和定居文化，進入了嶄新的歷史階段。在這段時期，維吾爾等突厥人在包括新疆在內的西域地區建立了喀喇汗王國、高昌回鶻王國、甘洲回鶻王國、察合汗國、帖木兒帝國、賽伊德汗國、和卓汗國等自己獨立的政權。在這個長達一千年的歷史階段，中國歷屆朝代的版圖都沒有涵蓋新疆。維吾爾人的這些國家與中國同時代的五代、宋、元、明、清朝都是平等的鄰國關係。這一時期，漠北蒙古草原上已經沒有突厥人了，突厥人離開之後，這片土地上出現了蒙古人和滿族人的國家。

那麼，中國人到底在哪些時候佔領過新疆呢？

我們可以從以上的歷史中得出結論，中國人（清帝國）在十八世紀末侵佔新疆（東突厥斯坦）以前，在歷史上曾有過兩次對新疆進行短暫的軍事控制。

第一次是在二千多年前的漢朝時期。中國漢朝爲了向西域求援派張騫、班超等出使西域。中國人第一次走出國門，開始了和西域各國的外交來往。西漢後期，中國人聯合南匈奴打敗了北匈奴，在西元前六〇年到西元一〇二年的一百多年裡，第一次把西域納入了自己的勢力範圍之內，斷斷續續地對當時的西域局部地區進行了一段時期的宗主統治。

第二次是在一千三百多年前的唐朝鼎盛時期，即西元六五九年，中國人曾一度打敗了位於長城以北和西域的藍突厥帝國。但是，西元六八〇年突厥人再次崛起，趕走了唐軍。在藍突厥帝國被回鶻人推翻之際，即西元七一九年，唐朝乘機又一次控制了西域並建立了都護府，對新疆局部地區進行了二十餘年的短暫統治。西元七五一年，唐軍被阿拉伯人和回鶻人（維吾爾人）的聯軍打得一敗塗地，從此中國人就退出了西域的歷史舞台，直到一千年後的一七五九年再次征服這塊土地。在這一千多年裡，東突厥斯坦（新疆）一直都是獨立於中國之外的主權國家。

一六八一年，準噶爾汗國應賽伊德汗國反對派的邀請，出兵推翻這個國家的執政者，然後扶植了擁護自己的新國王。一六九五年，賽伊德汗國被新的「和卓王朝」所取代。這起事件並不意味著東突厥斯坦滅亡，或者併入了準噶爾汗國的版圖。這只能解釋爲一個強國對一個弱國的欺凌。此後的東突厥斯坦作爲準噶爾汗國的保護國，還一直保留了一定程度的獨立性。更何況，當時的準噶爾汗國和清帝國並列爲兩個獨立的國家。因而，東突厥斯坦的賽伊德汗國和準噶爾汗國之間發生的這一歷史事件與中國（清朝）毫無關係。

一七五九年，清帝國藉口報復大小和卓而對東突厥斯坦實行軍事佔領，直到一八六六年獲得獨立的這段歷史時期，滿清帝國將東突厥斯坦與朝鮮、越南、西藏和蒙古並列宣布爲藩屬國。這段時期可以解釋爲東突厥斯坦淪爲清帝國的殖民地或保護國，但沒有被正式列入中國的版圖。當時清軍入侵事件也是由於流亡在外的東突厥斯坦的「和卓汗國」宗教首領，爲了推翻該國執政者而邀請清帝國軍事援助所引起的。滿清政府派兵協助成功後不願撤軍，迫使這個國家變成了自己的藩屬國。這個狀況就類似於現在的美國和阿富汗、伊拉克的關係。

總之，新疆（東突厥斯坦）是在清朝乾隆時期，即一七五九年後成了清朝的藩屬國，於一八六六年獲得獨立，最終於一八八四年被左宗棠佔領並正式劃入中國的版圖。新疆正式被納入中國版圖是在一八八四年！

中共教科書引述漢朝和唐朝時期曾兩度佔領過西域的這些歷史事件，便聲稱「早從西漢起，新疆就是中國的一個不可分割的一部分」。試問，僅依賴這兩起歷史事件就能證明新疆自古以來就是中國的領土嗎？

中共寫「新疆歷史」時，爲了證明「新疆自古以來就是中國領土的一部分」，把中國對新疆的殖民統治合法化，翻遍歷史文獻，從中找出了幾個中國曾經局部地、短暫地控制過該地區，或有過外交往來的歷史事件，並對此加以渲染和誇張，甚至歪曲、篡改！又編造出了一些根本不存在的「歷史事實」，甚至把蒙古人建立的、獨立於元朝之外的察合台汗國也說成是中國版圖！把外交來訪說成是進貢方物！一個弱小的宋朝還冊封比自己強大不知有多少倍的喀喇汗王朝的國王！晉朝時期中國的版圖只侷限於淮河以南，而北魏和前涼等突厥國家對西域的軍事控制，也被寫成是中國人對新疆的統治，簡直荒唐！中共的史書還省略了這個地區的主要歷史內容，這簡直是對歷史的侮辱！對學術界的踐踏！是侵略者的辯護邏輯！在清帝國於一七五九年駐軍東突厥斯坦之前，中國人最後一次踏入這塊土地是在此前一千多年前的唐朝時期。試問，自唐朝到十八世紀末，哪一個中國人的朝代統治過新疆？哪一個中國歷史學家敢出來在學術界前證實這一論點？

中國人爲什麼一談到自己的歷史，就自豪地只談起漢、唐時期曾出現過兩次曇花一現的強盛，大談特談中國人對西域的征服？爲什麼從來不提比它們更強大的匈奴帝國是怎麼蹂躪中國人的？中國人爲之驕傲的長城是爲什麼修建的？隋、唐時期，中國人爲什麼那麼畏懼藍突厥人和回鶻（維吾爾）人？唐朝是如何在維吾爾人的幫助下強大起來的？爲什麼中國皇帝被迫把公主嫁給突厥人？中國人爲什麼從來不提及北魏拓跋突厥人是如何統治半個中國長達三百年的？五代時期沙陀突厥人又是如何統治北方中國六十年的？宋朝時期中國變得多麼弱小，它是如何被遼、金、西夏等北方民族蹂躪三百五十年的？以及被蒙古人統治一百年，被滿族人統治近二百六十年的恥辱歷史實事呢？

有些中國權威歷史學家也公開承認除了漢、唐兩代以外，中國的版圖從來沒有包括新疆。譬如，中國史學會理事、復旦大學中國歷史地理研究所所長葛劍雄教授在他的論文〈統一分裂與中國歷史餘論〉中也承認，不能用「新疆自古以來就屬於中國」這一說法。他說：「自古以來，一個地區歸屬了中原王朝以後，並不一定從此始終歸屬，中間可能有一段、甚至好幾段與中原王朝分離的階段。無論此地目前是否屬於中國，我們都應該嚴格按照歷史事實，對具體的階段做具體分析，不能將首次歸屬於中原王朝以後的年代都看成『屬於中國』。」

他在談到新疆和中國歷代王朝的關係時總結說：「西漢神爵二年（西元前六〇年）西域都護府的設置，標誌著西域成了西漢疆域的一部分。西元初王莽天鳳年間，西域都護府不復存在，西域對中原王朝的歸屬中斷。至東漢永平十七年（西元七四年）恢復都護府，但至建初元年（西元七六年）又撤銷；以後又兩次復置，所以西域對東漢的歸屬不是延續的，所包括的地區也是不完整的。以後的三國、西晉、十六國、北朝、隋朝都沒有統治該地區，直到唐貞觀十四年（西元六四〇年）設置安西都護府才重新恢復了對西域的完全統治。七五五年安史之亂爆發後，唐朝在西域的疆域逐漸喪失，此後的五代、北宋、遼、金都沒有能夠統治新疆。元帝國雖然疆域遼闊，但今新疆先後成為窩闊台汗國和察合台汗國的領土。明初一度擁有今新疆東部（哈密），以後完全退出，所以新疆重新成為中原王朝的一部分要到清乾隆二十四年（一七五九年）才實現。因此，聲稱這個地區『自古以來屬於中國』是說不通的。」

中國歷史地理研究所主任譚其驤在一九八一年五月下旬召開的「中國民族關係史研究學術座談會」上的講話中，分析新疆與中國的關係時說：「國外有人說中國的西界到甘肅為止，新疆從來不是中國的。這個論點大家都知道是胡說。因為新疆在漢朝就統治到了，唐朝也統治到了。漢朝設過西域都護府，唐朝設過安西都護府、北庭都護府。但是我們的歷史很長，西漢對西域統治多少時間？也不過五十年吧。東漢的統治更差。唐朝比較長一點，也不過七世紀到八世紀一百多年吧。我們有幾千年的歷史，除了唐、漢一、二百年統治了新疆之外，其他的時代怎麼樣？有些人只願意談漢、唐，不願意談其他時代，因爲一想到除漢朝、唐朝、清朝之外，中原王朝的確管不到新疆。那怎麼辦呢？好像理虧似的。於是有的同志就去找其他的關係，說是雖然不能直接管到，但在宋朝、明朝新疆的地方政權向中原王朝進過貢。朝鮮、越南都不算中國的一部分，爲什麼新疆地區的政權向中原王朝進過貢，就算是中國的一部分呢？這是講不通的。宋朝和明朝，新疆地區政權同中原王朝的關係實在是很可憐的，西州回鶻、于闐、黑汗王朝跟宋朝怎麼說得上有什麼臣屬、隸屬關係？怎麼能說是向宋朝稱臣納貢呢？不過是來往一二次而已，不用說不在宋朝的版圖內，連藩屬也談不上。到明朝更可憐了，明朝中葉以後，嘉峪關打不開了，嘉峪關之外都是一些與明朝沒有什麼關係的政權。所以一定要與中原王朝有關係才算中國的一部分的話，那麼新疆在宋朝、明朝根本就不是中國的一部分。不能這樣講，不能說一定要與中原王朝有關係才算中國的一部分。新疆在宋朝的時候，是西州回鶻、于闐、黑汗等國家。在明朝的時候，在察合台後王封建割據之下，分成好多政權，這是不是就不是中國了？是中國，不過它與中原王朝分裂了。」

從他的這番講話中我們可以看出，雖然他爲了證明新疆是中國的領土而強詞奪理，但他也承認中國在幾千年的歷史中，只有在漢、唐兩朝曾短暫統治過新疆，此後直到十八世紀末清朝征服新疆的一千多年裡，這地區一直是獨立於中國之外的主權國家。

假如說漢朝時期中國征服東突厥斯坦（新疆）後，一直延續性地統治該地區兩千多年直到現在，那麼中國人有理由說「新疆自漢朝時期就屬中國領土」。假如中國人在唐朝時期對新疆的軍事控制一直不間斷地持續至今，唐朝以後的歷屆中國朝代都一直對新疆行使過主權的話，中國人也有理由說「新疆自唐朝以來是中國的領土」。然而，歷史事實是，八世紀至十八世紀末的一千多年間，新疆並不在中國的管轄之內，維吾爾人在此地建立了許多獨立的國家。在這種情況下，中國人怎麼能聲稱「新疆自西漢起就是中國的領土」呢？

縱觀歷史，世界上每個民族與鄰國之間都發生過無數戰爭，你敗我勝是自然規律。一個國家由於曾經在一千多年前佔領過對方領土一段時間，時隔一千年，還能聲稱這塊土地就是屬於自己的領土嗎？有這種邏輯嗎？試問，二千年前，羅馬帝國曾統治過半個歐洲和西亞大片地區，現在義大利能說這些地方自古以來就屬於義大利嗎？拿破崙佔領過大半個歐洲和非洲北部，現在法國可以說那些拿破崙佔領過的土地曾屬於法國嗎？法國在近代統治阿爾及利亞長達一百三十二年，上世紀中葉這個國家獲得了獨立，法國為什麼沒有聲稱該國自古以來就是自己的領土？鄂圖曼帝國佔領半個歐洲長達四百年，土耳其可以聲稱這半個歐洲是屬於土耳其嗎？伊拉克和敘利亞五百年以來一直是鄂圖曼土耳其的領土，上世紀初才脫離出去，土耳其人能聲稱這些國家自古以來就是土耳其的嗎？日本曾經佔領過台灣近半個世紀，它現在可以說台灣是日本的領土嗎？蒙古人統治過包括中國的半個地球長達數百年，現在外蒙古可以聲稱這些國家是蒙古人的領土嗎？葡萄牙人佔領澳門長達三百多年，那麼葡萄牙人可以說澳門自古以來就是他們的領土嗎？中國人在漢朝和唐朝時也同樣征服過朝鮮半島，近代朝鮮也是大清的屬國，中國人現在可以說朝鮮自古以來就是中國的領土嗎？越南從西元前一一一年至西元九三九年，被中國統治逾千餘年，宋朝時獨立出去了，十八世紀，滿清又一次將其吞併，十九世紀末再次脫離了中國，現在中國爲什麼不敢說越南自古以來就是中國的領土？

中國人爲什麼老是引用二千年前漢朝對西域的短暫控制，和一千三百多年前唐朝統治西域幾十年的歷史文獻，試圖證明新疆自古以來就是中國不可分割的領土呢？不要說是古代，就是近代歷史上，歐洲各國的版圖改變了多少次？一百多年前歐洲的普魯士帝國、法蘭西帝國、奧匈帝國、沙皇俄國、鄂圖曼帝國、大英帝國的版圖現在變成了什麼格局？他們爲什麼敢於面對歷史和正義，放棄對被殖民民族的統治？中國爲什麼不能呢？歐洲現在是全世界最民主、最自由、經濟最繁榮的地區，現在它們之間相互尊重，忘記了過去的恩怨，在歐盟的旗幟下走向了統一，爲什麼呢？

十八世紀後，朝鮮、越南、蒙古和當時西藏和新疆（東突厥斯坦）同樣都是清朝的藩國（殖民地），中國在甲午戰爭後失去了朝鮮，鴉片戰爭後失去了越南，雅爾達會議後放棄了蒙古，現在中國可以說這幾個國家自古以來就是中國的領土嗎？

歷史事實證明，東突厥斯坦並不是中共教科書上所宣揚的「自古以來是中國領土不可分割的一部分」，相反地，自古以來，東突厥斯坦就是獨立的國家，與中國曾是鄰國，維吾爾族的祖先以不同的名稱在長城以北和西域，包括天山南北的新疆一帶延續地建立過許多自己的獨立政權。幾千年來，作爲一個獨立的主權民族活躍在中亞這片土地上，它是近代十九世紀末被中國正式吞併的！

「春風不度玉門關」、「西出陽關無故人」，這些家喻戶曉的古詩，不正是指中國的版圖到了玉門關、陽關就是盡頭了嗎？塞內、塞外，關內、關外在當時的中文裡不就是指中國境內、境外嗎？「塞」和「關」不就是指陽關和玉門關嗎？「新疆」一詞顧名思義不就是「新開闢的疆土」嗎？

第三章

軍閥和民國時期的新疆

一八八四年左宗棠侵佔東突厥斯坦後，清帝國對這個國家進行了二十七年的殖民統治。在此期間，維吾爾人民一天也沒有放棄獨立運動。

一九一一年，辛亥革命成功導致清朝的滅亡，中國人（漢人）獲得了獨立，在亡國二百六十年後終於建立了自己的國家——中華民國。

在這種形勢下，清朝末任新疆巡撫袁大化於一九一一年把寶座讓給了掌管軍權的屬下楊增新，自己帶著金銀財寶離開了新疆，東突厥斯坦開始進入地方軍閥統治時期。

一九一二年六月五日，楊增新剪去髮辮，脫掉清朝的五品官服，穿上民國督軍的禮服，爬上了統治新疆的寶座。隨後，他向北京政府和各省發出通電表示擁護共和。袁世凱復辟失敗後，中國境內出現實際脫離中央政府的許多地方軍閥政權，楊增新也是其中一個。當時，中國內地的軍閥混戰，南北割據的局面對東突厥斯坦爭取獨立本是一個大好時機，但是楊增信更是清楚這一點，所以馬上採取了閉門鎖國、封鎖消息的政策，在當時的資訊條件下使得維吾爾人民無法瞭解到現下中國和國際局勢。更何況，左宗棠和他的新疆巡撫在此前已經屠殺了幾乎所有的維吾爾商人、宗教首領、學者等有文化的維吾爾族菁英。當時的新疆已經落後到了與世隔絕的中世紀時代，維吾爾人民過著有史以來最愚昧無知的生活。因此，在那個時候沒有出現有號召力的領袖人物，來領導人民進行大規模的武裝獨立運動。

楊增新爲了使新疆各族人民長期處於「渾噩」的愚昧狀態，實行閉關自守政策。設在星星峽的關卡，不但阻止外省人員進入，就連內地寄來的書報信件也要嚴加檢查。此外，他還嚴密地控制通往中亞和南亞的邊境，禁止百姓自由出入。

一九一二年，哈密等地爆發了鐵木爾．哈立法爲首的武裝暴動，但是規模比較小，只持續了一年就試圖和楊增新講和，結果被楊增新設計殺害。楊增新對鐵木爾起義軍首先採取安撫的措施，並利用宗教人士進行勸降。他派回族營長李壽福率領伊斯蘭教代表團進山與起義軍談判，以《古蘭經》宣示保證起義者的安全。鐵木爾和他們協商後達成了協定，主要的內容是免除一切無償徭役；保證不殺害任何一個起義農民等的政府許諾。

一九一三年三月，鐵木爾及所部起義農民被誘騙至烏魯木齊，不久就被清算，起義者被一一殺害，鐵木爾也被楊增新處死，其屍首被懸掛在烏魯木齊城門示眾。

楊增新在統治新疆十七年後終於死於統治集團內訌。一九二八年，愚昧不堪的金樹仁繼任新疆都督，民族矛盾進一步加深。一九三三年末，金樹仁在一次政變後被迫出逃。陰險狡詐的軍閥盛世才接任都督，開始他對新疆長達十二年之久的黑暗統治。

一九三一年，南疆爆發了聲勢浩大的獨立運動，穆罕默德．伊敏率領起義者解放了和闐地區，很快地又佔領了整個南疆。緊接著，哈密人民在和加．尼牙孜的率領下也發動了起義，佔領了東疆地區。不久，各族人民武裝起義的烽火幾乎遍及全疆，起義者控制了新疆八十％的土地。

盛世才與其家人。盛世才於1933年至1944年任新疆省政府主席。

一九三三年，以沙比提·大毛拉、穆罕默德·伊敏、和加·尼牙孜爲首的獨立運動領袖以喀什爲首都，在南疆建立了「東突厥斯坦伊斯蘭共和國」，並很快地組建了共和國政府和軍隊，準備進攻新疆首府迪化（今烏魯木齊），解放東突厥斯坦全境。

當時，與新疆爲鄰的印度、阿富汗都是英國的殖民地，英國和日本對這次獨立運動採取了積極支持的態度。日本當時正設法推行大蒙、滿計畫，該事件發生後，他們表示堅決支持新疆獨立，甚至收留了鄂圖曼帝國末代蘇丹阿卜杜勒－哈米德二世之子，擬讓他出任新疆獨立後的首腦。

但是，此時的蘇聯政府絕不希望在中亞地區出現一個獨立的伊斯蘭國家。原因很明顯，他們擔心新疆的獨立會引發蘇聯境內中亞突厥民族的獨立運動的連鎖反應。另外，他們還擔心英國的勢力會乘機進入新疆，從而威脅蘇聯在中亞的統治。因此，蘇共從暴動發生一開始就決定幫助新疆軍閥政府鎮壓這次獨立運動。聯共中央政治局於一九三一年八月五日決定向新疆出售兩架飛機，飛機及兩名飛行員和機械師很快被派往新疆；按雙方的協議，蘇聯總共向新疆提供了八架飛機，還有空投炸彈、大砲、汽油等武器和戰略物資。一九三三年，在新疆省政權岌岌可危的關鍵時刻，蘇聯又毅然決定答應盛世才的請求，派出紅軍全力支持他鎮壓這場民族獨立運動。

盛世才在新疆展開近十二年的黑暗統治，並鎮壓獨立勢力。

盛世才的蘇式武裝和蘇聯紅軍的強大攻勢，再加上青海土匪馬仲英部隊從背後攻擊，東突厥斯坦共和國政權因寡不敵眾，僅僅存在了三個月就被打垮了。

此後，盛世才對南疆進行了一場大規模的清洗（編按：整肅、肅清）活動，處死了獨立運動的首領，包括了東突厥斯坦共和國總統和加·尼牙孜·阿吉、總理沙比提·大毛拉和無數參與者，把上萬名有牽連的維吾爾人打入了監獄。

穆罕默德．伊敏率部分隨從撤退到了阿富汗。

盛世才鎮壓了這次獨立勢力後，為了譁眾取寵，於一九三四年四月提出了以「保障新疆永久為中國領土」為主要內容的「八項宣言」；同年九月提出了以「實行民族平等」、「發展經濟文化」為主要內容的九項任務，同時還提出「反帝、和平、建設」三大政策。

一九三五年八月一日，中國共產黨發表了〈為抗日救國告全國同胞書〉，盛世才經過一段時間的觀察和考慮，為順應當時的政治形勢，於一九三六年七月十四日發表了《七項救國綱領》，表示「擁護中國共產黨」的抗日主張。同年十一月，張學良秘密派遣南向忱、董佩卿二人來到烏魯木齊，表示欣賞盛世才的抗日主張。

一九三七年初，盛世才與中共和蘇共達成協定，把他的施政綱領充實為「反帝、親蘇、清廉、和平、建設、民族平等」六大政策，開始在新疆推行「共產主義」。他將退居在星星峽的四百名中國紅軍接到烏魯木齊，並要求中共中央派遣幹部來到新疆協助他的工作。一九三七年四月，陳雲擔任了中國共產黨駐新疆的第一任代表，負責對盛世才的統戰工作，這標誌著中國共產黨與盛世才統一戰線的建立。一九三八年正式成立八路軍駐新疆辦事處，中國共產黨派了毛澤民等人來新疆活動。鄧發、陳潭秋先後擔任了中共駐新疆代表。

二戰後期，蘇聯無法顧及新疆，盛世才便投靠了國民黨，屠殺了自己請來的包括毛澤民、陳潭秋在內的大批共產黨人和當地的親蘇民眾。一九四二年七月三日上書蔣介石，表示歸誠。

盛世才把國民黨勢力引進新疆後，國民黨很快地從各方面獲得控制。圖為政府官員與軍人的會議。

爲了對蔣介石表示忠誠之意，一九四二年十月五日，盛世才通過蘇聯駐新疆總領事普式庚，向蘇聯政府遞交了一份備忘錄，要求蘇聯政府從新疆撤走除了外交人員以外的全部蘇聯籍官員，其中包括軍事人員，且須在三個月內撤離。此後，盛世才取消了六大政策，六星旗也改爲了青天白日旗。

盛世才把國民黨引進新疆後，國民黨很快地從政治、經濟、軍事、文化、外交等方面控制了他。盛世才爲了維持他統治了近十二年的獨立王國，又開始玩弄花招。他給史達林寫信，表示要痛改前非，把請求蘇軍援助的密件交給蘇聯駐迪化總領事。同時，他又炮製新的「陰謀暴動案」，一九四四年八月十一日他逮捕大批國民黨員，對蔣介石說這些人是「共產黨奸細」，對史達林說這些人是「托派」（托洛斯基主義者）。爲尋找退路，盛世才甚至致電史達林，要求重新加入蘇聯共產黨和將新疆劃爲蘇聯的一個加盟共和國。但此時蘇聯政府已經對盛世才徹底失望。史達林拒絕了盛世才的要求，並把其電報轉給了蔣介石。

盛世才統治新疆的手段比前任楊增新更加殘酷，和蘇聯友好時期，他派大批維吾爾族青年去蘇聯留學。投靠國民黨後，他一次性地就屠殺了從蘇聯留學回來的維吾爾族知識分子三百多人。

一九四四年八月二十九日，國民黨南京政府任命盛世才爲中央農林部長，宣布撤銷新疆邊防督辦公署，任命蒙藏委員會委員長吳忠信爲新疆省主席。盛世才別無出路，他拿出五萬兩黃金賄賂蔣介石，然後帶著歷年搜括的大量財富，用三十輛大卡車裝載，離開了新疆。

盛世才的「倒戈」使蘇聯領導人極爲惱火，從而放棄了從前的「支持新疆政府，打擊獨立活動」的傳統政策。史達林與蘇聯其他決策者們從盛世才的身上汲取了教訓，開始支持東突厥斯坦人民的武裝鬥爭。

一九四四年，在艾力汗．吐烈的領導下，北疆的伊犁、塔城、阿勒泰三區各族人民發動了武裝起義，在蘇聯的暗自幫助下迅速打敗了伊犁等地的國民黨軍隊，很快佔領了北疆大部分土地，同年十一月十二日以伊犁爲首都再次建立了「東突厥斯坦共和國」，並成立了臨時政府和擁有來自蘇聯的飛機、坦克等先進武器、人數達三萬人的正規國家軍隊。

值得一提的是，這次獨立運動的參與者不僅是維吾爾族，還有哈薩克族、柯爾克孜族、烏茲別克族、塔塔爾族等突厥民族，以及蒙古族和回族、錫伯族等其他民族。譬如，共和國總統艾力汗·吐烈是烏茲別克族，總參謀長伊斯哈克伯克將軍是柯爾克孜族，民族軍總司令達列力汗將軍是哈薩克族。政府官員和民族軍官兵都是由新疆各地方民族組成的。新疆各民族在東突厥斯坦的旗幟下，為了祖國的獨立勇敢地與國民黨軍隊作戰，無數民族官兵獻出了生命。這說明新疆各民族都把東突厥斯坦作為自己的祖國，希望脫離中國而獨立。

一九四五年一月五日，共和國臨時政府委員會舉行第四次會議，會上通過了九項宣言。在宣言中宣布：「永遠消滅中國在東突厥斯坦領土上的統治」，「建立一個眞正、自由、獨立的共和國」。緊接著，全副蘇聯裝備的東突軍隊對國民黨駐軍發起了大規模的進攻，一直攻打到了首府迪化附近，並且越過天山佔領了南疆阿克蘇等地，民族軍佔領了首府之外的新疆大部分地區。國民黨政權被圍困在迪化，隨時面臨崩潰。

此時，正逢二戰剛剛結束，在雅爾達會議上，新疆的命運已被幾個大國定論。中國政府於此情勢下，承認了蘇、美雅爾達秘密協訂，同意蒙古「獨立」，答應了蘇聯在中國東北的特權要求，換取蘇聯方面放棄對東突厥斯坦政府的支持。一九四五年七月五日，蔣介石在一次關於中蘇會談的討論會上提出：「蘇聯政府如果能保證中國對東北和新疆的領土和行政主權，對中共和新疆變亂不再做任何支持，中國政府才考慮蘇聯有關外蒙的要求。」會議後，蔣介石向在莫斯科與蘇聯談判的宋子文連發兩道密電，指示可以「允許外蒙戰後獨立」，但蘇聯必須承認「東北領土主權和行政之完整，對中共及新疆變亂不再做任何支援」。宋子文根據蔣介石的電令，向史達林提出，蘇聯政府如果能在幫助中國平定「新疆變亂」等問題上做出承諾，中國政府可以在外蒙問題上做出讓步。

一九四五年八月十四日，日本宣布無條件投降，同一天《中蘇友好同盟條約》在莫斯科簽字。《中蘇友好同盟條約》簽訂後，一九四五年九月，莫洛托夫和中國外交部長王世傑在倫敦就東突厥斯坦獨立建國事件磋商時表示，這起事件是臨時現象，不久就可以平息。於是在得到蘇聯的保證後，蔣介石開始在公開場合表示「願意和平解決新疆問題」。一九四五年底，蔣介石派張治中將軍來新疆談判。

在一九四六年四月，中、蘇終於達成協議。雙方對新疆的前途私下達成了默契。蘇聯開始停止軍事援助，阻止東突厥斯坦軍隊對國民黨的進攻行動並向東突政府施加壓力，迫使他們與國民黨和談。

不屈從於蘇聯的壓力，反對和談，主張繼續武裝獨立的臨時政府主席艾力汗·吐烈在一天夜晚被蘇聯駐伊犁領事請進領事館參加聯誼會，隨即被扣押並迅速送入蘇聯。隨後，東突厥斯坦共和國臨時政府召開了緊急會議，推選阿合買提江·哈斯木爲新的政府總統，阿不都克里木·阿巴索夫爲政府總理。新政府在迫不得已的情況下接受蘇聯的建議，答應和國民黨政府和談。

東突厥斯坦共和國臨時政府總統阿合買提江・哈斯木。根據KGB公開的秘密檔案，阿合買提江死於毛澤東與史達林秘密策劃的陰謀。

一九四六年六月，迫於蘇聯的壓力，東突厥斯坦政府與國民黨迪化政府簽署了《十一項和平協定》，成立了以張治中爲政府主席，包爾漢、阿合買提江爲副主席的聯合政府。

此時，由伊斯哈克伯克將軍率領的東突民族軍已經佔領了帕米爾高原，準備進攻莎車和喀什，以便南北夾擊迪化的國民黨軍隊。正當大功告成之際，由於和談原因，伊斯哈克伯克將軍率領的部隊返回了伊犁。北線民族軍也停止了對迪化的進攻而停留在瑪納斯河一帶等候進一步指令。至此，三區東突政府在新疆的軍事行動告一段落。

雖然國民黨政府在協議裡給了東突人民相當大的自治權，但是東突政府認識到國民黨政府在玩弄政治花招。一九四七年，聯合政府破裂，東突方面回到伊犁恢復了自己的共和國政權。張治中辭職並返回南京，南京政府委任麥斯武德爲新疆政府主席。由此，新疆出現了伊犁東突厥斯坦政府和迪化國民黨政府的兩個政權對立的局面。

當時的中共對新疆問題表示特別的關切，毛澤東在一九四九年初就對蘇聯特使米高揚談起新疆的重要地位，並有意地提到伊犁地區的獨立運動受到蘇聯支持，擁有蘇製的高射砲、坦克和飛機。米高揚則明確告訴毛澤東，蘇聯不主張新疆各民族的獨立運動，對新疆也沒有任何領土的要求。毛澤東不放心，在一九四九年夏，劉少奇訪蘇之前又同科瓦廖夫談到新疆問題。最後，蘇聯答應放棄對三區東突厥斯坦政府的支持，幫助中共「解決」新疆問題，但條件是：中共要正式承認外蒙古獨立；保障蘇聯對中國東北地區的鐵路、礦產和旅順港、大連港的特權。中、蘇兩國的共產黨就這樣秘密達成了交易。

此時，共產黨在與國民黨之間的內戰中已佔絕對上風。一九四九年，共產黨佔領了大部分的中國土地，彭德懷的軍隊開始攻打西北，國民黨軍隊節節敗退。

一九四九年九月，新疆的國民黨警備司令陶峙岳、新疆省國民政府主席包爾漢分別通電起義。接著，王震率領中國人民解放軍第一野戰軍二、六兩軍開始大舉進軍新疆。

正是在這個時候，毛澤東和史達林秘密策劃了一場陰謀，一九四九年八月十四日，鄧力群帶領三名工作人員和一部電台取道阿拉木圖到達伊寧，經過蘇聯領事的安排與東突厥斯坦領導人會晤，把毛澤東發給邀請三區東突政府領導人去北京和談的電報交給了東突臨時政府。史達林也派人表態，要求東突厥斯坦政府接受邀請去北京談判。東突政府經過討論後決定去北京，但是要求堅持獨立建國的原則，隨後把這個決定通報給了史達林。但是，萬萬沒有想到，這是有去無回的政治謀殺。

東突厥斯坦共和國臨時政府總理阿巴索夫等人赴北京談判，飛機失事罹難的報導。

當時，東突厥斯坦共和國臨時政府主席阿合買提江·哈斯木、總參謀長伊斯哈克伯克將軍、民族軍總司令達列力汗將軍、政府總理阿不都克里木·阿巴索夫等五人決定經蘇聯轉機去北京談判。但是，他們進入蘇聯境內後，就再也沒有音信了。幾天後北京共產黨政府發表聲明說「談判代表們乘坐的飛機在蒙古上空失事，機上人員全部遇難」，並表示「深切哀悼」。

直到上世紀九〇年代初蘇聯解體後，KGB（國家安全委員會）公開了關於這一事件的秘密檔案，結果眞相大白於天下，世界爲之震驚。原來，這是毛澤東和史達林秘密策劃的一場陰謀，當時這幾個人到了蘇聯就被KGB綁架，帶到了莫斯科後遭秘密槍殺。一位當時參與拷打這五人的KGB人員，在蘇聯解體後於一家雜誌上發表文章披露了這段秘密。根據這篇文章提到的線索，海外東突組織特意前往莫斯科，找到了當時參與這起事件的一位前克里姆林宮醫生，這位醫生說：「這五個人是被關在原沙皇的馬廄裡，在那裡被處決的。」

謀殺事件發生後，東突厥斯坦共和國政府群龍無首，陷入了混亂。阿合買提江總統臨走前曾委託當時的教育部部長賽福鼎全權負責政府工作，所以賽福鼎被視爲是合法繼承人。毛澤東又邀請賽福鼎重新率代表團去北京完成談判大計。結果於一九四九年十月，賽福鼎率團來到北京參加談判，最終接受並簽署了《新疆和平解放共同聲明》。

由此，東突厥斯坦又一次失去了獨立建國的大好時機，年輕的東突厥斯坦共和國（一九四四～一九四九年）就這樣被蘇聯和中國共產黨聯手扼殺了！東突厥斯坦從此進入了共產黨的恐怖統治時期。

第四章

中共佔領新疆以及它的殖民計畫

一、王震和「新疆生產建設兵團」在東突厥斯坦犯下的罪行

一九五〇年，王震率領解放西北野戰軍一兵團二軍、六軍，計十萬共產黨軍隊進入新疆。當時新疆的人口只有四百三十萬人，維吾爾族佔七六%；漢族人口只有二十九萬，佔五%左右，他們基本上是起義的國民黨駐軍家屬、民國政府委派的地方官員和少數商人。可以說新疆基本上沒有漢族居民。

王震做的第一件事就是把陶峙岳的國民黨軍隊和東突厥斯坦共和國的三萬多名的民族軍，整編入解放軍部隊。然後，以「追剿國民黨殘部」和「打擊地方反動勢力」的名義，在新疆展開了一場大規模的搜捕和鎮壓活動。僅僅在五〇年代初期，就屠殺了反對中共入疆的維吾爾等當地民眾約二十萬人。因此，王震獲得「殺人狂」的稱號。

中共擔心被編入解放軍的東突厥斯坦民族軍對自己的政權構成威脅，於是在一九六二年的中印戰爭中，把這些官兵送到印度前線當了炮灰，上千名民族軍將士失去了生命，剩下的民族軍部隊於一九六五年被解散。在文化大革命期間，這些東突軍人幾乎全部遭到逮捕和殺害。

中共軍隊消滅了東突反抗勢力後，開始了它早已預謀好的殖民計畫。中共意識到要想永久佔領新疆，首先要在新疆大規模地安置漢人移民，讓漢人成爲這裡的主體民族。但是，由

於當時的新疆是一個以農業爲主的落後地區，如果急於招募大量漢人定居新疆，就很難在城市裡解決他們的就業和吃住問題，因此，農民出身的王震便想出了一個罪惡的方案，他拿出在陝北南泥灣的「生產自給，種鴉片解決經費」的那一套經驗，在新疆建立了世界上獨一無二的準軍事體系——新疆農墾建設兵團。他們的口號是：「一手拿鎬，一手拿槍，保衛邊疆，建設新疆。」由此，中共邁出了對東突厥斯坦的殖民計畫之第一步。

一九五〇年早春，十萬中共軍隊在天山南北按師團布點，就地駐防，就地屯墾。一九五三年，新疆軍區將駐新疆的部隊改編爲十個農業師、一個建築師、一個運輸處，共約十萬五千五百人。一九五四年十月七日，在王震、王恩茂的建議下，這支中共部隊和國民黨起義部隊約二十萬人集體轉業，經中共中央和軍委批准，正式成立了「新疆軍墾生產建設兵團」。

爲了給二十萬兵團軍人解決配偶問題，王震還想出了一個荒唐的辦法，他派工作隊到內地招募二十萬漢族女兵，然後把她們騙到新疆後發配到各地團場。王震讓兵團男軍人和這些女兵們分別排成兩列平行長隊後面對面站著，然後宣布正面站著的就是結婚對象，當天晚上就舉行集體婚禮。這種一箭雙雕的辦法，一方面解決了兵團軍人的結婚成家問題，另一方面又藉此機會遷來了二十萬女移民，擴大了兵團隊伍。

此後，王震不停地從內地引進漢族移民來擴充兵團人口，截至二〇〇一年年末，兵團總人口從十萬人增加到二百四十五萬人，下轄十四個生產建設師、一百七十四個農牧團場、三千五百一十七家企業及事業單位、十一家上市控股公司，擁有兩所大學和一所農墾學院，分布在全疆十四個地、州、市境內。

七〇年代末，楊勇主持新疆工作，提出讓原住民高度自治，並把「新疆生產建設兵團」交給地方管理。楊勇的溫和政策緩和了新疆的民族矛盾。但楊勇調離後，在王震的支持下，中共新疆政府又恢復了「生產建設兵團」。

現在，兵團的土地面積七萬四千三百平方公里，有耕地面積一百零七萬公頃（二〇〇五年宣布為一千四百萬畝），佔新疆耕地總面積的四分之一。它還擁有五百多所學校、二百多家醫院，以及四十六個研究單位。另外，它還有自己獨立的公、檢、法系統，而且全新疆半數的勞改營掌控在它手裡。它的財政是獨立的，與地方政府無關。兵團不受新疆維吾爾自治區政府的管轄而直屬中央軍委。在中央政府下發的各種文件上，除了「各省、市、自治區」的抬頭外，還要單獨加上「新疆生產建設兵團」，儼然它就是並列的一個省。新疆本是進行「民族區域自治」的一個自治區，卻在這個自治的區域內插進上百塊另外的「自治的區域」，形成對原本自治區域的割裂。這在法律上無法解釋。

新疆領土為一百六十六萬平方公里，佔中國總面積的六分之一，但大部分是茫茫大漠，只有佔總面積四．二%的綠洲可賴以生息，不可能承受源源不斷的移民帶來的生活和農業用

「新疆生產建設兵團」用去大量水資源，不但剝奪了維族人民的用水需求，也破壞了生態環境。圖為當地農民引水灌溉。

水需求。

一九四九年新疆總耕地面積爲七十六萬六千公頃，到了一九九〇年，耕地面積達到三百零八萬公頃，增加了四倍多。二百四十五萬兵團漢族移民在五十年的時間裡，爲了開墾土地而用去的水資源是十分驚人的。

全新疆的地表水年徑流量約八百八十四億立方公尺，地下水可採量二百五十二億立方公尺，冰川面積二萬四千平方公里，儲水量二萬五千八百多億立方公尺。這些水資源只能滿足地方農業和人民生活用水所需。但是，二百四十五萬人口的建設兵團開荒一百零七萬公頃的土地[1]，用去了大量的水資源，嚴重破壞了新疆的自然生態平衡。

1此一數據不包括八〇年代後湧入新疆，被政府安置在兵團農場以外的漢族移民開荒面積。

一九八六年起，由於幾百萬內地民工湧入新疆，又一次掀起了拓荒高潮，兵團原有的耕地面積和人口又一次猛增。到了一九九六年，十年間又開墾了八百三十萬畝土地，其中生產建設兵團便開墾了二百萬畝。一批批從內地省分流竄到新疆的漢族民工除了被兵團接納以外，一部分民工還被政府安置在塔里木河邊緣地區，把大片土地承包給他們開墾。在中國向市場經濟過渡的同時，新疆政府又發出計畫經濟的動員令，於一九九六年至二〇〇〇年間又完成開荒七百萬畝。

新疆境內共有河流五百七十多條（包括大河支流），其中大河流有十條，包括北疆的伊犁河、額爾齊斯河、烏倫古河、瑪納斯河，南疆的塔里木河、葉爾羌河、阿克蘇河、和田河（舊稱和闐河）、喀什噶爾河、開都河。其中流經兵團的河流就有四百多條。上述十大河流都流經兵團耕地。

伊犁河年徑流量一百七十億立方公尺，農四師各團場都分布在伊犁河流域。

額爾齊斯河流量一百一十九億立方公尺，它灌溉著農十師部分團場的農田。

烏倫古河全長七百一十五公里，年徑流量十三億立方公尺，灌溉著農十師部分團場的農田。

瑪納斯河長四百二十公里，年徑流量十三億立方公尺，灌溉著農八師各團場的農田。

塔里木河全長二千一百七十九公里，該河主要由葉爾羌河、阿克蘇河、和田河三大支流匯合而成，年徑流量四十六億五千六百萬立方公尺，是兵團農一、二、三師灌溉的主要水源。

葉爾羌河全長一千零七十九公里，年徑流量七十四億立方公尺，灌溉著農三師的農田。

阿克蘇河長四百一十九公里，年徑流量七十八億四千萬立方公尺，是農一師的主要水源。

和田河全長一千一百二十七公里，年徑流量四十五億立方公尺，是兵團農十四師的主要水源。

喀什噶爾河全長九百公里，年徑流量四十二億立方公尺，是農三師的主要水源之一。

新疆現有大於一平方公里的天然湖泊計一百三十九座，水域面積五千五百零四平方公里。主要湖泊有博斯騰湖、烏倫古湖、艾比湖、賽里木湖等。博斯騰湖周圍有農二師的二十四、二十五、二十六、二十七團；烏倫古湖湖畔有農十師的一八八團、一九〇團；艾比湖湖畔有農五師的八十一團、八十二團、八十三團、九十團；賽里木湖湖畔有八十七團的草場。

兵團佔據了新疆的河流、湖泊周圍地帶，在開荒過程中由於過度使用塔里木河中上游水源，導致塔里木河下游維吾爾農村地區嚴重缺水，河水斷流、沙漠南擴、綠洲面積越來越小，因而使得上百萬維吾爾農民的土地分不到足夠的水源，被迫放棄乾旱沙化的耕地而出走他鄉。

《多維週刊》總第一〇一期發表的一篇題爲〈羅布泊與塔里木河之衰亡〉的文章中指出：

一九九六年春，塔里木河流域管理局提交了一份令人絕望的調查報告：塔里木河中游不足四百公里的河岸上，就架了水泵四百台，平均每公里一台。塔里木河幹流上建有水庫八座，大小引水口一百三十八個，卡拉水文站所測到的塔里木河年徑流量六〇年代爲十二．三三億立方米，七〇年代爲六．七億立方米，一九九三年僅爲一．二六億立方米。三十年間，流量縮減到原來的十分之一，已淪爲一條孱弱水渠。大動脈出血未能止住，又加上遍體失血，塔里木河在迅速死亡。

迄今爲止，從六〇年代至九〇年代的三十年間，塔里木河幹流已由一千三百二十一公里縮短到一千零一公里，縮短四分之一；水質急劇惡化，枯水季節礦化度大於每升五克，鹹澀不堪，甚至超過了中國灌溉用水二類標準二～三倍，下游墾區已基本停止飲用；斷流地區地下水位已由二米下降到十六米以下；綠色走廊的面積也由八十一萬畝減少到不足二十萬畝，胡楊林面積減少一百多萬畝，剩下的也奄奄一息；地表植被已基本枯死，大片草原淪爲沙漠；二十萬畝耕地拋荒，沙漠化土地面積已從六十上升到八十；風沙日已由每年四十二天增加到一百三十多天。

塔克拉瑪干大沙漠和庫姆塔格大沙漠從東西兩面向塔里木河綠洲合擊，三十年間推進了六十公里，已呈合攏之勢。一旦兩大沙漠合二爲一，整個新疆東南部將變爲人類生存的禁區。專家們預測，這一天已爲時不遠，留給我們的時間僅剩三十年。

新疆各級地方政府則因爲種棉花帶來的墾荒熱而發財。新疆許多地區用優惠的條件吸引內地漢族移民遷來新疆墾荒，有些地區承包土地三十年的費用只一畝一元，三年免稅，三年後一畝二十元，第七年再調整。目前許多開荒專案開掉的不是「荒」，而是有林地、疏林地、荒漠植被、草場，有的甚至把極其寶貴的林地和優質草場開成了荒地。眞正那些無樹無草的戈壁灘很少有人去開發。有的縣已經有一半的財政收入來自地租，以地生財給了地方政府「批發」土地的動力。新疆自治區已有一筆如意算盤，到二〇〇〇年完成一千萬畝的土地開發，便可獲得每年十億的財政收入。

新疆有地，也有水，但用水不善，水資源的開發利用率僅二五%。這些數字鼓舞了決策者，也令他們忘掉在生態環境十分脆弱的新疆，「水資源」不等於「水供應」。近代史記載的羅布泊湖乾涸、樓蘭古城的消失現在又開始再現，塔里木河下游在我們這一代人的眼前開始乾涸，綠色走廊一節節死去。塔里木河源頭阿克蘇河、葉爾羌河、和田河，計畫於一九九六～二〇〇〇年間開荒六百萬畝。那麼，上游的開荒計畫大功告成之日，也許就是塔里木河乾死之時。

《文匯報》報導的一篇題爲〈中國荒漠化警示錄〉的文章[2]指出：

2參見「中華環保基金會生態建設專項基金」網站上轉載，二〇〇四年十二月二十一日。

（由於建設兵團的過度開荒）新疆的荒漠植被從五〇年代的八百萬公頃，到八〇年代降爲三百零四萬公頃，毀去六二%，爲同期人工造林保存面積的十三倍。同期森林覆蓋率從一．五%降爲一．〇三%。古爾班通古特流沙面積從三%擴大到十五%，僅米蘭到莎車一帶的土地沙化一百三十三萬公頃。塔克拉瑪干沙漠每年以五～一百米的速度向東南方向移動。全疆八十六個縣（市）中的五十三個受風沙危害。

兵團在塔里木河上游開荒三十五萬公頃，毀掉胡楊林二十三萬公頃，沙化面積達二百一十三萬公頃。由於地下水位下降，成百萬畝胡楊、梭梭林枯死在荒漠化的土地上。近年，阿勒泰的淘金熱使植被受到空前劫難，僅富蘊、福海兩縣就有一萬公頃林子被毀。現在南北疆全面進行石油鑽探，其鑽井、修路對這一帶荒漠植被毀壞也十分嚴重，每開採一口石油井建場地，要毀壞二公頃植被。草地中三一%出現沙化、鹼化和退化。新疆每年挖甘草五萬噸，造成一千平方公里土地沙化。

《經濟參考報》記者黎大光、劉同起的報導說：「從一九五七年到一九七七年的二十年間，塔克拉瑪干沙漠東南西三面原有的五千六百八十萬畝胡楊林（或以胡楊爲主的天然林）被砍掉四千多萬畝，砍了七十%以上。此外，還有三千多萬畝紅柳也被連根剷除。」

〈塔里木河下游應急輸水與生態改善監測評估研究〉[3]報導：

塔里木河幹流下游長期斷流、生態環境嚴重惡化。塔里木河兩岸胡楊林大片死亡，上中游胡楊林面積由五〇年代的六百萬畝減少到目前的三百六十萬畝，下游由五〇年代的八十一萬畝減少到現在的十一萬畝，具有戰略意義的下游綠色走廊瀕臨毀滅。所以春水貴如油，夏季洪水遍地流，常常一年內春受旱、夏受洪，農業生產損失巨大。一九九九年，「四源一幹」的和田（舊稱和闐）、喀什、克州、阿克蘇、巴州五地州遭受嚴重洪災，受災人口達五十萬人，受災農田八十五萬畝，造成直接經濟損失十七．三億元。

春季是農作物生長的關鍵期，而此時河川徑流處於最枯時期，由於缺乏調蓄工程，常常因乾旱而大面積減產。二〇〇〇年，和田、喀什、克州、阿克蘇、巴州發生嚴重旱情，作物受旱面積達二百四十九萬畝，其中成災面積一百四十七萬畝，有六．八萬人和三八．九萬頭牲畜出現飲水困難，旱災損失五．五億元。

隨人口增長和社會經濟發展導致用水劇增，且水資源開發利用粗放浪費嚴重。據統計，塔里木河上游三源流人口和灌溉面積分別從一九五〇年的一百五十六萬人和五百二十二萬畝，增加到一九九八年的三百九十二萬人和一千四百五十九萬畝；灌區用水量從五〇年代的五十多億立方米，增加到現狀約一百五十三億立方米，用水增長了兩倍，四源流

3參見「中國水利科技網」。

不同程度的鹽鹼化面積已達五百一十一萬畝，佔耕地面積的三八％。

新華社報導，大陸最長的內陸河、全長一千三百二十一公里的塔里木河，下游已有《看中國》二〇〇一年九月十五日報導：三百二十公里斷流，不但導致沿岸的樹木枯死，還使塔克拉瑪干沙漠和庫姆塔格沙漠可能合攏連成一片。報導說，從一九六一年到一九九六年，塔里木河源流來水量共減少十三億噸，平均每年減少三千六百一十一萬噸。如按此速度發展，一百一十年後，塔里木河幹流將完全消失。這意味著維吾爾族的家園塔里木盆地的綠洲地段將失去生命之源！

鄭義先生在他的文章〈中國荒漠化速寫〉中也寫道：

一九九三年五月四日新疆西部邊境發生「五．五」特大沙塵暴，橫掃了中國西部，然後橫亙華北大地和東部沿海，遠飆朝鮮半島和日本。這次黑風暴在進襲新疆、甘肅、內蒙古和寧夏時，風速達二十五～三十四米／秒，風力達八～十二級，沙塵暴壁高達五百～七百米，宛若原子彈爆炸後的蘑菇雲，劇烈翻滾、飛沙走石。當時無論室內室外伸手不見五指，狂風呼嘯，彷彿天塌地陷，末日來臨！

據政府當局公布，當時新疆、甘肅、內蒙古、寧夏四省區的十八個地（級）市，七十二個縣共一百一十萬平方公里面積、一百二十萬人口受災，直接經濟損失達六億元左右。死亡八十五人，失蹤三十一人，傷二百六十四人；沙暴打死、活埋和失蹤的牲畜十二萬頭（隻），受災牲畜七十三萬頭（隻）；農作物受災五百六十萬畝，二四．五萬畝果園重災；掩埋毀壞房屋四千四百一十二間，埋沒水渠二千多公里，颳斷颳倒電杆六千零二十一根，電力、通訊、水利設施嚴重損壞；古蘭泰鐵路專線中斷四天，貫通新疆的蘭新鐵路中斷三十一小時，約四十列火車受阻，上萬名旅客被困。

事後的研究證明，原因是對新疆不合理開發而對植被的嚴重破壞。一個多月後，在「中國森林環境高級專家研討會」上，學者們指出：新疆的沙塵暴發生的頻率、強度和危害程度，都在不斷加劇。五〇年代有五次，六〇年代八次，七〇年代十三次，八〇年代十四次，九〇年代前七年就有十四次。部分沙塵暴風力超過十級，能見度小於五十米，成爲特強沙塵暴——黑風暴。荒漠化的趨勢正在無情加快，巨大的生態災難已經降臨。樓蘭古國覆滅的歷史，正在以更大規模重演。

新疆建設兵團所屬「塔里木大學」網站上的〈塔里木河流域的基本概況〉中也對塔里木生態危機供認不諱，報告中寫道：

建國後新疆大面積開荒造田，引水灌溉，擴大綠洲面積，綠洲面積由解放初的一．三萬平方公里增加到七．〇七萬平方公里，耕地面積由當初的一千八百多萬畝擴大到五千七百萬畝。幾十年來，由於綠洲農業規模不合理的擴大和資源的不合理開發，造成沙漠化面積不斷擴大，全疆八十七個縣市中有八十個縣市受沙漠化和風沙危害。由於中下游過量引水，致使河流斷流甚至河湖消失，生態環境受到破壞。

塔里木河流程一千一百公里，自一九七二年起，下游自英蘇到台特瑪湖段完全乾枯，河流斷流四百餘公里。目前尚存的四大湖泊中除賽里木湖尚未開發，保持自然生態外，其他三個湖泊艾比湖、烏倫古湖、博斯騰湖，水面均大大縮小，天然水域從五〇年代的九千七百平方公里銳減到現在的四千平方公里，耕地鹽漬化面積佔全疆耕地面積的三分之一左右。新疆沙化面積佔全國沙化面積的四六％。如塔里木河流域五〇年代初有胡楊林五十三公頃，由於水資源過度開發等人爲活動的影響，四十年來，胡楊林減少了八四％，北疆的荒漠灌木林面積減少了六八．四％。全疆除天山中山帶夏牧場破壞不明顯外，其餘八十％均有不同程度的退化。

但是，這份報告中總結說：「原因是新疆人口發展速度快，而人口增長的主要原因是對少數民族的生育優惠政策，導致當地少數民族人口增長過快！」謊言也不能如此露骨！用中國人的話來說這就叫「豬八戒倒打一耙」或者「賊喊捉賊」！

佔中國國土總面積六分之一的新疆，一百六十六萬平方公里中只有七萬平方公里是人類可以居住的綠洲。也就是說，有九四%的土地是沙漠、戈壁灘或已荒漠化的土地。中共卻在這裡遷入了八百萬漢人移民，其中兵團二百四十萬人開荒一百多萬公頃土地，這正是造成了以上生態危機的原因。

兵團農牧場過度利用草原資源，使新疆的草地面積日益縮小，草原面臨著嚴重的危機。《人民日報》在二〇〇三年九月二十六日發表的一篇題爲〈四輪驅動打造新牧業〉的文章指出：「二〇〇二年新疆養牛達到一百三十五萬頭，全國第一，新疆草原超載率超過了六十%，局部地區甚至達到一〇〇%以上。由於超載，全疆八五%的天然草場出現退化和沙化，產草率下降三十%至五十%。草地退化又導致草地生態系統和食物鏈結構發生變化：優良牧草減少，不食草、毒害草增多，牲畜個體逐年變小，鼠害和蝗災發生面積和強度上升。」

新疆吐魯番地區的坎兒井與萬里長城、大運河齊名，被中國人稱爲中國古代三大工程之一。具有二千年歷史的這個偉大的地下水利灌溉工程——坎兒井有一千二百三十七條，總長度超過五千公里，總出水量每秒約十立方公尺，是當地維吾爾農民農業和生活用水的唯一來源，被稱爲「生命之源」。

「中國新聞網」在二〇〇四年十二月二十日的報導：「中新社，烏魯木齊，二〇〇四年十二月十六日。記者從新疆坎兒井研究學會瞭解到，吐魯番地區坎兒井數量已經從一九五七年的一千二百三十七條減少到目前的四百零四條，平均每年減少二十多條。照此預測，二十年後可能消失。新疆坎兒井研究學會表示，此次披露的資料是經過長期普查得出的第一手資料。」資料說：「五十年前，新疆坎兒井數量達一千七百八十多條，年出水量近七億立方米，灌溉面積達三十六萬畝，在已經乾涸的一千多條坎兒井中，僅有二百多條可以經過人工恢復。」

由於漢人移民用去大量的水資源造成了生態破壞，被稱為人類文化遺產的這一地下水渠「坎兒井」的六十%現在已經乾枯。經歷了二千年的這個偉大的水利工程，由於近五十年的破壞而開始消失，這是多麼大的不幸！二十年後，吐魯番地區的維吾爾農民將面臨一個什麼樣的局面？這實在不敢想像！它很有可能會變成第二個樓蘭城！

位於吐魯番盆地的艾丁湖低於海平面一百五十五公尺，是世界上第二低的湖泊，也是僅次於約旦死海的世界第二窪地。一九四九年，該湖東西長約四十公里，南北寬約八公里，總面積約一百五十二平方公里。到了一九九四年，艾丁湖乾涸了，成為一片鹽灘。近年來，羅布泊、瑪納斯湖、台特瑪湖、卓爾湖、阿蘭諾爾湖等湖泊都已乾涸。

北疆的艾比湖是個內陸湖，流域面積五萬平方公里，流入的大小河流二十三條。兵團的「農五師」與「農七師」墾區分布在其流域內。從五〇年代初至今，艾比湖流域人口增長近四十倍，耕地增長八倍多，大片胡楊林、蘆葦、梭梭林和河谷林由於開墾而被毀。其中最嚴重的是農業用水造成艾比湖的入水量減少七成以上（奎屯河在入湖前徹底斷流），導致艾比湖出現快速乾縮。五〇年代初期，艾比湖的面積有一千二百平方公里，到八〇年代只剩五百三十平方公里。其中從一九五七年到一九七七年的「大開發」期間乾縮程度最劇烈，每年平均乾縮二五．九平方公里。而在此之前，年平均乾縮量不足其千分之三，只有〇．〇七七平方公里。

王震和他的「生產建設兵團」所犯下的上述罪行是不可饒恕的，對自然生態造成的破壞是無法挽救的，這不僅是中共對東突厥斯坦人民的殖民後果，也是對自然、對人類的犯罪！

二、中共在新疆進行的毀滅人類和自然的四十六次核子試驗

中共自一九六四年來在新疆進行了四十六次核爆炸試驗，其後果是可想而知的，除了對當地人民的身體健康帶來嚴重的危害和無形的隱患之外，對新疆的自然環境帶來的破壞更是雪上加霜。

核子試驗基地在塔里木盆地的羅布泊，佔地十萬平方公里，相當於一個浙江省大，爆心黃羊溝位於北緯四一．五度和東經八八．五度，鄰近古孔雀河道，與西邊的新疆最大生活水

源區博斯騰湖和東南面的樓蘭遺址均相距約二百七十公里左右。據美國「自由亞洲」電台於二〇〇五年九月二十四日的報導，在歷次核子試驗後，由於核輻射導致的各種疾病造成的死亡人數達七十五萬人之多。

《中國時報》駐歐特派記者江靜玲就中共核子試驗做了一個題爲〈中共核試遺禍害新疆百姓嘗苦果〉的報導，全文如下[4]：

一九六四年起到一九九六年七月三十日止，中共在中國大陸西北地方新疆絲路附近城鎮進行了至少四十次以上的核子試爆，其中有些威力是日本廣島原子彈的三百倍。

中共的核武器發展一直十分神秘，迄今世界「解除核武機構」（CND）對於中共核武發展的信息仍多以「估計」爲主。不過，一九六六年，中共在距離地面一百零二公尺的高塔，試射了一枚比廣島原子彈威力高出十倍，達一百二十二千噸的核子彈經證實後，震驚西方科學家。

外界對於中共核試爆，不僅震驚於其威力，更訝異於中共竟然可以在距離地面和人煙散布地區如此接近的地方，漠視核爆輻射落塵的危害，展開其核爆計畫。

這樣的憂心並不是沒有原因的。在西方科學家測得新疆地區上方的核子輻射落塵爲日本廣島的三百倍之際，一九八九年，一群中國科學家花費六年時間所完成的一份長達十二萬字的報告亦顯示，中共施行核爆區域內至少有二名以上的畸形兒產生，這個數目遠較中國其他地方爲高。而單是新疆地區，由一九七五年到一九八五年，白血症患者便劇增了七倍到八倍之多。

新疆烏魯木齊人民醫院的紀錄則顯示，一九六〇年時，癌症病例爲「每年」數件，到一九九三年，癌症案例變爲「每月」數件。平均每天看診的一千五百名患者中，有七十人是癌症病患。

這些間接的病案與報告，透露一九六〇年初期以來的核試爆後遺症，已逐漸在新疆地區發酵。其中尤以新疆少數民族維吾爾族所在的南部屯墾區受害最深。

中共當局對於有關核試爆的危害及後遺症一律採取否認的一貫政策。新疆各大醫院的醫生和護理人員，雖然早在十年前便心知肚明，但也多三緘其口。

英國以製作追蹤新聞和紀錄片著稱，並兩度獲獎的獨立製片公司「Direct TV」，花費了一年的時間，針對新疆核試爆的危害和後遺症進行追蹤調查，最後並由兩名腫瘤科專業醫生組成的任務小組編制下，喬裝爲旅客，攜帶秘密攝影機，進入新疆核爆試驗區和南部維吾爾族村莊以及醫院，進行爲期六星期的實地採證。

4《小參考》，第二一三期，一九九八年十月七日和第三〇八期，一九九九年一月十七日。

「Direct TV」針對新疆核試爆遺害製作的影片只有二十分鐘，但這是西方媒體首次深入新疆直接報導有關中共核試爆的問題。該公司的導演理查哈林（R. Hering）透露，中共當局在英國第四電視台準備播出影片前，即已得悉消息，並強烈抗議，最後他們只好在影片片末加入中共的聲明，指出中共當局否認核試爆的直接影響力。

一九九八年十月六日，在英國首相布萊爾訪問中國大陸之際，英國電視第四頻道播出了這個節目，題爲「布萊爾看不到的中國一角」。內容是中共爲了發展核子能力，進行試爆而使新疆地區居民付出重大的健康代價。這個節目表示，在中共進行地下核子試爆的新疆地區，附近民眾，特別是年輕人當中，得到血癌和淋巴癌的比例，以及兒童發育畸形的病例正以驚人速度激升。

它的畫面顯示了一些年輕癌症患者，以及身體畸形的兒童。據它表示，特別是在進行核爆的下風地區，幾乎到處可見癌症患者，尤其是年輕患者；在烏魯木齊的一所醫院，一位匿名醫生說，它的化學治療部門特別的忙碌，其中百分之九十的病人都是患了血癌或淋巴癌。

參與影片追蹤調查的兩位專業醫生——蘿拉．華生（L. Watson）和安瓦爾．托乎提（Anwar Tohti），以其親身經驗和專業知識，一致認爲，新疆地區的畸形兒和癌症病例的不斷上升與核子輻射脫不了關係。

蘿拉．華生回憶她在新疆看到的幾個病例指出，其中有一名十八歲的男孩，自六歲後便無法行走，另外一名十七歲的女孩，患有骨頭分裂症，腿肌肉也逐漸萎縮，類似這種身體功能退化性的疾病在新疆南部村莊中極爲普遍。

蘿拉醫生表示，大家都知道輻射會導致許多的癌症、先天性畸形、腫瘤和白血症，她在新疆目睹的病例還有許多先天性兔唇和大頭的孩子。「我當然不能武斷的説，這些病都直接由核試爆所引起，但是，我可以説，這些病症和輻射有關。」

新疆當地醫院中最忙碌的當屬輻射科，據估計，輻射科的病患中，有百分之九十是癌症患者。大部分的醫護人員不願對這種忙碌和上升的病例加以置評，但是，也有部分維吾爾族的醫生私下透露，過去二十年來，醫院癌症病者劇增，其中尤以新疆南部居多。「一名醫生甚至指出，十年前，當中共在新疆進行核試爆時，有段時間，出入醫院的兒童，每十名中，便有八名患有兔唇症。」蘿拉．華生表示，她對新疆的見聞，感到十分驚訝，她夢想中的美麗絲綢之路，不應籠罩在這種現代核武污染的陰影下。

參與拍攝的另外一名醫生安瓦爾．托乎提，出身新疆維吾爾族，一九八五年由醫學院畢業，是腫瘤外科專業醫生，曾經在新疆的醫院中工作十年。

一九九七年十月安瓦爾．托乎提輾轉抵達土耳其伊斯坦堡後便再沒有回過新疆。但過去在新疆有工作經驗的這位維吾爾族醫生清楚地知道，就算中共當局已在九六年眞的停止核試爆，未來，他的家鄉和人民還將受二十年到三十年的核輻射禍害。

安瓦爾．托乎提發現的秘件中，中共官方統計發現一九六五年到一九七四年，新疆地區和中國其他地區癌症得病率的差距不到百分之十，但到一九九〇年，新疆的癌症病例已較中國其他地方平均高出百分之三十五左右。文件中並估計，由一九九三年到二〇〇〇年，新疆的癌症案例還將增加二倍，其中又以直腸癌、惡性淋巴癌、肺癌和白血病爲主。

他的發現，強化了外界對新疆核試爆造成區域遺害的懷疑，也是中共當局有關新疆癌症最新發展調查資料首次曝光。完成任務後，安瓦爾．托乎提順利離開新疆，返回了土耳其。但他同時也知道，自己從此將眞的是歸鄉路迢迢了。

英國《獨立報》也以較大的篇幅報導了中國新疆核子試驗基地附近居民受到核輻射危害的情況，並配有大幅照片，照片上是一個因核輻射而天生殘疾的兒童形象。

中共的這些殖民政策帶來的後果，不僅是新疆維吾爾族等東突厥斯坦人民的不幸，同時也是整個人類的一場災難。

三、中共對東突厥斯坦的移民計畫和危險後果

一九四九年，新疆四百三十多萬人口中，維吾爾族約佔七六%，而漢人約佔六%左右。[5]

而五十年後，據二〇〇三年人口普查結果，新疆全區的人口中，漢族人口七百七十一萬，佔總人口的四十%；維吾爾人口爲八百八十二萬人，佔四六%；其他民族合計佔一四%。

中共統治新疆初期，只有二十九萬的漢族人口[6]。在中共政府移民政策下，短短的五十年內新疆漢人增至七百七十一萬，人口比例從六%上升至四十%。這還不包括暫時在新疆打工的部分內地流動民工和五十萬駐軍。漢人的實際人口數字超過新疆總人口的一半。其中，僅生產建設兵團就有二百五十多萬漢人移民。

一九四九年六月二十六日至八月十四日，劉少奇出訪莫斯科時，史達林就向他建議：「漢族在新疆所佔的人口比例現在沒有超過五%，佔領新疆以後，應當把這一比例提高到三十%。通過遷移漢族人的方式，全面開放這一廣闊而富饒的地區，並加強對中國邊境的守

5 鮑大可所著《中國西部四十年》中說：他在一九四八年訪問新疆時，漢人佔六%。

6 這批漢族人口大多是起義的國民黨駐軍、商人、官員和他們的家屬。

衛。」[7]

史達林的建議在不久之後就成為了現實。一九六四年人口普查時，新疆人口劇增到七百二十七萬，其中漢族佔三一．九％。

六〇年代，新疆政府在哈密、吐魯番和烏魯木齊的火車站、汽車站，以及星星峽關口成立了「內地難民安置辦公室」（盲流收容所），把一批批從內地逃荒來到新疆的漢族人安置在新疆各大城市，提供給他們住宅、城市戶口和工作。這些人看到這麼優惠的條件後就寫信給老家，招來一批又一批的親戚和老鄉。六〇、七〇年代，新疆政府還派工作組到內地各省遊說，招募漢人來新疆定居。〈我們新疆好地方〉這首歌曲在中國內地天天迴盪。就這樣，漢族人在新疆就像滾雪球一樣越來越多。

香港《開放》雜誌於一九九四年三月號的文章中說：在中共大躍進政策失敗後的饑荒三年（一九五八～一九六一年之間）災害期間，中國因饑餓死亡了三千萬人，到處都出現人吃人肉的現象，僅安徽鳳陽縣就出現六百零三起人吃人事件。當時，河南省有七百八十萬人餓死，該省信陽地區一九五八年有人口八百萬，結果四百萬人餓死，餓死五十％。甘肅省當時有一千二百萬人口，餓死人數有一百二十萬。

這次大饑荒、大逃難便是漢人移民新疆的高峰期，有的坐火車，有的坐汽車，有的扛著扁擔徒步跋涉。幾百萬逃荒難民從四川、河南、甘肅等省，如潮水般地湧入了新疆。中共新疆政府下令要求各級地方政府妥善安排難民的吃住和工作，所有費用和糧食都是從當地維吾爾族身上強行徵收。新疆政府在收容這些自發逃荒入疆難民的同時，還有計畫、有組織地派出車輛，包專門火車從內地又主動遷移和安置了上百萬饑荒難民。就這樣，在六〇年代，新疆的漢人人口猛增了十倍！這些難民形成了現在新疆漢族人口的主體。

維吾爾人民至今還清楚地記得這些逃荒漢人剛來新疆時的狼狽可憐的情景。據維吾爾族目擊者回憶，這些難民當時來到新疆，見什麼吃什麼，當地的蝦蟆、老鼠和爬蟲都被吃光了，甚至從他們自己身上穿的破爛衣服裡找蝨子充饑！使得當地維吾爾族居民對逃荒難民們產生憐憫之心而慷慨解囊，紛紛給他們捐贈食物和衣裳。可是現在，這些漢人們已經富裕起來了，當上了各單位和企業的處長、廠長、局長等官員，早就忘了當時維吾爾人的恩惠和施捨，現在他們已經是野貓趕家貓，喧賓奪主，搖身變成了新疆的主人而開始欺壓維吾爾人民。

甚至，這些漢人和他們的第二代現在竟理直氣壯地對當地維吾爾族說：「當年我們的父輩是為了支援邊疆，幫助你們這些落後的少數民族的經濟建設而移居新疆的，當時新疆連幾個汽車、樓房都沒有，你們看看現在新疆發生變化多大！到處是高樓大廈！要不是我們這些漢族人的幫助，新疆能有這些工廠企業嗎？你們能上大學嗎？」

7參見沈志華著，《毛澤東、斯大林與朝鮮戰爭》，中國：廣東人民出版社，二〇一三年。

七〇年代，幾十萬上海等大城市的知識青年「響應毛主席的號召」來到新疆「支持邊疆，開發新疆」，他們被安置在建設兵團開荒種地。八十年代後，這些人認識到自己受騙了，大部分返回了自己的家鄉，一部分人由於在上海等城市無法謀生，所以不得不繼續留在新疆。

八〇年代以後，又出現了一次移民高潮。新疆中共政府有組織、有計畫地繼續招募移民，使一批批內地民工湧入新疆定居。政府馬上給他們落實戶口、安排工作，結果又出現了一大批講四川話、河南話的新漢人移民群體。除了兵團以外，漢族人在新疆基本上都住在大城市，首府烏魯木齊的漢族人佔全市人口的八十%左右。現在，庫爾勒、石河子、克拉瑪依、獨山子、呼圖壁、昌吉、米泉等新疆最發達的城市人口的八十%都是漢人。五家渠、圖木舒克、阿拉爾、奎屯四個市直屬兵團管轄，漢族人幾乎佔一〇〇%。而作爲新疆土著居民的維吾爾人之八十%，則生活在農村貧困地區。

我們從頁一二九表呈顯的中共官方的人口統計數據，就可以很清楚地看出新疆的人口變化情況。

讓我們回顧一下，一九〇九年新疆總人口爲二百零一萬七千九百（漢人佔三%，維吾爾族佔八五%）。到了一九五〇年，新疆總人口增加到四百七十八萬三千六百（漢人佔六%，維吾爾人佔七六%）。新疆總人口在一九〇九年至一九五〇年的四十年裡只增加了二．三倍，但是在一九四九年到二〇〇三年這五十四年裡，新疆的人口從四百七十八萬增加到了

新疆各民族人口變化（1949-2003）

單位：人

年代	維吾爾族	漢族	哈薩克族	回族	其他	合計
1949	3,291,145 (76%)	291,021 (6%)	443,655 (10%)	122,501 (3%)	185,078 (4%)	4,333,400
1953	3,607,609 (75%)	332,126 (7%)	506,390 (11%)	134,215 (3%)	203,263 (4%)	4,783,603
1964	3,991,577 (55%)	2,321,216 (32%)	489,261 (7%)	264,017 (4%)	203,996 (3%)	7,270,067
1982	5,955,947 (46%)	5,286,532 (40%)	903,335 (7%)	570,789 (4%)	365,030 (3%)	13,081,633
1986	6,431,015 (47%)	5,386,312 (39%)	1,010,543 (7%)	611,816 (4%)	396,713 (3%)	13,836,399
1990	7,194,675 (48%)	5,695,626 (38%)	1,106,989 (7%)	681,527 (4.5%)	476,961 (3%)	15,155,778
2003	8,823,476 (46%)	7,711,014 (40%)	1,352,125 (7%)	886,653 (4.5%)	443,835 (3%)	19,339,500

一千九百三十四萬，增加了四倍多！

按民族人口增長情況來看，一九四九年人口比例只佔新疆人口六％的漢人（二十九萬）到了二〇〇三年增至四十％（七百七十萬），幾乎佔新疆人口一半。而維吾爾人從三百三十萬增至八百八十萬，但是佔總人口的比例從五十四年前的七六％，降至四六％，在自己的祖國變成了少數群體。

一九四九年至二〇〇三年的五十四年裡，新疆的維吾爾族人口增長了一·六倍，漢族人口卻增長了二十六倍多！

在《維舟》於二〇〇五年十月十三日發表的題爲〈中國西域經營成敗〉一文中也承認說：「粗略判斷，新疆維吾爾族一九四九年約三百五十萬，佔當時新疆人口七五％，到二〇〇四年增長到八百九十八萬，增長一五六％，和同期全國平均速度差不多；而在新疆的漢族則由大約二十五萬增加到七百八十萬，增幅爲三十一倍以上，比維族快二十倍多。並且按照目前新疆對內地移民吸引力的增強，很可能在二〇三〇年，新疆的漢族人口將超過維族——這在政治上的意味是不言而喻的。」

按照這個速度，「新疆維吾爾自治區」的主體民族、這個家園的主人——維吾爾族的人口在五十年後將會降至十％以下，這裡會變成一個九十％是漢人居住的一個省分，和內地其他省不會有什麼區別，這也正是中共殖民計畫的最終目的。這將會是多麼大的悲劇！維吾爾人能對此無動於衷嗎？能不起來反抗嗎？

如同前蘇聯，中共還把新疆視爲流放犯人的西伯利亞。五〇年代，有無數被俘虜的國民黨軍人被安置在新疆的勞改農場，後來都被編入建設兵團。此後，中國內地各省的眾多罪犯們被源源不斷地發配到新疆的集中營（勞改農場）。「坦白從寬，新疆搬磚」這句話便是中國各地在押犯人所周知的一條規矩。據內部消息，從中國內地累計被發配來到新疆各地的勞改農場和監獄的罪犯達一百多萬人次。很多刑事犯在服刑滿期後定居在新疆繼續犯罪。犯人越獄、闖入民宅殺人搶劫的事件屢屢發生。新疆成了中國社會安全問題的垃圾堆，而這批犯人移民則形成了這一地區的一大社會危害。

從《新疆統計年鑑》的數字來看，近三十年來漢族比例達頂峰的一年是一九七八年，爲四一·六%；而谷底是一九九〇年的三七·六%。這十年間人口比例下跌四%，不僅是由於計畫生育政策使漢族人口出生率下降，也是因爲知青返鄉的浪潮，如新疆建設兵團於一九八〇年以來，人口自然增長率一直在〇·五%上下徘徊，這只能以人口流失來解釋。但這一比例在一九九〇年後又開始回彈，因爲新疆政府給內地漢族提供了有吸引力的就業機會和各種優惠條件。這一次，他們是經濟驅動的移民，而不是政治驅動的。譬如說，一九八〇年至一九八五年，新疆維族人口增長五十三萬，漢族只增長了三萬九千；而一九九五年至二〇〇四年的十年內，維族增長一百一十八萬，漢族卻增長了一百四十八萬。

九〇年代以後，一方面有大批新疆的漢族教師、醫生、工程師等知識分子，爲謀求更好的生活條件而返回內地，同時又有同樣數量的新的內地農村民工定居新疆。因此，在人口統計資料上我們可以看到，近二十年漢族人口比例總是在四十%上下徘徊。

八〇年代以來的新疆漢族人口外流現象使中共驚慌失措，政府爲了穩住新疆漢人移民，同時吸引更多的漢人移居新疆，一方面在就業和補貼方面對漢族人採取了一系列鼓勵和優惠政策，另一方面千方百計地阻止漢人返鄉，譬如停發離疆漢人的退休金等。由於政府爲了留住漢人，將就業機會優先讓給他們，導致了維吾爾居民的就業艱難和驚人的高失業率。

二〇〇四年新疆人口增長一．五〇%，但自然增長率爲一．〇九%，也就是說，有〇．四一%是移民增長，這個絕對數字有八萬零五百人[8]。可以想像，這些增長人口基本上都是漢人移民。

我們從統計數據上還可以看出這樣一個特點：一九九〇年以來，漢族人口快速增長的區域並非在已經佔牢固強勢的地區如烏魯木齊、石河子、昌吉、克拉瑪依等；而是在一些少數民族佔多數的地方。根據《新疆二〇〇五年統計年鑑》，一九九〇年至二〇〇四年，漢族人口增長三四%，但在北疆增長了二九%，南疆則爲五八%，顯示漢人在南疆人口增長速度快一倍。其中增長速度最快的幾個地區是：伊犁地區七七%、阿克蘇地區七四%、克孜勒蘇州六一%、喀什地區和巴音郭楞州則均爲五二%、吐魯番地區四七%，最低的則是克拉瑪依十八%。與漢族人口在各地增長快慢的極不均衡形成對比的是維吾爾族，各地增速都在平均的二二%上下，顯然因爲是自然增長，沒有大量的流動性。

中國衛生部於一九九七年十一月發表題爲〈迎戰愛滋病〉[9]的調查報告中，在講到中國的人口流動問題時指出：「一九九五年，流出人口最多的省是四川、安徽、河南、湖南，而流入人口最多的省是廣東、江蘇、上海、北京、新疆。」我們都知道，中國的人口流動在正常情況下應該是經濟落後省分的農村人口，向經濟發達的沿海地區和大都市遷移，但是新疆是經濟最落後的省分之一，更不需要勞動力，它怎麼會與中國經濟最發達的廣東、上海、北京並列成爲流入人口最多的省分呢？這背後說明了一個什麼問題呢？唯一的解釋就是中共新疆政府採取的一系列吸引漢族移民的優惠措施，和主動招募移民的殖民政策。

然而，中共新疆政府網站上介紹新疆概況原文如下：

> 民族結構：新疆是一個多民族聚集的民族自治區。不但民族成分多，民族人口比重高，全國五十六個民族中有六個民族人口的九十%以上居住在新疆境內。新疆成立時確認了十三個在世民族。由於各民族的遷移、流動，新疆民族個數不斷增多，一九九〇年全國

---

8 這個數字比新疆本地漢人一年自然出生的嬰兒數更多，因爲新疆漢人的自然增長率低於一%。

9 參見 http://www.unchina.org/unaids/main.html

人口普查時新疆已增加爲四十九個民族。漢族人口佔新疆人口的三七・五二%。少數民族人口數由一九四九年的四〇四・二四萬人增加到一九九〇年的九四六・一六萬人，年均增長率爲二・一〇%。[10]

請仔細分析一下，在這段話裡，官方對漢族人口從一九四九年到現在的增長情況隻字未提，反而強調了少數民族的增長，好像是說：「新疆本是漢族人的家園，少數民族增長很快。」另外，新疆除了主體民族維吾爾族以外，佔總人口比例一%以上的少數民族不到四個，剩下的四十多個少數民族加起來也不過佔總人口的〇・五%。但是，中共卻大肆宣傳新疆的民族之多達四十九個，把那些近五十年跟隨漢族從內地來的移民中只有幾百個人，甚至幾十個人數的少數民族也加了進去。目的是想把新疆的民族結構複雜化，給外界一個「新疆是四十九個民族的，你維吾爾人鬧獨立，其他四十八個民族不會答應」的誤導。

「中國新聞社新疆網」於二〇〇〇年六月八日的報導說：「新千年的頭十五年裡，新疆平均每年將增加約三十四萬人，相當於一個大縣的人口。雖然新疆土地面積中國第一，但適合人類生存的地方——綠洲面積只佔總面積的四・三%，目前新疆綠洲人口密度已達二四九人／平方公里，人口對社會環境、經濟、資源的壓力不可忽視。新疆人口發展速度是快於全國平均水準的，從一九四九年至今的半個世紀，人口就翻了兩番。據預測，『十五』期間新疆人口的增速依然較快，到二〇一五年人口總數將達到二千三百四十七萬，因而今後十五年新疆的人口形勢不容樂觀。」

在上述報導中，作者只是按照目前新疆人口基數做了出生率自然增長的推算，而沒有把中共的移民計畫考慮在內。除了新疆人口自然增長以外，政府按照它的殖民計畫將繼續實施移民策略，將來的新疆實際人口增長將大大超過上述估計。中共從來都是只考慮自己的殖民目的，從來不顧及什麼由於人口過多而對自然生態平衡帶來的嚴重後果，它會不惜任何代價繼續它的移民計畫。

近年來，中共當局又在「西部大開發」的幌子下加快了移民步伐，公開號召內地漢人移民新疆，並推出一系列吸引移民的優惠措施，包括提供住房、安家費、醫療保險、支持邊疆補貼費，以及子女免費教育等等。中共政府計畫一方面安排漢族移民大舉入住新疆各大城市，另一方面又繼續擴充兵團人數。

四川社會科學院西部大開發研究中心秘書長劉世慶在她的〈西部大開發的兩個前沿地帶〉、〈經濟戍邊、工業移民與西部大開發〉兩篇文章很露骨地暴露了「西部大開發」的眞正目的。她說：「我們有充分理由說明，在西部邊疆展開大規模工業建設的『工業移民』和

10 參見 www.xjife.edu.cn

『經濟戍邊』戰略是必要的。『工業移民』和『經濟戍邊』是一項利國利民，穩定邊疆，保證國家安全的發展戰略。既具有移民開發的經濟意義，而且具有『工業戍邊』、『經濟戍邊』的國防意義，還有利於促進邊疆的民族融合……。新疆的兵團農業戍邊要發展爲以後的工業戍邊。」

她提出西部大開發的戰略之一可以採取移民開發的主張，建議學習美國當年開發西部的辦法，給予土地等優惠政策，鼓勵向西部移民。

「甘肅農業信息網」於二〇〇五年十月十八日引《甘肅日報》發表的題爲〈甘肅省應加大對新疆勞務輸出力度〉的一文，也暴露了中共的移民政策內幕，這篇文章寫道：

目前新疆缺少勞務人員達一百五十萬人左右，勞務市場儲藏著巨大潛力。近十多年來，兵團採取一系列優惠政策，吸引全國各地勞務人員到兵團搞農業生產。新疆生產建設兵團提出「奮起二次創業，再造兵團輝煌」的口號，計畫逐步開發土地三百萬畝，再增加六十萬新職工，耕地面積達到一千七百萬畝。目前國家已經立項，並從政策、資金等方面給予極大扶持。這些即將開發的新墾區，需要大批勞務人員進行工程建設和承包耕地。除農業團場以外，兵團和地方的一些企業和部分在建工程也需要大量勞務人員。

近年來，我省抓住機遇，重點加大對新疆勞務輸出的力度。至目前，我省到新疆務工人員已達五十六萬人，其中穩定就業的人員近二十四萬人，獲得當地城市戶口的人員達九萬人，每年進新疆採棉工超過三十萬人。據瞭解，兵團對外來勞務人員非常重視，制定了很多優惠政策：承包土地的長期務工人員，可以在農場落戶，轉爲兵團正式職工，並享受勞動保險和醫療保險；團場進行小康房建設，建房資金承包戶出一半，團場補一半，產權歸承包戶所有；承包戶剛去的兩年內，不論因技術和自然災害，虧損不掛賬，並保證全家人的基本生活；承包戶子女上學免收借讀費，住校生還由團場給予生活補助等。這些優惠政策給務工人員帶來了實惠，也吸引更多務工人員到新疆務工。

目前，我省仍有一百萬人需要異地安置，這部分人只能向省外輸轉，特別是向新疆生產建設兵團有組織輸轉新職工……。第一：現在是我省向新疆輸轉勞務的最佳時機，各地應加大工作力度，盡可能快地佔領新疆勞務市場，加大輸轉量；第二，建議省上加強統籌協調，積極向國家爭取項目，將我省列入新疆生產建設兵團「十一五」新增職工專項計畫的實施省分，爭取政策和資金方面的扶持；第三，整合我省在新疆負責勞務工作各個部門的力量，統一指揮，加強對勞務輸出人員的跟蹤管理和服務；第四，爲適應新疆生產建設兵團結構調整和高科技農業發展，我省應有針對性地加大勞務輸轉的培訓，增強他們在兵團就業、扎根的能力；第五，建議省上加大資金投入，適當提高勞務人員的落戶補助。我省目前勞務人員去新疆落戶的補助標準是上世紀九〇年代中期制定的，目前人均標準爲四百元~五百元，連路費都不夠，支持勞務人員初期發展更沒有可能；第六，搞好我省「十一五」勞務輸轉規劃，爭取「十一五」期間每年向新疆安置長期性務工人員三萬人~四萬人。

以上移民數字只是甘肅一省而已，可想而知，如此優惠的移民條件每年會吸引多少河南、四川、陝西、山西、青海等貧困省分的農民湧入新疆。從這個現象，我們可以看出，八〇年代以來遷入新疆的漢族移民基本上是來自這些落後省分的，在自己的老家窮得實在活不下去的農民，這群移民的人數起碼佔現在新疆漢人總人數的三十%以上。

大量的漢族農民遷入新疆，佔據耕地，加上水源不足、土壤沙化，造成目前維吾爾族農村剩餘勞動力約一百萬人左右，其中喀什、和田、阿克蘇、克州等南疆地州約佔九十%以上。[11]

新疆政府發表的〈論新疆經濟發展與城市化之路〉[12]的文章裡寫道：

「新疆的城市化進程是伴隨著人口的大量遷移，而逐步演變爲當前的人口和城市分布格局的。新疆五十年來的城市化進程史，實際上就是外來農民市民化的遷移史。」

「特別是十一屆三中全會後，人口遷入新疆的方式逐步由五〇、六〇年代的指令性遷移和自發遷移並重，轉爲自流遷移爲主。八〇年代後新疆的流動人口迅速增多，目前已經超過一百萬（每十年），相關統計資料表明：新疆八〇年代以來的流動人口的八八・二一％來自內地農村，其流入地和定居地則有五二・二五％和十四・五八％爲城市和縣鎮。這些人口的流入一方面促進了新疆城市的二三產業的繁榮，刺激了經濟的發展，增強了流入城市居民的競爭意識與市場觀念，同時也給新疆各地較薄弱的城市市政設施造成了一定壓力，並引發一系列社會問題。」

文章同時又對移民政策辯護說：「移民流向主要爲城鎮，大規模外來農民市民化對於新疆來說，是一種歷史性的進步和意義深遠的文化啓蒙運動，也是人們思想觀念和生活方式轉變的社會變遷過程，對於整個國民經濟和社會發展有著極爲重要的作用。移民一方面彌補了新疆部分地區，尤其是北疆地區的勞動力的不足，同時也帶來了內地發達地區的新思潮、新經驗，推動了新疆的進一步改革開放，使新疆經濟發展再上新台階。」

中國人有句俗話：「人不要臉鬼害怕。」中共無賴當局黑白顛倒、混淆是非，不停地在自己的臉上抹金，爲自己的移民政策辯護。五十年以來，中共公然對東突厥斯坦實施它的移民計畫，嚴重摧毀了當地生態環境，這是對人類的犯罪！無休止的移民又造成當地人民驚人

11參見〈關於維吾爾族農村剩餘勞動力問題和對策研究〉，載於《中央民族大學學報》，一九九六年第五期。

12參見 www.xjuso.com，二〇〇三年七月二十二日。

的高失業率。這塊土地的主人——維吾爾族即將淹沒在漢族移民的滔滔大海裡。它卻用以上的言詞評價移民問題！還胡說什麼「彌補了新疆的勞動力的不足，帶來了內地發達地區的新思潮、新經驗，刺激了經濟的發展，是意義深遠的文化啓蒙運動」！

新疆面積爲一百六十六萬平方公里，目前總人口爲一千九百多萬人，從表面看新疆人口密度好像很小，其實不然，因爲新疆九六％的土地是戈壁、沙漠和荒山，人口高度集中分布在適合人類居住的不足七萬平方公里的綠洲地區，平均密度每平方公里二百四十九人以上，按實際居住區域計算的人口密度與中國沿海人口密度接近。中共的移民政策已經對當地的生態平衡造成了巨大破壞，而且造成維吾爾族等民族的就業困難等嚴重社會問題。中共如果繼續它的移民政策，在經濟利益分配方面一面倒地傾向漢族移民，必然會加深新疆的民族矛盾和引發民族衝突，甚至大規模動亂。

很顯然地，中共移民政策的最終目的是要改變這裡的民族人口結構，使漢人成爲這裡的主體民族，同時在消滅地方民族的文化、強迫漢語教育、控制土著民族人口增長等殖民計畫的配合下，達到迫使維吾爾族等少數民族漢化的目的，從而使東突厥斯坦（新疆）一步步走向永久性中國化。

四、中共對維吾爾人推行的強制性生育控制及其民族同化目的

中國人口總數爲十三億，其中九二%是漢族人；少數民族居住區佔中國總面積的六十%，但是人口只佔八%；新疆佔中國總面積的約二十%，維吾爾人口卻只佔中國總人口的〇·七%；漢人主要居住在中國五十%的土地上，人口卻佔總人口的九二%。

中國政府對漢族人實行計畫生育是可以理解的，因爲佔總人口九二%的漢人人口才是造成中國人口膨脹的唯一原因。但是，中共憑什麼對少數民族實行生育控制呢？誰都可以算得出，少數民族人口再怎麼增長也對中國總體人口變化不會產生任何影響。

顯然地，中共爲了達到永久佔領東突厥斯坦的目的，必須要改變這裡的人口結構和民族布局，所以它在大量遷移漢族人口的同時，千方百計地控制當地民族人口增長，試圖讓當地民族永遠消失在漢族人的汪洋大海裡。

中共新疆政府每年撥款數億元人民幣給新疆計畫生育工作，在各市、縣、村，甚至工作單位和街道都成立計畫生育辦公室，頒布了嚴格的獎懲制度，要求新疆維吾爾族家庭城市居民生育孩子不能超過兩個，農村居民生育孩子不能超過三個。符合計畫生育的家庭，可以領發「光榮證」及每月十元人民幣的保健費；違反規定的家庭要承受幾萬元的巨額罰款。

中國政府於一九八八年開始對新疆維吾爾人強迫實行計畫生育，包括結婚三年內不能生

育；第一個孩子未滿三歲，不能生育第二個孩子；以及維族婦女在結婚前要先進行戴避孕環的避孕手術，才能領取結婚證等等。各級計畫生育委員會幹部、鄉長、村長們如果發現沒有上避孕環，或者上了避孕環仍然懷孕者或者超生懷孕者，就像押囚犯一樣用拖拉機、貨車、警車或者救護車，將這些婦女押送到附近的醫療所，命令醫生施行墮胎手術，甚至連幾天後就要出生的嬰兒也不例外。

根據從新疆出來的海外維吾爾族醫生們的口述，對那些「違法懷孕」的婦女們進行的墮胎手術極爲殘忍，如果胎兒已經是七、八個月大，墮胎就很困難，醫生們就用一種針紮入孕婦的子宮，先將胎兒在母親的肚子裡活活破碎，然後將嬰兒的屍體一塊一塊地取出！這些「違法懷孕」是指那些年輕夫婦在結婚不到三年就懷第一胎，第一個孩子不滿三歲就懷上第二胎或者超生懷了第三個孩子。

更令人無法接受的是，有些地區在維吾爾族婦女的生育過程中，醫院不經本人同意就對母親進行節育手術，使她們不能再生育。

截至二〇〇四年爲止，估計最少有一百萬維吾爾族嬰兒被這樣扼殺，數十萬計的農村婦女在簡陋的醫療條件下強行墮胎時失去了生命，或者身心遭到嚴重的摧殘。無數名已有七、八個月大的胎兒在即將來到這個世界前被奪去了生命。「自治區」傀儡主席司馬義·鐵力瓦爾地在公開講話中承認，近十幾年的計畫生育工作使得新疆人口自然增長減少了三百萬人。

如果說漢人由於是一胎制，因而自然增長減少數會更多，那麼維吾爾族自然增長減少起碼有一百萬。

信仰伊斯蘭教的維吾爾族人視孩子爲眞主所賜，把墮胎視爲違反教規而堅決反對。由於農村地區教育落後，婦女更是缺乏避孕知識，甚至把懷孕看作是眞主，以及命運的安排而不積極採取任何避孕措施。因此，幾乎每一個維吾爾族農村婦女都遭遇過上述慘無人道的懲罰。中共這種無人性的行爲，加劇了東突人民對中共當局的不滿和反抗。

官方「哈爾濱民政信息網．論文集萃」裡發表的一份題爲〈維吾爾族的婚姻制度與婦女福利〉的調查報告指出：「生活品質和衛生保健水準的低下嚴重損害了維吾爾婦女的健康，新疆一九九五年孕產婦和嬰兒死亡率分別達一九六／一〇萬和九三‰（千分之九十三），是全國平均數的三倍；婦女罹患子宮頸癌、子宮脫垂等婦科病的比重是中國發達地區的數十倍，均位居全國前列。歷次全國人口普查結果均顯示，新疆的男性老年人口明顯多於女性，其中少數民族老年人口的男性比例更高，且維吾爾人的平均預期壽命明顯低於漢族，女性甚至低於男性。」[13]

該調查報告中儘管把這種後果的原因歸納爲婚姻制度和福利衛生條件，但我們不難看

---

13 參見 http://www.hrbmzj.gov.cn/mzbk/05/LWJC/1106.htm

出，還有一個重要原因是在計畫生育政策的實施過程中對維吾爾婦女的身心摧殘所致。

有一些維吾爾婦女東躲西藏而私自用土方法將孩子生下來，結果他們會面臨上萬元的罰款，支付不起就遭到抄家，家裡値錢的東西全部被變賣後用於抵債！如果某個村、某個鄉、某個工作單位出現「違法懷孕」的情況，那麼這些單位的領導們也會面臨扣發工資和獎金的懲罰。因此，工作單位和農村領導對執行上級的計畫生育政策表現出特別積極的配合。

政府在極力控制少數民族人口增長的同時，爲了增加新疆漢族人口，開始允許新疆建設兵團的漢族家庭可以不受計畫生育規定的限制，允許兵團漢人生第二胎。這樣做一方面是爲了鼓勵內地漢族移民定居新疆，另一方面也是爲了留住兵團人口，使他們放棄返回自己家鄉的企圖。

在新疆，一方面存在本地人，特別是維吾爾人大量失業的嚴重社會問題，同時政府又在有計畫、大規模地從內地引進漢族勞動力；另一方面政府認爲新疆人口過多，而對維吾爾族強制實施計畫生育，同時又主動地從內地省分遷移漢族人口定居新疆。這背後說明了什麼呢？很顯然地，是中共長期以來履行的移民計畫和對新疆原住民族的同化、滅絕政策。當局在有計畫地對維吾爾族進行著肉體上的摧殘、精神上的消滅、文化上的同化、數量上的杜絕增長等一系列罪惡計畫，以便完成它對東突厥斯坦徹底中國化的目的。

五、中共對東突厥斯坦地下資源的瘋狂掠奪

東突厥斯坦礦產資源豐富，礦種較爲齊全。已發現的礦種達一百三十八種，佔全中國的八十%。其中已探明儲量的有六十七種，約佔全國的一半，有八種礦的儲量居中國首位，二十四種居中國前五位，四十一種居中國前十位，主要有石油、天然氣、煤、金、鈾、鉻、銅、鎳、稀有金屬、鹽類礦產、建材非金屬等。

據中共官方報導，新疆石油資源量二百零八億六千萬噸，佔全中國陸上石油資源量的三十%；天然氣資源量爲一〇・三萬億立方公尺，佔全中國陸上天然氣資源量的三四%。[14] 煤炭預測資源量二・一九萬億噸，佔中國總產量的四十%。黃金、寶石、玉石等資源種類繁多，古今馳名。

然而，東突厥斯坦的這些財富對當地維吾爾等民族帶來了什麼好處呢？

中共的憲法裡規定，中國境內地下資源的所屬權、開採權、利用權均屬於中央政府，地方政府無權過問。因此，作爲東突厥斯坦主人的維吾爾人民只能看著自己的地下資源，源源不斷地被中國人開採、運走，就像自己的血液正在被吸血鬼不停地抽吸。

14 其中僅塔里木盆地石油資源遠景儲量就達一百一十三億噸，天然氣九・三萬億立方公尺。

中國石油天然氣總公司與它的開發大軍，早在一九五九年就浩浩蕩蕩地進入新疆克拉瑪依，開始了對東突厥斯坦石油的開採。現在，該公司在克拉瑪依油田以每年一千二百萬噸的開採量，掠奪著東突人民的財富。

中國只擁有全球不到三％的石油資源，但中國人口達全球人口總數的二十％。一九九三年以前，中國石油可以自給，甚至還可以出口，近十年來由於中國經濟的高速成長，使其無法以自有石油資源滿足高漲的石油消費需求；一九九三年起，中國開始進口石油，至今，四十％的石油仰賴進口，成爲全球第二大石油消費國（僅次於美國）。

面對國內外政治經濟局勢不斷的變化，石油資源短缺成爲制約中國發展的重要因素，進口石油的供應安全，成爲中國大陸無法逃避的重大問題。九一一事件發生後，隨著美國勢力進入中亞地區，中國意識到石油供應安全隱患，開始加緊了對新疆石油資源的開發和掠奪。中國石油天然氣總公司於上世紀九〇年代起，又開始在東突厥斯坦（新疆）的東部和南部大規模開採石油和天然氣，建立了土哈油田（吐魯番—鄯善—哈密）、塔里木油田（輪台、庫車、皮山）等石油開採基地。

據中共官方報導，二〇〇三年新疆原油產量達到二千一百四十萬噸，成爲中國原油產量增幅最高的省區，從二十世紀五〇年代初到二〇〇二年，中央政府從新疆累計運走原油二億六千八百萬噸！[15]

二〇〇二年七月四日，中共掠奪東突厥斯坦資源的龐大計畫——「西氣東輸」管道工程正式開工建設。西氣東輸工程總投入三千億元，建設四千二百公里管線，西起新疆輪南，途經十個省市，直通東部沿海重要城市上海，計畫年輸氣量一百二十億立方公尺。

二〇〇四年五月，中國與中亞的哈薩克之間簽訂了《中哈能源合作協定》，中國與哈薩克兩國將共同修建全長三千零八十八公里的輸油管道，將哈薩克裏海沿岸的原油輸送到新疆獨山子，計畫年輸油量一千萬噸。如果此輸油管道順利建成，加上哈薩克與俄國間原有輸油管道相通，周邊國家的石油可以經過此地，連同新疆的石油一起輸往東部沿海開放城市。

在中哈石油管道建設項目展開之際，中國也正著手建設西部石油管道幹線，將與中哈管道共同組成西油東送大動脈。除了中國石油天然氣集團公司在新疆獨山子和甘肅蘭州興建兩個一千萬噸煉油專案外，目前西部原油成品油管道建設的前期工作已經開始進行，其中新疆鄯善至甘肅蘭州、烏魯木齊至甘肅蘭州兩條管道，於二〇〇四年下半年開始鋪設，二〇〇六年全部貫通；規劃中的新疆鄯善至甘肅蘭州原油管道，全長一千五百多公里，計畫每年輸油能力一千萬噸；烏魯木齊至甘肅蘭州成品油管道，全長一千八百多公里，計畫每年輸油能力八百萬噸至一千萬噸。中國政府計畫將這條管道一直延長到天津連雲港。

15參見「新華網」，二〇〇三年二月二十七日。

然而，所有這些石油和天然氣的經濟利益都歸屬於中共中央政府，東突厥斯坦人民沒有絲毫獲益。甚至在這些石油公司就業的機會也沒有當地人的份，石油工人全是由內地漢人組成。總部在北京的中國石油天然氣總公司全權負責在新疆勘探、開採，然後運到蘭州加工、提煉、銷售，當地人只能「望油興嘆」。八〇年代在新疆任黨委書記的宋漢良就是因爲向中央提出留給新疆五%的石油利潤的要求，而被撤職查辦的。

二〇〇二年，中國國務院的《廿一世紀石油戰略方案》重新架構中國的石油戰略，計畫未來發展並預計未來二十年內投入一千億美元的資金完成戰略石油儲備。爲了實現這個任務，不惜任何代價擴大在新疆的石油和天然氣的勘探與開採規模。

中共政府預計二〇一〇年，新疆的原油年產量可望達到五千萬噸，超過勝利和大慶油田，躍居中國陸上第一大產油區。

除了石油、天然氣，新疆的其他所有地下資源都是由中央控制，地方政府無權開採、銷售，分享不到自己本土地下資源帶來的經濟利益。中國內地沿海地區在近幾年的飛速發展，在很大程度上依賴的是對新疆的資源掠奪。中共的這一強盜行爲，導致了當地維吾爾等土著民族的強烈不滿，進一步激化了民族矛盾和社會矛盾。

第五章

有名無實的「新疆維吾爾自治區」及其傀儡政府

清朝末期，孫中山號召中國人起來革命，推翻滿清政府，一九〇五年成立的同盟會便是以「驅逐韃虜、恢復中華」爲政治綱領。革命的目標是「把滿族人趕回東北老家，恢復中國人自己的國家」。很顯然地，孫中山認爲滿族人是佔領中國長達二百六十年的侵略者，他要領導中國人獲得獨立，重建明朝時期的中國疆域，也就是中國人的本土，不包括新疆、西藏、內外蒙古，因爲這三個國家的命運和中國一樣，也是被滿清國佔領的。此外，也不包括東北三省，因爲他要把滿族人趕回他們的這個老家。

孫中山在一九〇六年十二月的《民報》創刊周年紀念大會的演講中，仍然主張排除異族統治，由漢族奪取政權，樹立漢族國家。[1]辛亥革命成功後，孫中山又提出「五族共和」的綱領，意思就是建立一個漢、滿、藏、蒙、回[2]五大民族平等的中國。當時民國的五色國旗就是指「五族共和」。

國民政府並沒有做到眞正的「五族共和」，但是國民黨在新疆短暫的執政時期（一九四二～一九四九年），其民族政策比共產黨要寬容，沒有中共這麼殘暴。[3]

中國共產黨在一九二三年召開的第二次全國代表大會宣言及《中國共產黨的任務及其目前的奮鬥》綱領都提到：「統一中國本部（東三省在內）爲眞正民主自治邦，蒙古、西藏、新疆三部實行自治，成爲自治邦。用自治聯邦制統一中國本部、蒙古、西藏、新疆，建立中華蘇維埃共和國。」

一九三一年十一月七日，中共在江西瑞金召開中華蘇維埃工農兵第一屆全國代表大會，建立了中華蘇維埃共和國。他們所通過的《中華蘇維埃共和國憲法大綱》，也保障中國境內的少數民族地位與漢族平等，並享有充分的民族自決權，可決定加入中國，或脫離中國而各自建立他們自己的獨立國家。

《中華蘇維埃共和國憲法大綱》第十五條原文規定：「保障爲居住於中華蘇維埃地區的無論任何民族，均享有受到中華蘇維埃政府的庇護及協助民族革命成功與建立獨立國家的權利。」[4]

毛澤東於一九四五年四月在中共七大的政治報告（即《論聯合政府》）中也主張聯邦制：「中國境內各民族根據自願與民主的原則組織中華民主共和國聯邦，並在這個聯邦的基礎上組織聯邦中央政府。」「允許各少數民族有民族自決權，即在自願原則下和漢族聯合建立聯邦國家的權利。」此後，中共曾再三聲明建立聯邦共和國的主張。一九四五年《黨章》仍明

1參見廣東省社會科學院歷史研究室等，《孫中山全集》，第一卷，頁三二四，中華書局。

2此處的「回」，不是指現在的回族，而是指當時新疆的維吾爾回教徒。回族是中共政權成立後才被認可的民族。

3實際上，中共是有史以來統治新疆最殘酷的一個政權。

4參見《中共數據集》，第五冊，頁八一、四五〇～四五一；又見《中華蘇維埃共和國憲法大綱》，收錄於《蘇維埃中國》，頁三七～四四，莫斯科：蘇聯外國工人出版社，一九三三年。

確規定，中共「目前階段的任務是」……「爲建立新民主主義聯邦共和國而奮鬥」。直到一九四七年十月的〈中國人民解放軍宣言〉也還宣布：「承認中國境內少數民族有平等自治及自由加入中國聯邦的權利。」但在中共建國以後出版的《毛澤東選集》中，這些文字均被刪去。

然而，至一九四九年人民政治協商會議所通過之《共同綱領》則說：「中華人民共和國的國家結構形式是單一制的多民族統一的人民共和國」，「以民族區域自治作爲解決中國民族問題的基本政策和一項重要的政治制度」。[5]

到了一九四九年底，毛澤東在面臨解決新疆問題的時候，和史達林秘密策劃了「飛機失事事件」，先是謀殺了東突厥斯坦共和國的最高層五位領導人，然後請賽福鼎等親共代表去北京談判。迫於蘇聯的壓力下，賽福鼎等人不得不去北京和毛澤東坐上談判桌。毛澤東採取了非常狡猾的欺騙手段，「慷慨地」給予了「新疆自治」的許諾，其中包括保留原東突厥斯坦共和國民族軍，給予新疆人民自主發展自己的經濟、文化、教育、宗教等自治權利，甚至答應民族自決權。賽福鼎等人相信了毛澤東的這些承諾，簽訂了「共同聲明」[6]。賽福鼎等人回到新疆後說服了東突厥斯坦臨時政府和民族軍將領們，才允許解放軍入疆「幫助」東突厥斯坦人民成立「自治政府」。

當維吾爾人民意識到自己上當受騙時，解放軍部隊已佔據了新疆各地，民族軍已被改編，釀成無法挽回的局面。

中共由於追隨蘇聯的社會主義民族政策，同時也是爲了穩定新疆局勢，於一九五五年，頒布了所謂的新疆《民族區域自治法》，宣布「新疆維吾爾自治區」正式成立。

眾所周知，所謂「自治」，是指某一個地區或民族在其領土主權屬於中央政權的前提下，「自治地方民族自給自主地治理自己的民族地區」。自治民族選舉出自己的政府和議會，該自治政府和議會制定出自治區的憲法，並根據該憲法統治這個自治地區，中央政府的憲法和法律在自治區無效。自治政府有權自主地發展當地的經濟、文化、教育，建立自己的司法制度和員警系統等，中央政權除了國防和外交以外，不干涉自治區的內政。自治政府完全代表自治民族，爲自治民族和自治地方的利益進行執政。就像現在的香港，澳門的特區性質一樣。

但是，中共爲了蒙蔽國際社會、欺騙世界輿論，制定出所謂的《民族區域自治法》，成立了有名無實的「新疆維吾爾自治區」。在《自治法》裡儘管給了自治地方一些優惠和特權，但是從來沒有實施過，它只是成了徒有虛名的白紙一張和中共的宣傳籌碼。民族自治法幾經

---

5 中共已經打下天下了，掌握統治權了，並且創建了中國歷史上不曾有過的黨政合一式極權專制統治，不需要再搞這種宣傳戰了！至於民族自治，則純屬假話一句。

6 中共政府從來沒有公開這個協定的具體內容，談判代表們早已過世，我們相信總有一天，這個存放在中共檔案室裡的協定會大白於天下。

修改，現在已經沒有什麼「自治」內容了。

讓我們看看《自治法》的部分內容，再看看實施情況如何：

《中華人民共和國憲法》規定：「民族自治機關是自治地方的人民代表大會和人民政府。民族自治地方的自治機關，其建立和組織均依據人民代表大會制度的基本原則，但又有別於一般地方國家機關。《中華人民共和國民族區域自治法》規定：民族自治地方的各民族都應有適當名額的代表參加各級人民代表大會；民族自治地方的人大常委會中，應當有實行區域自治的民族的公民擔任主任或副主任；自治區主席、自治州州長、自治縣縣長由實行區域自治的民族的公民擔任，自治區、自治州、自治縣人民政府的其他組成人員要儘量配備實行區域自治的民族和其他少數民族的人員。」

「民族自治地方的自治機關在行使地方國家機關職權的同時，依據憲法和民族區域自治法的規定，還行使立法權、變通執行或者停止執行權、經濟發展權、財政權、少數民族幹部培養使用權、發展教育和民族文化權、語言文字使用和發展權，以及科技文化發展權等。」

「民族自治地方的人民代表大會有權依照當地政治、經濟和文化的特點，制定自治條例和單行條例。」

「民族自治地方的自治機關對上級國家機關的決議、決定、命令和指示，有不適合民族自治地方實際情況的，可在報經上級機關批准後，變通執行或者停止執行。」

「民族自治地方的自治機關在國家計畫的指導下，自主地安排和管理地方性的經濟建設事業，根據本地方的特點和需要，制定經濟建設的方針、政策和計畫。」

「民族自治地方的自治機關根據國家的教育方針，依照法律，決定本地方的教育規劃，各級各類學校的設置、學制、辦學形式、教學內容、教學用語和招生辦法，自主地發展民族教育」等。

看起來，這些自治條款似乎還挺優惠、很動聽，的確給了自治地方很多自主權。不瞭解中共的人很容易被矇騙，會認爲這些條件還不錯。幸虧中國人都非常瞭解凌駕於法律之上的中共政權是什麼貨色，善於玩什麼把戲；都知道中共從來就不是依法治國，他們制定的法律制度都是廢紙、空話。《九評共產黨》已經對共產黨的本質和騙局揭露得淋漓盡致，清醒的中國人對中共都很瞭解，在此不必多做解釋。

新疆的地方「自治政府」是如何產生的呢？它代表新疆東突人民嗎？它眞正代表自治民族的民意，去落實上述的自治權嗎？

我們都知道中共的權力機構是如何產生的，它的「人大」、「政協」都是裝飾花瓶、是擺設櫥窗，根本不是人民選舉出來的。毛澤東、鄧小平、江澤民等獨裁者的最大決策機構，是他們的心腹官僚所組成的「政治局常委」。中國各省、市、自治區的一號掌權人物「黨委書記」就是由他們任命的。被任命的自治區黨委書記，按照黨中央和政治局下達的「指令」

和「路線方針」對自治區進行統治，而不是根據《自治法》。

被中央任命的這個「新疆維吾爾自治區」黨委書記必須是漢族人，他上任後，經長期觀察，在維吾爾族幹部中物色出一個可以任他擺佈的、「聽黨的話，跟黨走的」一個「表現出色」的民族敗類，任命他爲自治區主席，同時篩選出一大批忠實的走狗成立一個自治區傀儡政府。黨委書記在這些官僚之中選出自己最信得過的心腹官員，組建自治區決策機構——政治局常委領導班子，由他們任命廳長、局長、市長等官員。這樣層層往下，自治區下屬各州、市、縣、鎮、村的領導機構都是如此產生的。

現在的自治區黨委書記王樂泉就是土皇帝，他的權力至高無上。他爲了保證其領導的「自治政府」能夠和黨中央保持高度一致，堅決執行黨中央的任何決議。他代表中共中央的統治政權，而不是代表新疆自治民族。王樂泉管轄的「自治區人民政府」便是盲目地服從他領導的傀儡機構。他的「自治政府」主要以漢族官員爲主，在政府任職的包括政府主席在內的部分少數民族官員，都是黨委書記親手選拔的忠實隨從者。政府專門培養和選拔那些想升官發財的、「熱愛黨、熱愛祖國」、「爲黨工作中表現出色」、「思想上和黨中央保持一致」的民族敗類，正如同現在的自治區主席司馬義·鐵力瓦爾地一樣。

北京當局頒布的《二〇〇一年公開選拔新疆維吾爾族自治區黨、政領導幹部實施辦法》中規定，考核縣級以上幹部首要條件是「反對民族分裂及非法宗教活動、維護祖國統一和民族團結」，其次才是符合中共總書記江澤民發表的三講「講學習、講政治、講正氣」。可想而知，新疆「維吾爾自治區」的少數民族幹部代表誰的利益工作！

自治區人民代表大會、政治協商會議和內地其他省分一樣，也是個傀儡機關，代表們不是人民所選，而是各下屬黨政機構推薦出的「思想上和黨中央保持一致」的「爲黨工作成績突出」的共產黨幹部。人大委員長和政協主席是以黨委書記爲首的政治局常委任命的僞君子。

「自治政府」近年來在中共中央的指示下，打擊三股勢力，即「民族分裂主義、宗教極端主義和恐怖主義」作爲首要的任務，提出了「穩定壓倒一切的」指導方針，對新疆進行著空前的恐怖統治。

中共還採取中國古代歷屆政權對付北方各民族的「以夷治夷，分而治之」的策略，以一種不公平的方式把新疆劃分爲「哈薩克自治州」、「蒙古自治州」、「回族自治州」、「柯爾克孜自治州」等，故意挑撥新疆各民族之間的關係，激化他們之間的矛盾。譬如把根本沒有哈薩克人居民的伊寧市劃歸哈薩克自治州作爲該州的首府；把以維吾爾人口爲主的庫爾勒市劃給巴音郭楞蒙古自治州作首府；把維吾爾人佔九十%，但根本沒有柯爾克孜居民的阿圖什市，劃給柯爾克孜自治州作首府。蒙古人口的比例還不足新疆總人口的一%，兩個蒙古自治州面積加起來卻佔新疆總面積的三分之一！譬如：巴音郭楞蒙古自治州總人口爲一百零六萬二千五百，除了佔人口總數一半左右的漢族移民以外，蒙古族只有四萬四千八百人，佔全州總人口的四·四六%；維吾爾族人口三十四萬三千人，佔全州總人口的三四·二五%，佔全州少數民族人口的七六·六三%。北疆約十萬平方公里的大片土地被劃爲「昌吉回族自治州」，而回族人口只佔全州總人口的十一%。目前新疆被劃分成五個民族自治州，六個民族自治縣，四十二個民族鄉。

很明顯地，這是中共的一個惡毒陰謀，是中國人從祖先那裡繼承下來的卑鄙策略。目的是讓各民族互相仇視，互相牽制，無形中給這裡種下民族糾紛的種子。維吾爾人民是絕對不承認這個被中共劃分的行政地圖的。

中共新疆「自治政府」有沒有實施中央賦予它的「自治權」呢？

新疆自治政府、政府各機關和下屬州、市、縣、村的黨委書記都是漢族，他們掌握著實權。而政府主席、州長、市長、縣長、村長由當地少數民族擔任，但是這些少數民族領導並不是當地自治民族選舉出來的，而是上級黨委書記和他的政治局在少數民族的敗類中篩選任命的，並且沒有任何實權。他們必須堅決跟隨自己的主子——黨委書記，如同哈巴狗一樣搖尾求憐。各級政府機關、單位、學校、企業的第一把手是漢族黨委書記，任何事都是他們說了算。他們只要發現哪個少數民族幹部稍有民族情緒，爲自己的民族說話、辦實事，就要將之撤職查辦。

「自治政府」在有些方面，對一些中國憲法中賦予中國公民的權利，以及中央下達的指令，實行背道而馳的「變通執行權」和「停止實行權」。譬如，中央下達文件，規定希望出國的中國公民可以在十五天內領取護照，取消以前的繁瑣審批程序。新疆「自治政府」則使用它的「停止執行權」，對那些維吾爾族中想出國留學的學生、出國探親的公民、出國深造的學者、出國朝聖的穆斯林、出國演出的演員等百般阻撓，不發放護照。

中國的憲法規定宗教信仰自由，新疆「自治政府」利用「自主立法權」下達文件，對信教群眾採取嚴厲的限制和懲罰措施，譬如退休幹部作祈禱就停發退休金；公務員、學生、職工參加宗教活動就要被處分、罰款，甚至開除。這種情況在寧夏等地就很少見，內地回民享受的信教自由權利在新疆被剝奪。

憲法和自治法規定每個民族都有對本民族語言、文字的使用權、發展權、對本民族文化的保護和發展權，以及對教學形式、教學內容、教學語言的自主決策權。而「新疆自治政府」則恰恰相反，它公開毀滅地方民族文化，取締大學裡的維吾爾語教學制度，從小學起對地方民族強行實施漢語教學，強迫少數民族使用中共統一的教學課本，取消維吾爾歷史、文學課程，對維吾爾學生從小灌輸無神論和共產主義教育等，與《自治法》背道而馳。

可見，《自治法》裡本來給自治民族的「自主立法權」、「停止執行權」、「變通執行權」、「自主發展權」、「自主決策權」等一切權利，全被這個所謂「自治政府」歪曲利用，使之變成了不利於當地民族的，從維吾爾人手裡剝奪中國憲法賦予中國公民之權利的一種法律依據。

自治政府在經濟、司法、財政、衛生、文藝、新聞等領域，同樣也是積極執行中央政府的一系列政策和法令，根本沒有實施什麼自主權。管理模式與內地漢族省分一樣，甚至更保守、更死板。

總之，「新疆自治政府」並不代表新疆自治民族，它只不過是中共中央政府設在東突厥斯坦的地方代理統治機構，所以根本談不上為自治地方民族的利益而進行自治管理，所以「新疆維吾爾自治區」只是一個有名無實的地方傀儡機構，是中共矇騙人民、欺騙國際社會的一種政治把戲而已。

中共政府於一九九八年十月五日在紐約聯合國總部正式簽署《政治權利與公民權利國際公約》，並保證將保障公民的言論、行動和結社自由。中國常駐聯合國代表秦華孫代表中國政府在有關公約上簽字。中共只是簽了字，一個字都沒有履行！中共在國際舞台上，眾目睽睽之下都敢這麼欺騙中國人民、欺騙世界輿論，更何況在一個被世人遺忘了的、與世隔絕的新疆是如何履行所謂的《民族自治法》呢？這是可想而知。

該公約第一條規定，所有人民都有自決權，並且憑此權利自由決定其政治地位，以及謀求其經濟、社會和文化的發展。然而，在中共國務院發表的一份虛假的「九六年中國人權事業的進展」的報告中，詳列了內蒙古、西藏、新疆等五大自治區，在經濟、社會及文化上取得的「進展」。

任誰都知道那些全是假話、廢話，是逢場作戲給外界看的。

為了給外界證明中國各民族平等，少數民族有參政、議政權，中共要求那些各自治地區黨政機關篩選出所謂的少數民族人大代表和政協委員們，穿上五顏六色的本民族服裝參加會議。在電視新聞節目的鏡頭裡專門給予他們特寫，而後大肆宣傳少數民族的參政、議政權。然而，這些代表們除了「舉手」和「鼓掌」以外，沒有任何職責。

「美國之音」於二〇〇五年四月十三日的報導說：「中國的《自治區民族自治法》確保少數民族享有發展自己的語言、宗教和文化的自由，最新的人權白皮書也聲稱中國支持少數民族繼承和發展民族傳統文化。但是，印第安納大學新疆學教授鮑文德說，新疆維吾爾族人在試圖行使這項權利的時候，往往遭到中國政府的鎮壓。鮑文德說：『維吾爾族個人或團體試圖公開或者向政府表達關注，卻遭到嚴厲懲罰。和平抗議者、詩人、教師和商人，被當局以分離主義或洩露國家機密的罪名關進監獄。』」

第六章

中共在新疆的種族歧視和民族壓迫政策

一、經濟方面對維吾爾人的剝削，以及維、漢兩族居住區的不平衡經濟發展。

據中共文件《二〇〇二年新疆維吾爾自治區國民經濟和社會發展統計公報》提供的資料，新疆城市居民人均可支配收入爲六千九百四十一元，農村居民人均純收入爲一千八百六十三元。也就是說，總人口的八十%生活在農村的維吾爾人，每月人均收入才一百五十五元人民幣（十九美元）左右。按照這個資料推算，八十%的維吾爾人生活在聯合國確定的「每天低於一美金」的貧困線以下。

換句話說，從新疆整體來看，由於漢族人大體上都居住在城市和兵團，維吾爾族八成生活在農村，所以基本上可以理解爲維吾爾人年平均收入是一千八百六十三元人民幣，而新疆漢族人的年平均收入是六千九百四十一元人民幣。

中共的宣傳工具在不停地叫嚷著新疆的經濟發展有多麼快，國家開發大西北在新疆的資金投入有多麼大等等，表面上看起來好像中共政府在新疆投入了巨額資金，在幫助這個地區的經濟發展。很多漢族人理直氣壯地說：「中央政府每年給新疆多少億財政補貼，已經很優待你們新疆人了，你們還不滿足！」試問這些人：中央政府每年從新疆掠奪的資源是多少，你知道嗎？一九五五年到二〇〇〇年間，中央政府給新疆的財政補助累計達八百七十七億四千一百萬元。而同期內，僅僅石油一項，從新疆就運走了二億六千萬噸！按照現在市場價計算，接近二萬億元！這還不算每年從新疆源源不斷地掠奪走的天然氣、黃金、煤炭等其他地下資源。

值得強調的一點是，中共在新疆的最大資金投入是在開採石油、天然氣和其他地下礦產，以及修建鐵路、公路、石油和天然氣管道等項目。這些投入是爲了掠奪屬於東突厥斯坦人民的地下資源，而絕不是爲了當地人民的經濟利益。

儘管新疆的地下資源極爲豐富，但它卻是經濟最落後的省分之一。八〇年代以來，新疆的經濟確實取得了一些發展，王樂泉說：「在黨中央、國務院的大力支持下，五十年來，新疆全社會固定資產投資累計完成八千億元，累計建成投產項目近九萬個。」但是，這些投資投到哪些地區？哪些產業？是哪些地區發展了呢？哪個民族從中獲益了呢？讓我們對此做一個大致上的分析：

中共建國以來，在新疆逐漸形成了一個以烏魯木齊爲中心，包括克拉瑪依、石河子、奎屯、昌吉、米泉、呼圖壁、獨山子等地的「天山北坡經濟帶」。新疆的主要政府投資以及工業基地幾乎全部都集中在這個經濟帶裡，它的工業總產值佔了新疆工業總產值的七一％。然而，這個經濟帶的居民約八十％是漢族移民，全新疆漢人移民幾乎一半的人數居住在這些城市，而這個經濟帶的維吾爾族人口不足八％！因此，在新疆經濟發展中眞正獲益的正是生活在這裡的漢族群體，而不是新疆主體民族——維吾爾人。以農村人口爲主的維吾爾人之居住

維吾爾族人的經濟結構為原始農業，圖為在農場工作的人們。

區主要是在南疆，其經濟結構則是原始農業。

二○○四年新疆生產總值已達二千二百億一千五百萬元，居中國各省市自治區第二十五位。二○○四年全區大中型企業已達二百零三家，工業總產值達到一千二百八十四億二千萬元，資產二千零二十五億四千二百萬元。然而，這些企業中八十％以上全部座落在漢族移民集中居住的「天山北坡經濟帶」。[1]這些企業上層管理人員的九九％、職工的八十％左右是漢族人，維吾爾人的比例少於五％。

根據《經濟導報》和政府網站中介紹新疆經濟所提供的資料，至二○○五年，新疆私營企業已發展到四萬三千戶，從業人員五十七萬二千五百人，註冊資金六百四十三億二千萬元。其中註冊資金在一百萬元到五百萬元的私營企業已達四千七百四十七戶，他們的註冊資金佔私營企業註冊資金總數的七八%。

報導中沒有提供少數民族擁有的企業數量或比例，但是熟悉新疆的人都很清楚這些私營企業的九五%以上都屬於漢族移民。這四萬三千戶私營企業裡，屬於維吾爾人的最多不會超過五百戶，它們的比例和擁有的資產不會超過總數的一%。而四千七百四十七戶較大的私營企業裡，屬於維吾爾人註冊的公司最多不超過二十個，不足千分之五。維、漢兩族之間經濟利益分配可謂是天壤之別。[2]

去新疆大致做一下比較，你就會發現：有政府投資和就業機會的、經濟發展相對較快的、生活水準較高的地區，一般都是漢族人口爲主；而在維吾爾族集中居住的南疆絕大多數城鎮地區，除了傳統的手工業以外，沒有任何政府投資，因而沒有就業機會。這些地區的經濟極爲落後，百姓生活貧困不堪。

以下，我們比較一下南北疆的經濟發展之區別：

按照《新疆二〇〇五年統計年鑑》，北疆面積六十萬平方公里，人口爲一千零四十萬；南疆面積則爲一百零六萬，人口九百二十三萬；北疆的人口密度是南疆的一九九%。但在民

1 參見《伊梅名錄資源（EMAGE COMPANY）．新疆企業名錄》，http://local.emagecompany.com/xinjiang

2 參見《新疆註冊公司企業名錄》。

族人口分布上，兩者差距更大：漢族在北疆佔六十％，而在南疆只佔十八％；維吾爾族在北疆佔十六％，而在南疆佔八十％。

如今，北疆地帶集中了大多數的現代城市和文化、科技、教育中心，南疆則還是以農業爲主。即使是農業，北疆也有很大的優勢，一個鮮明的例子是：北疆現在已經開始推廣採棉機，可相當於八百個採棉工。事實上，北疆的農業機械化程度之高，在中國各省中僅次於東北。然而，南疆的維吾爾農村地區基本上仍是原始農業結構。

二〇〇四年新疆十五個地州就人均GRP而言，除了依靠石油而迅速發展的巴音郭楞州（列全疆第三）外，南疆其餘地區都排列倒數：阿克蘇、喀什、克孜勒蘇、和田分別排第十一、十三、十四、十五位。而這幾個地區的八十％以上的人口是維吾爾族。

全疆各地州中克拉瑪依人均GDP第一，爲六萬六千六百七十四元；第二位是烏魯木齊，爲二萬二千八百二十元；而最低的和田地區爲二千四百四十五元。維族人口爲主的和田地區與漢族人口爲主的克拉瑪依之間的差距爲二十七倍。而全國最富裕省分浙江與最貧窮省分貴州之間人均GDP的差距，在二〇〇四年也只有不到六倍。事實上，和田的人均GRP（相當於二百九十五美元），僅相當於全疆平均數的二二％，甚至遠低於貴州平均數（四百九十二美元）。

接下來，我們將根據中國國家統計局公開的統計資料，分析一下二〇〇三年新疆「天山北坡經濟帶」主要經濟指標。

從頁一七〇表我們可以看出，約十五萬平方公里面積的「天山北坡經濟帶」只佔全疆總面積不到十%，人口只佔新疆總人口的二三%。而這裡的城鎮人口卻佔了全新疆城鎮人口的六五%！「經濟帶」人口中約八十%是漢族移民，全新疆約一半漢族移民集中生活在這個經濟最發達的地區。而在這個地區的少數民族只佔全新疆少數民族人口總數的八．七%。這個「天山北坡經濟帶」的少數民族居民，主要以回族為主，而維吾爾族只佔七%！也就是說，只有七%的維吾爾族在就業等方面有機會享受所謂的「新疆經濟發展和政府投資帶來的經濟效益」。九三%的維吾爾族則生活在這個新疆工業、經濟基地——「天山北坡經濟帶」以外的伊犁、吐魯番、哈密、庫爾勒、阿克蘇、喀什、和田等地區，其中絕大多數生活在農村。

從頁一七〇表的數據中我們可以看到，幾乎全是漢族人口的「天山北坡經濟帶」佔去全部新疆工業總產值的七一%，以及GDP、固定資產投資、職工工資總額、地方財政收入及居民儲蓄存款的五十%左右。總人口雖然只佔全新疆的二三%，但是這裡的消費佔全疆的六四%！佔去了全疆醫院床位的五三%！佔去了讀大學機會的七三%！他們的城鎮人均收入高於平均數二五%，農村人均收入高於平均數二倍多！

據財政部農業司一九九九年末的調查報告，新疆貧困人口有九七．八%分布在南疆，其中和田地區佔四九．七%、喀什佔四三．七%。這兩個地區則是維吾爾族最密集的地區，佔

天山北坡經濟帶與全新疆各項經濟指標比較（2003）

	全疆合計	北天山經濟帶	佔全疆比重
人口總數（萬）	1,934	450	23.3%
漢族人口（萬）	771	349	45%
少數民族人口合計（萬）	1,163	101	8.7%
其中維吾爾族人口（萬）	882	35.1	4%
城鎮總人口（萬）	665	428	65%
鄉村總人口（萬）	1,269	21.6	1.7%
職工總人數（萬）	238	91	38%
GDP（億元）	1,878	901	48%
工業產值（億元）	1,274	902	71%
地方財政收入（億元）	128	67	53%
固定資產投資（億元）	1,002	469	47%
職工工資總額（億元）	331.5	159.3	48%
城鎮人均收入（元）	7,220	9,087	
農村人均收入（元）	2,106	4,704	
醫院床位（張）	69,795	42,467	53%
居民儲蓄存款（億元）	1,372	723	53%
就讀高等學校學生（人）	151,256	116,946	77.3%
消費品零售總額（億元）	421.17	267.33	63.5

資料來源：「新疆官方網．新疆城市熱線」，http://www.xjuso.com/uso4/2004/b2/b2-8.htm

新疆主要城市維、漢人口比例暨工業產值、固定資產投資狀況

城市	維吾爾族人口	漢族人口	工業產值（億）	固定資產投資（億）
克拉瑪依市	15%	75%	525	112.5
烏魯木齊市	13%	73%	396	176.7
庫爾勒市	26%	70%	138	107
石河子市	1%	95%	44	24.5
昌吉市	2.8%	78%	41	21.7
哈密市	21.5%	72%	25	10
奎屯市	0.4%	95%	22	9.3
米泉市	2.6%	95%	25	11.8
阜康市	5.8%	73%	10	7.8
阿克蘇市	39%	60%	8	15.4
喀什市	77.5%	22%	8	18
吐魯番市	71%	21%	7	7.5
阿勒泰市	2.2%	62%	2.5	3.3
博樂市	15%	67%	2	6.7
阿圖什市	80%	8.5%	1.3	3.5
伊寧市	45%	38%	0	0
和田市	82%	17.5%	0	0

資料來源：「新疆官方網・新疆城市熱線——新疆城市對比，民族分布欄目」二〇〇四年統計資料，http://www.xjuso.com/uso1/gy/gyz.htm; http://www.xjuso.com/uso1/gtzc/gtzcz.htm

當地人口總數的九十%以上。

緊接著，我們將再分析一下新疆主要大城市裡維吾爾族、漢族人口的比例，以及這些城市的工業產值和固定資產投資情況。

從頁一七一表中數據我們可以分析出，新疆的工業和政府投資幾乎九十%都落在漢人集中居住的烏魯木齊、克拉瑪依、石河子、昌吉、庫爾勒、哈密、米泉和阜康。這些城市的居民中平均八十%以上是漢族移民，而維吾爾族的比例平均在十%以下。在維吾爾族集中居住的和田、喀什、吐魯番、伊寧等城市幾乎沒有什麼工業和政府投資。這些地區因此經濟落後，沒有就業機會。

喀什的住民。喀什為維吾爾族居住集中區，缺少工業及政府投資，沒有就業機會。

總之，全新疆七百七十萬漢族移民中，有三百五十萬人生活在新疆最發達的「天山北坡經濟帶」，分享著佔全疆七一%的工業產值和六四%的消費。剩下的四百二十萬漢人則分布在兵團和庫爾勒、哈密、阿克蘇等大城市，而且又分享了幾乎全部剩下的經濟利益，僅留給八百八十二萬維吾爾族不足這個經濟蛋糕的十%！

左側表是我們根據新疆政府網站提供的資料所做的比較，看看漢族集中居住的昌吉州和維吾爾族集中居住的喀什地區的經濟狀況之天壤之別。

昌吉州與喀什地區經濟狀況比較

	昌吉州	喀什地區
總人口數	1,543,303	3,501,198
漢族人口（%）	75%	9%
維吾爾人口（%）	4%	90%
GDP（億元）	211.8	119.56
工業總產值（億元）	106.3	14
城鎮人均收入（元）	9,818	6,872
農村人均收入（元）	4,712	1,634
人均GDP（元）	13,723	3,414

資料來源：「新疆城市熱線」，http://www.xjuso.com/uso4/2004/b20/b20-5.htm；《二〇〇四年昌吉州國民經濟和社會發展統計公報》。[3]

3 本表格所列兩地的工業總產值，均屬二〇〇三年年度報告。

在接近八十％是漢族居民的烏魯木齊市，你很容易區分漢族和維吾爾族居住區，因爲漢族人的住宅區是高樓大廈，維吾爾族人集中居住的社區則是破舊簡陋的房屋。很多內地遊客來烏魯木齊本想看到維吾爾族民族風土人情，但是都會驚訝地發現這個城市和內地城市沒有什麼區別，在街道上、在商場裡、在政府機關、在工廠企業裡看到的到處都是自己的漢人同胞，偶爾才能遇到幾個維吾爾族人。只有到了二道橋、山西巷一帶才能看到成群的維吾爾族人在擺攤子、做小買賣。在象徵烏魯木齊城市發展的高樓大廈裡辦公者或居住者的九五％是漢族。

九〇年代，一些南疆的維吾爾族家庭爲了謀生來到首府烏魯木齊，由於沒有經濟條件在城裡租房，而不得不在市郊的荒山上蓋起簡陋的土屋，由家裡的青壯年在城裡打工混一點飯錢維持全家的生活。就這樣，在烏魯木齊周邊的荒山上出現了一些維吾爾族貧民區。前幾年，烏魯木齊政府藉口他們破壞市容，不顧他們的死活，用推土機將這些民房鏟爲平地，幾萬人流離失所。而同樣座落在另外幾個山頭上的——從內地來的漢族盲流居住區卻無人過問！

從上述數據中我們可以發現，除兵團以外，新疆的漢族人九十％都生活在城鎮地區；相反地，維吾爾族居民的八十％則生活在農村，農業是他們唯一的經濟來源。

中共早在二十年前就放棄了計畫經濟，但是在以維吾爾人口爲主的新疆農村，政府爲了完成中央下達的棉花生產任務，強行要求維吾爾農民種植棉花，然後以遠遠低於市場的價格統一收購，而且不允許農民把棉花賣給市場，違者重罰。農民們一年下來發現，不算人工，一畝地所投入的化肥、種子等成本就要一百五十元，收入卻只有一百元左右，結果有勞無獲，負債累累。有時出現自然災害，農民下場更慘。大多數農民住在破爛的土坯房，房子裡只有幾塊毛氈和一個土炕，在院子裡養幾頭羊就是他們最大的經濟保障。可憐的農民唯一的指望就是能吃飽肚子、冬天有柴火過冬、有幾件衣服可以保暖，可是中共政府卻對農民一再欺壓、剝削，稅上加稅，導致維吾爾農民過著極度貧困和悲慘的生活。

由於維吾爾人基本上生活在農村，所以絕大多數維吾爾族的生活狀況在這種貧困線以下。相比之下，新疆的漢族移民基本上生活在「天山北坡經濟帶」的大城市裡，過著更富裕的生活。建設兵團的漢族「軍農」雖然也是務農，但他們是軍隊體制的，中央統一領導的集體農場，兵團政府統一計畫、統一生產，政府投入大量的資金，引進先進技術和農業機械，基本上是現代化農業生產結構。因此，他們的生活水準普遍比當地維吾爾農民高很多，而且他們享受軍人待遇，有安家費、支邊費等很多生活補貼。政府還給他們提供住房、醫療保險、養老保險、兒女免費教育等優惠條件，以及一年二十六天的帶薪回內地老家探親之權利，這些特權和優越的條件對維吾爾農民簡直是夢想。

依據「喀什政府信息網」公布：二〇〇三年，喀什地區人口三百五十萬人（維吾爾族人口佔九十％），全年農業總產值八十七億九千二百萬元，全年地區地方財政收入五億二千四百萬元，城市居民人均可支配收入六千四百八十元，農牧民人均純收入一千四百八十二元。

而同樣在喀什地區從事農業的兵團農三師（漢族人口佔九十％）同年的經濟指數是：全師總人口十八萬九千五百人，農業總產值二十億三千萬元，全師從業人員年平均收入一萬二千二百一十一元，人均收入四千一百元。

比較以上兩地的經濟指數就很明顯地暴露出，在同一個地區同樣是從事農業的維吾爾族和漢族居民，在農業發展和生活水準等方面的區別之大。

新疆最大的經濟資源是一黑一白，也就是石油和棉花。二〇〇一年，新疆棉花產量達到一百五十七萬噸，佔全中國產量的三分之一，成爲全國最大的商品棉基地。長期以來，政府對新疆的棉花實行統購統銷，到了一九九八年才開始棉花流通體制改革，實行市場定價。

熊景明先生在他的〈新疆的墾荒熱潮〉一文中描述新疆的農村說：

新疆的氣候適於棉花生產，有條件成爲中國棉花基地。新疆農民年人均純收入一千五百元，其中四十％來自棉花。但棉花一直由政府統購；近年來政府強迫維吾爾族農民盲目種植棉花，結果造成擠壓。估計目前中國棉花庫存高達四百萬噸，再加上紡織業萎縮，工廠實行壓錠限產，用棉量減少。因此，中國政府不再承諾收購所有棉花，並取消種棉補貼，以減少種植。而新疆政府則堅持擬定生產目標，由計畫部門把定額下達到地區，再分配到縣、鄉、村，有種植配額而不願種棉的農民要交罰款。政府稱：「棉花既定的增產目標不能有絲毫動搖和改變，保證每年擴大一百萬畝，增加總產一億公斤的任務，要實現二〇〇〇年十五億公斤的總產奮鬥目標，並向二百萬噸衝刺。」新疆領導幹部宣言實施「一黑一白」（石油及棉花）的重大戰略部署：「堅定必勝的信念」、「鍥而不捨，金石可鏤」。拜讀這些偉論，彷彿時光倒流，回到大躍進時代的中國。

種棉花的代價除了費水、損耗土壤肥力外，病蟲害的威脅嚴重，農民的付出十分可觀。記者採訪報導說：「一九九七年，棉民扒土捉蟲蛹達一百四十四噸，八百隻蟲蛹約爲一公斤，這是何等浩繁的勞作。在阿克蘇阿瓦提縣的西沙依拉提，六十一歲的維吾爾族農民庫爾班．買買提，雙膝跪在地上，一窩一窩地扒土，一隻一隻地捉蟲。當他站起來捶腰的時候，記者發現他褲腿有兩片新鮮的血跡，捲起褲管一看，老漢的兩膝傷痕累累，血肉模糊。握住他那雙粗糙的大手時，濕湮湮的血跡把我的手染紅了。看記者怔怔的模樣，老漢會心地笑了：『都這樣，種棉花比養兒子還辛苦。』記者在和田採訪時，任和田地委書記的楊肇季說，棉花種下以後，每株棉苗，從『解放』棉苗開始，間苗、定苗、打頂尖、施肥等等，直到拾淨棉花，全過程下來，農民要彎近二十次腰，點近二十個頭。一畝地按一萬株算，這個一百公斤的單產，是磕二十萬個頭『磕』出來的呀！」

每年夏天，新疆幾乎所有中、小學校黨委都要與農村鄉政府簽訂合約，在校方收取一定報酬用以解決學校經費的條件下，組織學生到農村「幫助」農民用手抓蟲、收棉花，而這筆帳最後要算在農民頭上。

在新疆農村，維吾爾族農民們除了自己的農活以外，每年一般有三個月之久的強迫性集體無償勞動的義務，叫作「哈夏爾」。地方政府每年要強迫所有維吾爾族農民，不分男女老少，集體到野外為政府挖水渠、修路、建水庫和大壩，而不給任何報酬。農民們自己帶吃的、喝的，以及露宿的棉被，在荒山野地裡一幹就是幾個月，每天就在工地露天過夜。不去就要被罰款[4]，支付不起罰款的農民會被抄家，家裡的牛羊會被村幹部捉去抵償。村幹部手持木棍、皮帶，像驅趕動物一樣把農民集中起來，押上拖拉機，或者集體趕著驢車去勞動地點，誰不老實就會遭到毒打。不滿政府的這種作法而向政府提出抗議的農民，會被縣公安局扣留關押一個月。很多老年人和婦女由於經受不了這麼繁重的體力勞動而倒下，不少人慘死在工地裡。這種情景恐怕在全世界找不到第二例，簡直和電影裡看到的集中營沒有什麼區別。而同樣從事農業的新疆漢族農民和兵團漢族農民，卻從來沒有這種勞動義務！中共如此公開、露骨的種族歧視和民族壓迫政策，恐怕在當今世界上獨一無二。

此外，政府每年還要強迫維吾爾族農民集體去建設兵團「幫助」漢族人的農場收棉花，任務期限一般在一到兩個月。每拾一公斤棉花給四毛錢的報酬（五美分），每人一天的任務是五十公斤，發給的報酬還不夠當天的伙食；晚上，他們只能睡在田地裡。誰如果不想去，就要付錢雇別人去完成分給自己的任務。這使人聯想起二百多年前的美國白人農場主，雇用黑人奴隸種棉花的情景。

除了強令維吾爾族農民每年無償參加挖水渠、修路、建水庫等工程外，政府不但不要求漢族農民參加這些義務勞動，相反地，爲了安置內地新遷來的漢族移民，還會要求維吾爾農民們到郊外集體開荒，把開墾好的農田移交給源源不斷地從內地遷來的漢族農民及移民使用。這也是維吾爾族農民每年無償勞動的一個組成部分。

尤其是南疆地區維吾爾族農民，其落後情景是城市裡的人無法想像的，很多農村地區至今還沒有通電。從來沒有見過電燈的農民們住的是土屋、草屋，用的是油燈，一個月趕驢車去公社（鎮）集市上逛一圈就是他們最大的滿足，簡直和中世紀的生活沒有任何區別。

在新疆農村，政府基本上沒有提供自來水。由於地下水很深，只有很少的農村地區有井水，大多數維吾爾族農民的飲用水來源至今都是河水、湖水和澇壩水。由於這些水源遭受嚴重污染，造成各種疾病經常蔓延於廣大農村地區，奪取了無數農民的生命。根據新疆水利廳的一份報告，約六百萬維吾爾族農民的飲用水幾乎全部不符合人類飲用的衛生標準。

---

4 罰款金額一天罰二十元至三十元不等。

「中國孕育網」和「天山網」（記者賈小紅）報導：「記者四月十一日從自治區疾病控制中心瞭解到，新疆的病毒性肝炎發病率從一九九四年的十七．五四／十萬上升到二〇〇四年的一一三．〇五／十萬。在水源污染比較嚴重的地區，特別是夏季，蒼蠅密度較大，這些污染源爲甲、戊型肝炎的流行創造了天然的『溫床』，人們在飲用了這些水及食用這些水加工的食品後，極易感染上病毒。」

當然，這些受害者幾乎全是維吾爾族農民！相比之下，漢族人由於九十％生活在城市，因此，都能夠飲用合格的自來水，而兵團上從師，下到各連都有自來水供應。

儘管新疆盛產石油、天然氣和煤炭等，但是除了烏魯木齊等大城市以外，九十％的維吾爾居民仍然用不到天然氣，維吾爾農村不要說是天然氣，甚至連煤炭都用不起，大多數農民用木材、牛糞、乾草取暖做飯。農民們爲了解決燃料問題，每年冬天要趕著驢車去幾十公里外的荒山野地裡砍伐紅柳、駱駝刺等沙漠植被，加快了塔克拉瑪干邊緣綠洲地區的沙漠化速度。

維吾爾族集中居住的南疆各地州、市、縣政府由於沒有企業稅收來源，所以它們只能把農村地區看作是自己唯一的財政支柱，一方面不斷地以各種名義向農民增收苛捐雜稅；另一方面通過強制農民種植經濟效益較高的棉花，而以低價統一收購的方式來榨取農民的血汗錢，從中獲取暴利，從而保證地方政府的財政來源。

一些國際組織、民間團體給維吾爾貧困地區的捐款，由於被官方挪用或獨吞而不能到位。譬如說，在中亞做生意的某維吾爾商人反應說，當時他看到喀什民政局的官員在烏茲別克的中國商貿市場銷售食品，詢問後得知那些都是新疆伽師縣發生地震後，由各方捐贈給災區的食物！而民政局領導派他們到中亞將這些捐贈食品出售！

再譬如，某新疆政府官員向外界透露說，聯合國給新疆和田地區墨玉縣薩依巴格鄉的一筆一百六十萬美元的「脫貧款」，從北京到新疆就已被貪污挪用到只剩下二十萬。最後，連這二十萬也被當地鄉幹部巧立名目私分了。

據中共官方統計資料，中國的一百個貧困縣裡，新疆就佔了二十個，也就是說，新疆人口不到中國人口的二%，而極度貧困的人口卻佔了中國最貧困人口的二十%，而這個群體基本上是維吾爾人。

二、就業方面對維吾爾族的排擠和不平等待遇

從北京、上海等內地，以及新疆本地的重點大學畢業的維吾爾族大學生，在新疆各大城市裡找不到工作，被迫去農村小學當老師教漢語，而新疆普通中專學校畢業的漢族學生，可以很容易地進入一個政府行政機關工作。一方面，大批維吾爾族大學生無法就業而流浪街

頭；另一方面，新疆政府派工作組到內地各大學遊說，號召內地漢族大學畢業生「去新疆開發大西北」，並許諾就業、戶口、住房、補貼等優惠條件。很多單位和企業乾脆就直截了當地對前來應聘的維吾爾族大學生說「對不起，我們不接受維族人」，這就是新疆維、漢大學生就業的鮮明對照。

大學生都找不到工作，更何況那些沒有大學文憑的維吾爾族青年，對他們來說在這個年代要找份工作簡直是異想天開，因爲政府爲了安置內地來的漢族移民，把所有的就業機會都提供給了那些逃竄來到新疆的漢族民工。由於新疆的民營或私營企業九十％以上是屬於漢族人，這些企業擁有聘用和解雇員工的自主權，他們的大漢族主義思想和對少數民族的歧視心理，更不可能讓維族人擁有任何就業機會。不管你去任何一家新疆的民營和私營企業，仔細觀察後會發現漢族人佔九十％以上，而維吾爾族員工不會超過五％。這點恩惠都可能是出於這個企業的經濟利益所需，譬如在銷售產品過程中需要維族推銷員去負責維族人的市場。

在國營企業和政府機關單位，由於必須有一定比例的少數民族幹部和職工，以便製造出中共民族政策下的「民族團結，民族平等」假象，所以可以看到一些少數民族，但是維吾爾族幹部、員工的比例絕對不會超過十％。

如果有哪一個維吾爾族人站出來對這種不公平的就業現象發表不滿意見，那就等於惹了大禍，他就會被指控爲「民族情緒嚴重」、「有分離主義思想」、「破壞民族團結，誣衊和攻擊黨和政府」，所以大多數維吾爾人對此只能忍氣吞聲。但是不平等待遇和遭受的歧視在他們內心裡，激化了對中共乃至對漢人的仇恨。

在近年來的下崗（編按：自工作崗位退下）運動中，首當其衝的是維吾爾族職工，每年都有大批下崗維吾爾人加入失業的隊伍裡，其家庭經濟狀況極爲淒慘，無數人家破人亡。新疆本身就很落後，大中型企業寥寥無幾，就業機會比起內地省分要少得可憐。爲了「開發大西北」，儘管中共政府在石油、天然氣等礦產的開採和基礎設施建設等方面在新疆投入很多資金，搞了很多大型項目，但是這些項目並沒有給當地百姓帶來就業機會，因爲這些投資專案在實施過程中不是從當地聘用勞動力，而是從內地引進了所需的「熟練工人」。僅在塔里木油田的開發過程中，中國石化總公司就從大慶和勝利油田招聘來了石油工人和家屬二十多萬人落戶新疆。目前的塔里木油田、吐魯番—哈密油田的職工九九％都是九〇年代從內地招徠的漢人，當地人民沒有得到任何就業機會和經濟利益。

由於農村經濟每況愈下，維吾爾族農民的生活一年不如一年，大批農村勞動力湧入城市，失業情況變得更加嚴峻。結果，幾十萬維吾爾族失業者被迫去內地謀生。到了內地，他們只能在街頭上賣羊肉串和葡萄乾。不少維吾爾青年被當地黑社會利用，從事買賣毒品的犯罪活動。成千上萬名維吾爾族兒童被人口販子拐賣到內地，專門從事街頭扒竊。

在廣州、深圳等沿海城市，到處可以看到維吾爾族兒童在街上從事偷竊。你到內地大城市的夜總會，經常會看到維吾爾族少女半裸體跳阿拉伯肚皮舞。這些少女很多都是大學畢業生，她們在新疆找不到工作，在無法謀生的情況下，瞞著父母被迫來到內地選擇了這個職業。還有一些維吾爾族少女在內地走投無路，不得不在夜總會從事三陪、賣淫，甚至走向吸毒。據廣東省民委的統計報告，僅廣東省就有六萬多名維吾爾人以上述方式謀生。在上海、北京等大城市也是大致如此，以致於內地漢人一提及新疆人就馬上聯想到街上賣羊肉串、販賣毒品、在公共汽車裡偷東西、在夜總會跳舞的維吾爾人。

上海、北京等大城市的公安機關曾給當地的各賓館、招待所下達指令，不允許他們接待新疆來的維吾爾客人，使得從新疆來內地做生意的、旅遊觀光的維吾爾人在內地住宿時被拒之於門外，賓館前台的服務員一看到新疆身分證就粗暴地回應：「上頭不讓我們接待維族人，你們去新疆辦事處住吧！」甚至經常出現有些新疆來的維吾爾族政府官員，也不得不露宿街頭的情況。

一部分維吾爾族大學生試圖在內地就業謀生，他們在北京、上海、廣州等大城市到企業去應聘時，公司負責人會很驚訝地說：「你們新疆人也能做白領啊！」無疑是在嘲笑這些維族人異想天開！在他們的眼裡，新疆人[5]就是在街頭賣羊肉串的，是下賤的、骯髒的、野蠻的民族！

民族歧視遍布社會各階層、各行業。目前在新疆政府機關單位和銀行、稅務、郵電、通訊、工商等系統裡，在職維吾爾族公務員在十％以下，這還算是維吾爾族就業比例最高的工作單位。

在科研機構，維吾爾職員、科研人員佔五％左右，譬如說，新疆科學分院現有在職職工九百五十三人（其中科研人員六百七十一人），維吾爾族科研人員和職工加起來只有一百多人，只佔六％。

在國營企業，維吾爾員工的比例在五％以下，譬如新疆航空公司的雇員總數爲四千七百八十人，維吾爾族員工不到一百人，不足二％。而且他們基本上是做地面服務的，整個公司裡沒有一名維吾爾族飛機駕駛員。

搭乘新疆航空公司的飛機去過新疆的人應該注意到，在飛機上根本看不到維吾爾族機組人員。可笑的是，這些漢族空姐的制服上有明顯的維吾爾族特徵，脖子上戴著維吾爾民族的艾德萊絲綢巾，很多內地人還誤以爲她們是少數民族。在烏魯木齊機場大廳，你可以看到從海關、檢疫、邊防到服務行業上千個工作人員裡，幾乎看不到一個維吾爾族人，機場維吾爾族員工的比例遠遠不足一％，漢族人則佔九五％以上。

在民營企業裡，維吾爾族員工的比例在一至三％左右，譬如新疆最大的民營上市公

5 中國內地漢人指稱的新疆人就是維吾爾族，因爲他們根本不知道新疆也有漢族。

司——新疆屯河投資股份有限公司有職工一萬多人，其中維吾爾族員工不足百人。私營企業裡，基本上看不到維吾爾員工，譬如新疆最大的私營企業——新疆廣匯實業集團有職工八千多人，其中維吾爾族只有幾十人，不到一%。

不僅中共政府實行民族壓迫政策，下面的機關單位、工廠企業的漢族領導和老闆們，甚至普通的漢族百姓也歧視和排擠維吾爾族。他們認爲自己是新疆的征服者，是處於統治地位的一等民族，而維吾爾族人是被征服的、被統治的二等民族，這些漢族人靠政府的撐腰長期以來公開歧視乃至欺壓維吾爾族人。在新疆上上下下都是這些人在掌權，只要有就業機會，他們是「肥水不外流」地讓漢族人優先。據新疆內部消息，在新疆城市裡的失業率已達四十%以上，這些失業者中，維吾爾人佔八十%左右。

在中國內地，一個縣裡起碼有上百家國營工廠和鄉鎮企業，這些企業給當地帶來主要的財政收入和就業機會。而在維吾爾族集中居住的新疆南疆地區，只有喀什、和田、阿克蘇、庫爾勒等市級城市裡才有數家中小型國有企業，其他的八十多個縣級城市裡，基本上看不到一個像樣的工廠企業，僅有的一些小型糖廠、酒廠，也已陷於倒閉的窘境。這些地方不但沒有新的就業機會，反而不停地出現下崗情況。每年有幾千名維吾爾族大學畢業生回到自己的縣城卻找不到工作，以致於失業大學生流浪街頭，很多人不得不去內地謀生。在這些縣城裡，唯一的就業機會就是縣政府機關和銀行、郵電、通訊、稅務、工商、公安等政府單位和學校，而這些就業位置早已被漢族移民佔據。

當你走進新疆各地的「人才交流中心」時，你會發現那些擁擠的應聘者和招聘者幾乎全是漢族人，而看不到維吾爾族，爲什麼呢？因爲招聘單位的態度是「不要維族人」，所以維吾爾族大學生來此地只能碰一鼻子灰！

根據美國「自由亞洲」廣播電台依新疆官方網站「天山網」的一份報告，在二〇〇五年十一月二十八日的報導指出：越來越多的內地漢族大學生來新疆尋找工作，僅石河子大學自二〇〇二年以來，就有二千零八十四名來自外省的漢族畢業生留在新疆安家，並獲得了工作，佔了該校外地畢業生總人數的七十％。

新疆維吾爾自治區民政局於二〇〇四年三月二十二日，對各縣市勞動局發布了一份〈關於二〇〇四年自治區大學畢業生被分配的通知〉，該文件指出：自治區黨委和人民政府計畫選出七百名大學畢業生，分配到南疆的喀什、和田、阿克蘇、阿圖什等地區的鄉鎮工作。被選出的七百名學生當中，只有二百名是少數民族，還必須符合三個條件：（一）堅持四項基本原則，維護祖國統一，要旗幟鮮明地反對民族分裂和非法宗教活動；（二）要求政治素質高，家庭中不能有民族分裂的成員，不能信仰宗教；（三）要求是共產黨員或者在校時是學生會幹部，獲得三好學生等榮譽稱號的畢業生。

維吾爾族大學生如果想爭取到上述名額，必須是共產黨員或者在校時是「政治表現」出色的學生幹部。換句話說，就是出賣良心、忠於共產黨的人，而且不能是伊斯蘭信徒！可見，維吾爾族大學生獲得工作機會有多麼困難！

中共官方網站「E56民族網」介紹新疆工業的報告中說：「到一九九九年底，全新疆獨立核算工業企業擁有職工六二．七九萬人；其中，少數民族職工十三．四一萬人。」按照官方的這個數字計算，人口佔四十%的漢族人佔據了新疆約八十%的就業崗位（實際比例更高），佔總人口六十%的少數民族之就業人數比例才只佔二十%，其中維吾爾族職工的人數不會超過八%。

這就是維吾爾族的就業狀況，這就是中共所宣傳的「民族團結，民族平等」。

三、教育方面對維吾爾人的歧視、漢化和洗腦

在上世紀五〇年代，中共和蘇聯關係親密，所以東突厥斯坦（新疆）的各突厥民族有機會去蘇聯的中亞突厥共和國留學。當時，中共允許新疆小學到大學的教學課本和教學方式仿效蘇聯模式，甚至允許直接採納烏茲別克通用的教材。因此，那個年代確實培養出了一大批優秀的學者和知識分子。史達林死後，中蘇關係破裂，中共當局開始在新疆全面和蘇聯劃清界線，禁止所有蘇聯出版物的發行，學校裡也禁止使用蘇聯教材。從此，新疆的教學課本開

始完全按照內地中共的統一教學內容進行改編。

此後，就是「反右」、「土改」、「文化大革命」等一系列的政治運動，把東突厥斯坦捲入了一場長期的混亂和災難。這段時期，根本談不上什麼教育。正如內地一樣，維吾爾族的教育陷入了長期的癱瘓。學生們上街起鬨，後來又是「上山下鄉，接受貧下中農再教育」，維吾爾族教師們有的被「打倒」，有的被槍斃，有的被關牛棚，有的去幹校勞動。在這些政治運動中，維吾爾族知識分子和菁英們幾乎都被趕盡殺絕。七〇年代，中共廢除了維吾爾文

1943年維吾爾孩童在學校上課的情形。

課堂中的學童。

字，在新疆強行推廣以拉丁文字爲主的維吾爾新文字，結果出現了一大批文盲，並且造就了維吾爾文化斷層。

八〇年代，胡耀邦給了新疆人民相對的自由，新疆開始出現暫時的、相對的社會穩定，以及教育、學術、出版等行業的發展，宗教活動也比較寬鬆。當時的黨委書記宋漢良是比較開明的漢族統治者，他帶動了新疆在各方面的發展。但是，好景不長，由於宋漢良要求中央在新疆的石油開採專案中，留給新疆地方政府一定比例的利潤提成來發展新疆經濟，結果被調去北京中央黨校「學習」，理由是他爲「新疆人的利益著想，思想上和黨中央不保持一致」。

「六四」以後，中共中央任命王樂泉爲新疆黨委書記。他上任後，開始重組他的「自治區」政府，選拔了一大批極左的漢族官僚和一些民族敗類，將中共對新疆一系列的政策，進行了上上下下的「改革」。於是，自九〇年代起，新疆在各個領域進入了中共空前的恐怖統治時期。在教育領域，王樂泉加大了漢化教育的力度，他下令各高等學校一律停止維吾爾語授課，改用漢語授課。他還下令教育部門，要求新疆所有維吾爾族學生要從小學起接受漢語教學。政府還下達通令，漢語水準達不到標準的維吾爾人不能上崗工作。王樂泉的目的是要讓新一代維吾爾族青少年失去母語，用漢語講話、用漢語思維，加快同化維吾爾人的步伐。

目前，政府在很多城市進行民漢合校試點，計畫將來關閉所有少數民族學校，將它們與漢族學校合併。

在烏魯木齊一份專門給最高層領導參閱的內部月刊《情況反映》，於二〇〇〇年五月份刊登了一位姓高的研究員寫的一篇文章，文章中公開指出：「中國中央政府統治維吾爾人已經二百多年，中共在新疆統治也已五十年。儘管如此，維吾爾人爲什麼還要求從中國分離？……主要原因是，到目前爲止我們仍然允許維吾爾人使用自己的語言文字，有自己的宗教信仰，按自己的風俗習慣生活，……我們忽視了從語言文字及文化方面對他們（維吾爾人）的影響。」這個漢族沙文主義者在文章中的觀點，正是如今中共當局對維吾爾民族實施上述政策的原因。王樂泉再三強調，在維吾爾學校從一年級起，若實在不行從三年級開始用漢語授課，這些情況證實了中共當局加快對維吾爾人的同化政策之罪惡目的。中共當局很清楚，要想消滅一個民族，首先要消滅他們的語言和靈魂。歷來的漢族統治政權雖然殘酷，但還沒有破壞過維吾爾族的民族身分和文化身分，如今中共政權要將民族特徵的標誌消滅殆盡，從而達到同化維吾爾人，完全佔領東突厥斯坦的殖民目的。

新疆維吾爾自治區傀儡政府辦公廳發布二〇〇二年一二七號通令，通知新疆所有下級行政部門，內容是從王樂泉的老家山東省作爲教育示範引入漢族移民來新疆擴大教師隊伍，把這些從山東請來的漢人安排到新疆各個少數民族學校作漢語教師。通令中形容這次行動是「黨和國家的親切關懷下，山東省在教育方面對自治區送溫暖工作」。

按照文件的精神，山東省每年要爲「提高教育水準」向新疆派遣大批漢族教師[6]。同時，在打擊「意識形態領域裡的民族分裂主義」和漢語考核的行動中，新疆每年有上萬名維吾爾教師以「有民族分離情緒」、「漢語水準不過關」等理由被解職。由於學校「教師名額有限，指標緊缺」，維吾爾族大學畢業生要想在維族小學和中學找到一份教師工作，變得難上加難。

中共《民族區域自治法》規定，維吾爾自治區的官方通用語言爲維吾爾語和漢語並用。因此，在九〇年代以前，維吾爾族學校的授課語言是維吾爾語，漢語作爲必修課只是附加的語言課程，因此，大多數維吾爾族幹部、職工和教師的漢語水準不是特別高，但是足夠用於工作需要。那時，新疆各級政府機關、單位的文件、數據等工作語言，都是維吾爾語和漢語並用，所以維吾爾族公務員的工作用語主要是維吾爾文。按常理，既然維吾爾語是這個「自治區」的第一官方語，那麼生活在這裡的漢族移民應該也要學習維吾爾語。然而，這裡的漢族學校不僅沒有學習維吾爾語的義務，反而決定維吾爾族學校放棄本民族母語教學，徹底執行漢語教育！政府機關和企業、學校的工作通用語言一律用漢語！

王樂泉政府還下達文件規定，在新疆各地大學、中學、小學任職的維吾爾教師，必須通過漢語水準考試HSK8，無數維吾爾教師由於沒有通過這項考試而被辭退。譬如，新疆大學在二〇〇五年三月進行的HSK漢語水準考試結果，使得很多頗有才華的維族教師因此停職，其中包括語言學院的古力加馬力·買買提依民、奥斯慢·斯馬儀、艾那耶土拉·庫爾班等八名教師，而他們都是擁有碩士、博士學位的著名學者。

「東突厥斯坦信息中心」於二〇〇五年四月二十七日的報導中指出，新疆克拉瑪依市技工學校的七十多名少數民族教師，因沒有通過漢語水準考試HSK被勒令停止教書，給他們安排了一些看大門、搞衛生和綠化的勤雜工作。學校還專門召開教師動員大會，警告這些落榜教師三年內必須通過八級以上的漢語水準考試HSK，否則全部都要下崗。

在教育經費分配方面，新疆教育部門的重點投入都是在漢族集中居住的大城市，而以農村為主的維吾爾學校分不到足夠的經費。二〇〇二年八月十七日，加拿大政府批准加拿大教育事務國際發展辦公室，為新疆基礎教育事業撥款一千一百零八萬加幣。聯合國有關國際組織，以及美國、日本等民主國家也為援助新疆的教育事業提供了巨額款項。本來他們的目的是為了幫助新疆偏遠地區土著民族的基礎教育，但是中共當局把這些錢的絕大部分用於建設兵團，以及作為漢族學校的經費，維吾爾族的教育事業沒有得到收益，南疆地區維吾爾農民子女的教育環境毫無改變。

在南疆的任何一個縣城，外來人一眼就可以從外觀上認出哪一個學校是維吾爾族學校，哪一個學校是漢族學校，因為漢族學校是嶄新的樓房、有花園和操場，而維吾爾族學校大部

---

6 這一大批漢族教師其實是山東的失業人員。

分是破舊的土坯平房。學校裡的設施、教學工具、教學條件也有天壤之別，在漢族學校裡，圖書館、電腦、教學儀器樣樣俱全，維吾爾學校裡幾乎不具備這些起碼的教學條件。維吾爾族學生因為在校學習時，花費相當一部分的時間於政治學習和義務勞動，而嚴重影響了正常的教育。各地方政府的教育局在經費分配方面偏向和重點扶植漢族學校，這些不平等的待遇使維吾爾族學生從小就產生了對政府的不滿和對漢人的仇視情緒。

在教學內容方面，從小學到大學的所有教學課本都採用中共的統一教科書，所教授的內容全是那些無神論、馬克思主義哲學、辯證唯物主義、資本論、毛澤東思想、鄧小平理論、三個代表之類的異端邪說，還有被篡改了的中國歷史。而維吾爾族的歷史、文化、文學等課程全部被取締，培養出一批批根本不瞭解本民族的歷史、文學、宗教、文化的新一代維吾爾族學生。

在高等學校招生比例、研究生名額分配、出國留學機會等方面，維吾爾族也遭受到嚴重的排擠和歧視。譬如，據中共新疆官方二〇〇三年統計年鑑，自治區二十六所普通高等學校和九個研究生培養單位的在校研究生有三千六百二十九人，其中漢族學生為三千二百九十七人，佔九一%；少數民族學生三百三十二人，佔九%；而新疆主體民族維吾爾族有一百七十八人，只有五%。

《新疆二〇〇五年統計年鑑》顯示：二〇〇四年新疆高校在校生人數中少數民族學生比

爲四二%。新疆的漢族佔四成，高校學生中漢族卻佔六成，這意味著漢族學生上大學的入學率是少數民族的二倍。在研究生中，少數民族的比例更低，只有不到十分之一。譬如，二〇〇四年新疆政府公報說，新疆在校研究生五千一百二十人，其中少數民族四百九十八人，而這些少數民族人數裡，維吾爾族最多也只佔一半！也就是說佔總人口四六%的維吾爾族，只能享受五%的名額，而漢族卻佔去了九十%。

「中國網」介紹新疆概覽中提供的數據是：二〇〇四年，全區普通高等學校二十八所，在校學生十六萬三千一百人，其中漢族約九萬三千三百人，少數民族學生只有六萬九千八百人。也就是說，新疆高等學校在校學生中約六十%是漢族，剩下四十%中，維吾爾族最多只佔二十%。

從九〇年代起，政府廢除了公費制度，開始採取對學生收費教育。現在，一個大學生一年的學費六千多元，生活費和其他費用一年需要四千多元，加起來一年費用達一萬元人民幣。而一個城市在職職工的年收入最多也就只有這麼多，基本上都是低於這一收入水準的維吾爾族城市居民，他們是不可能承受這個負擔的。因此，一部分父母們只能借債送子女讀大學，有的學生不得不因此放棄上大學的機會。而農民子弟要想上大學更是沒門！大多數被錄取的農村學生由於交不起學費，只能抱著錄取通知書痛哭！值得強調的是維吾爾族人口的八五%在農村！

《生活導報》在一九九四年六月二十九日和七月十三日的兩篇報導分別指出：「從一九九三年九月到十一月近兩個月的時間，喀什市就有二百一十三名剛升入初一的學生因家庭不能承擔年近一千元的學費而退學。墨玉縣仍有一萬六千八百名學生因家庭貧困，面臨失學的困境，佔在校生的三十%。疏勒縣僅一九九四年開學初始，就有五百八十二名學生因家庭貧困而失學，這還不包括瀕臨失學的兒童。」以上僅僅反映了新疆一個市和兩個縣的情況，可想而知，整個新疆每年有多少維吾爾族少年兒童因交不起學費而失學。

很多人都認爲中央政府對少數民族學生實行高考優惠政策，的確，在八〇年代起，少數民族學生在考大學時，錄取分數確實比漢族學生低，表面上看起來好像是給了少數民族教育優惠權。然而，仔細分析一下就可以得出明顯的結論：第一：享受這種優惠的是民考漢[7]學生，國家以此來鼓勵少數民族上漢族學校，目的是加快少數民族的漢化進度；第二：中共可以把這個政策作爲它的宣傳題材，大力宣傳中共「善待」少數民族的業績（看來這個目的是達到了）；第三，民考漢優惠政策實際上是揠苗助長，降低了教育素質。

漢族學生只要手續齊全就可以在十五天內領取護照，並大搖大擺地出國深造，而維吾爾族學生出國留學簡直到了完全被禁止的程度。政府的審批部門會對維吾爾族學生採取各種阻撓和嚴格限制，就算手續齊全，也要找出各種荒唐的理由拒絕發放護照。很顯然地，中共這樣做是擔心維吾爾族知識分子出國後，會出現「思想轉變」並從事獨立活動。因此，每年由新疆政府公派或者自費出國留學的學生，以及進修教師裡，漢族佔去了九十％以上，而能夠獲得這種機會的維吾爾族學生和教師不足一％。這也就是說，新疆每年有上千名漢族知識分子出國深造，而維吾爾族最多僅有十幾個人可以獲得這個機會，而且是經過反覆審查、百裡挑一，出國前還會被安全部門叫去威脅和恐嚇。現在，在歐美國家留學的維吾爾族人數還不足一百人，而來自新疆的漢族留學生至少有一萬人之多！

據政府內部消息說，政府曾經給公安、安全等部門發過一份秘密文件，規定凡是申請出國的維吾爾人都要嚴加審查，如果是知識分子，則一律不發給護照。

在這種情況下，很多有理想、有抱負的維吾爾知識分子失去了出國深造的機會，不得不忍氣吞聲地繼續留在原工作單位荒廢自己的青春。只有很少一部分幸運的青年通過找熟人、走後門，給審批部門負責人巨額行賄等不正常的途徑拿到護照。然而，花費了上萬元資金和幾年時間設法成功出國在外留學的維吾爾族學生中，大多數由於害怕政府的迫害而不敢回家鄉探親，他們在國外一待就是十年、二十年，有些知識分子的愛人和孩子還留在新疆，而政府不允許他們出來團聚；有些人在父母臨終時都無法回家鄉見他們一面。這些可憐的遊子們本來就沒有獨立的祖國，現在流落海外更是無親無故，不得不成爲有家難歸的難民。

---

7 也就是指少數民族考漢語。

就算在國外沒有參與任何政治活動的一些維吾爾族留學生有機會回新疆探親，但他們也會被安全部門叫去審訊、「談話」，有些人的護照會無故被沒收，有些人會受到恐嚇或者被誘惑，強迫接受安全部門的任務，像是提供海外維吾爾個人以及組織的活動資訊，破壞組織內部團結等。又譬如，旅居美國十年之久的維吾爾留學生帕爾哈提．亞森於二〇〇五年十二月十六日，向美國「自由亞洲」電台揭發了中共安全部門把他的愛人和子女扣爲人質，試圖迫使他爲安全部門工作的內幕。安全部門通過電話威脅和拉攏他的錄音內容，透過該電台曝光於世。

一些維吾爾學生想方設法辦到護照後得以成功出國，但是他們的護照到期後，所在國的中國使館拒絕給他們辦理護照延期手續，甚至粗暴地沒收他們的護照，或者給他們發放臨時通行證迫使他們返回中國。這使得很多留學在外的維吾爾學生在沒有有效證件的情況下，不得不提出政治避難或者眼睜睜看著學業半途而廢，返回新疆。維吾爾族於自己的故鄉，無法在平等的情況下接受教育，歷盡曲折來到了國外後，也受到中共政府的騷擾和迫害。

總之，東突厥斯坦的教育是一場悲劇，維吾爾人民被剝奪了最起碼的母語授課的權利，以及學習本民族的文化、宗教、歷史、文學的權利。他們所接受的教育完全是中共殖民主義漢化教育，以及共產主義的洗腦教育。中共在新疆的教育政策之最終目的是消滅維吾爾突厥民族的靈魂，培養出被完全馴服的、被漢化的、忘記自我的新一代維吾爾人。

四、醫療衛生方面對維吾爾人的待遇差異

根據新疆「天山網」介紹新疆醫療衛生提供的數據：截至二〇〇三年為止，新疆有中醫院六百二十二所；床位數六萬四千九百張，平均每千人口擁有醫院床位數三·五一張；醫生四萬一千七百人、護士二萬七千六百人，每千人口擁有醫生一·九七人、註冊護士一·四八人。全區有鄉鎮衛生院八百三十所，床位數一萬二千四百零七張，衛生人員一萬八千三百三十四人，每千名農業人口擁有鄉鎮衛生院床位數一·〇二張，每千名農業人口擁有鄉鎮衛生院人員一·五〇人。平均每一門診人次醫療費七七·〇八元，每一出院病人醫療費用二四八二·〇三元。

我們都知道中共在統計資料中一貫弄虛作假，故意誇大某些數字。就算這些資料是準確的，新疆的醫療條件也遠遠低於國際標準水準。

上述六百二十二所醫院中的二百一十家在兵團，剩下的三百多家基本上都在「天山北坡經濟帶」的城市裡，漢族人佔去了八十%的醫院床位和醫療條件，而維吾爾族最多能享受其中的十%。維吾爾族八十%生活在農村，而農村根本談不上什麼醫療衛生條件，沒有一家像樣的醫院。一個鄉幾萬人才有一家設備簡陋的醫務所（這還算很幸運的，很多鄉村連這樣的衛生院都沒有），在這裡看病的所謂衛生人員都是在縣城護士學校裡學了兩年醫療知識的人。

農民有了大病要趕著驢車走幾十公里的路去縣醫院，很多病人都會死在去縣城的路上。

「人民網」於二〇〇一年三月十一日發表的「政協九屆四次會議提案第〇九八三號」，分析西部地區農村醫療衛生條件，總結出以下六點：

（一）西部地區大部分屬貧困地區，人口的健康指標明顯低於我國平均水準。例如，人口期望壽命低於全國平均數，其中，西藏低九年，青海低八年，新疆低六年。孕產婦死亡率、嬰兒死亡率，則大大高於全國平均水準。[8]

（二）據一九九八年全國衛生服務調查結果顯示，西部地區傳染病的發病率、死亡率均高於東部地區和全國農村平均水準。此外，西部地區還是某些嚴重危害人民健康的地方病的重病區，如地方性氟中毒、大骨節病、碘缺乏病等，嚴重影響了當地勞動的能力和智力。西部地區免疫預防工作始終在低水準徘徊。例如，經過多年努力，全國分別實現以省、縣、鄉爲單位的計畫免疫四苗接種率八五%的目標，但西部經濟狀況中等和較差的農村地區接種率只有三十%，甚至是更低的水準。一九九九年全國農村新生兒乙肝疫苗接種率已達五十%左右，但西部農村僅爲十%，一些地區則根本沒有開展。

（三）衛生知識亟待普及。有數據顯示，這些地區只有二十%的農民懂得最基本的衛生知識；不少偏遠山區，許多農民有病不求醫，風行宰殺牲畜驅鬼。

（四）西部地區衛生服務提供能力低下。尤其是村級，有將近一半以上沒有衛生室。現有衛生機構大多房屋破舊，設備簡陋。一九九八年新疆、寧夏、貴州、青海和甘肅等地，大約有三十％至四十％的村衛生室竟然沒有高壓消毒鍋。鄉鎮衛生院各類人員緊缺，其中有中級以上技術職稱的，僅爲全國農村地區平均水準的四分之一。鄉村兩級衛生人員多爲三十年前只受過短期培訓的赤腳醫生或頂替子女，因此，多數農民患者只能小病拖，大病直接去縣醫院，結果患者及其親屬不得不支出更多的時間和交通費用，以及承受貽誤病情的風險。

（五）因病致貧、因病返貧狀況突出。研究結果顯示：在貧困地區，平均每戶醫療衛生支出佔總支出的十二·〇四％，有十五·六％的家庭借錢看病。此外，在患病未就診和應住院而未住院者中，分別有七二·六％和八九·二％的人是由於經濟困難，沒有支付能力而造成的。許多農民患了重病，輕則舉債，重則傾家蕩產。一些地區的調查資料表明，因病致貧戶佔貧困戶的六十％以上。

（六）飲水的衛生條件亟待改善。水是流行病的重要傳染源，農村改水是防止腸道傳染病流行的主要治本措施。

政府「開發與致富網」[9]題爲〈立體開發，抑制返貧——部分省返貧問題調查〉（作者

---

8 一九八五年，新疆被國際自然醫學會列爲世界上四個長壽地區之一，百歲老人數居全國之冠，但這並不是指新疆平均壽命最長。

9 參見 www.help-poverty.org.cn

王樹勤、林澤昌）的一份調查報告中指出：「一九九九年底，新疆維吾爾自治區有衛生院的鄉村佔二六%，既無衛生院、又無鄉村醫生的鄉村高達四十%，無衛生院、又無合格接生員的鄉村高達三二%。」

據中共政府的統計資料，新疆的衛生事業費支出佔全區財政支出的三・二%。和內地一樣，新疆的農民也沒有醫療保險，如果沒有錢治病就會被醫院拒之門外。因此，平均年收入不足一百五十美元的維吾爾農民，基本上在一生中沒有去過一次醫院。生了病就用土辦法治療，得了重病不治而死的現象在農村幾乎天天都發生。就算有機會來到縣醫院，由於南疆地區的小縣城裡醫院條件差、設備簡陋、醫生水準低等原因，手術的成功率很低，無數維吾爾人在醫生的錯誤診斷、錯誤下藥、怠忽職守的情況下失去了生命。淪為惡劣醫療環境與醫療品質下主要犧牲品的正是低收入的維吾爾農民。

官方「哈爾濱民政信息網・論文集萃」裡發表的一份題為〈維吾爾族的婚姻制度與婦女福利〉的調查報告指出，新疆一九九五年孕產婦和嬰兒死亡率分別達一九六／一〇萬和九三‰（千分之九十三），是全國平均數的三倍，婦女罹患子宮頸癌、子宮脫垂等婦科病的比重是中國發達地區的數十倍，均位居全國前列。

上述嬰兒死亡率是非常驚人的數字，除了二十年來的生育控制，導致上百萬名維吾爾嬰兒被強制性打胎奪取了生命以外，符合計畫生育要求的正常出生嬰兒中，每一千名中有

中共對維吾爾族的生育控制，導致上百萬名維吾爾嬰兒喪命。

九十三名夭折，約十分之一。這是當今舉世罕見的。根據官方統計數據，新疆每年出生嬰兒約三十五萬，其中約二十萬是維吾爾族，這意味著每年有約兩萬名維吾爾嬰兒在出生後由於醫療條件差而死亡。由此可以推斷，中共統治新疆的五十多年裡，至少有五十萬至一百萬名嬰兒在來到這個世界後不治而死。

據調查數據顯示，維吾爾族人口死亡率高，預期壽命低，平均期壽命六三・三歲，比漢族的七十・四歲、全國的七十・一八歲分別低七・一歲、六・八八歲。維吾爾族人口死亡率高，其中又集中在〇歲、一至四歲、十五至四十九歲，分別爲七五・七六%、三三・九八%、一〇二・一%，與全國（二四・三六%、八・九二%、六七・七九%）相比較，分別高出三・一一倍、三・八倍、一・五倍。

在新疆，人們經常會聽到「南疆出現了一號病」、「某某地方出現了二號病」等消息，這些「一號病」、「二號病」就是指霍亂等嚴重的流行傳染病。一旦某個地區出現這種疫情，政府不是馬上派醫療人員搶救病人，或者把病人與未傳染的人群隔離開來，而是把出現疫情的地區整個封鎖起來，禁止任何人出入，直到疫區的百姓全部死光，然後再進去消毒和處理後事，最後宣布說：「疫情得到了勝利控制」。特別是在五〇年代至八〇年代，這種作法非常盛行。

在城市裡，政府自從廢除免費醫療制度後，醫院就成了以賺錢爲目的的商業場所，生活水準較好的漢族人和極少數有錢的維族人可以在高幹病房住院治療，找最好的醫生、吃最貴的藥，有後門的人還可以向單位報銷醫療費；而在社會底層的、生活水準較低的維吾爾人，就根本沒有任何醫療保障。可以說，九五％以上的維吾爾人一生中都不知道，也沒有權利享受在西方被認爲是起碼權利的醫療保險、養老保險、衛生福利等。

在新疆，如果某一個人得了急病而危在旦夕，或者因事故而殘胳膊、斷臂被送去醫院急診室搶救，醫院值班人員要先索取押金然後再安排搶救病人。如果付不起或者在慌忙中身上沒有帶現金，那麼病人就只有死路一條，醫院絕不會答應病人家屬「先救人再付錢」的苦苦哀求，這種情況也是舉世罕見的。更具有諷刺意義的是，這些醫院的大門上方寫著：「爲人民服務」、「救死扶傷」的標語！

一次住院的費用就相當於一個維吾爾農民平均一年的收入，支付不起就被醫院拒之門外等死，這就是九十%的維吾爾人面對的新疆衛生醫療狀況！

五、文化藝術、文學、學術和新聞出版等領域，對維吾爾人的嚴格監控和壓制。

眾所周知，在中共統治下，文學藝術領域的宗旨是要爲政治服務，任何出版物都要符合黨的文藝出版路線、方針、政策，要以黨和政府的宣傳工作爲目的。

在少數民族文化、藝術、語言、文學、歷史、宗教等方面的學術研究，政府可謂是費盡了腦汁，中共在新疆的最終目的是要徹底消滅維吾爾族文化，達到同化目的。爲此，它一方面加緊漢族移民遷移，一方面又加強對維吾爾族的計畫生育管理，控制少數民族的人口增長，同時又禁止大學裡的維吾爾語授課，加強漢化教學。這還不夠，中共又千方百計地阻止和限制維吾爾人從事對本民族語言、文化、歷史、宗教等領域的學術研究和出版。

「自治區」宣傳部、安全廳等單位設有專門小組對所有學術研究和出版領域進行監督，所有出版物的出版、發行要經過他們過目和嚴格審批，發現內容「有問題」就禁止出版，還要嚴懲作者。只有那些符合中共文件規定的，以「新疆自古以來就是中國不可分割的一部分」爲主體的歷史著作，證明「維吾爾文化是在漢族文化的深刻影響下形成的，是中華民族的文化寶庫的一部分」等內容的文化著作，宣傳「民族團結，祖國統一」的文藝著作，以及提倡「伊斯蘭教徒要服從中共領導」爲內容的「愛國宗教人士」的宗教作品才得以出版發行。

在八〇年代末期中共在新疆的統治相對鬆弛的時候，有一批介紹維吾爾歷史、文學、語言、宗教、文化藝術的著作得到了出版發行。但是，一九九〇年以來，王樂泉爲首的中共新疆政府在出版領域裡展開了一場大清洗活動。一九九〇年，著名學者吐爾貢·阿勒瑪斯的三本著作《維吾爾人》、《匈奴簡史》、《維吾爾古代文學》遭到封殺，全疆展開「批判三本書」的政治運動。吐爾貢·阿勒瑪斯遭撤職查辦後被軟禁在家，與此有牽連的出版社主編和幾個負責人全部被開除。

其實，這三本書就是介紹維吾爾族的歷史、文學的學術著作，沒有任何政治內容，使中共惱火的是作者寫的全是歷史事實，而沒有按照「有關規定」去寫。

在新疆歷史博物館從事考古工作的庫爾班·外力教授根據自己多年在新疆的考古發現，在新疆歷史問題上提出了與中共官方觀點不一致的看法，結果被撤職查辦，他的所有作品被查封。一九九一年，他被迫流亡美國。

接著，《天山》、《世界文學》、《遺產》等大批文學雜誌被停刊整頓，撤換了這些雜誌和出版社的編輯和負責人。同時，對新疆的音像出版業也進行了大清洗，燒毀了大批「有問題」的書籍、雜誌以及以歌曲和影片爲主的影像製品。所謂「有問題」是指這些出版物裡有宣傳維吾爾族文化、歷史和宗教信仰，號召人們熱愛本民族、保護和發揚民族傳統等內容。

正如在內地發生的悲劇，中共在文化大革命等一系列的政治運動中，幾乎燒毀了包括很多珍貴原稿在內的有關維吾爾族歷史、語言文學、宗教、哲學、藝術等領域裡的所有書籍，摧毀了維吾爾族的無數文化遺產。這些珍貴寶藏已無法救回。然而，令人痛心的是共產黨在這幾年，還在焚燒維吾爾人的各種書籍！

據《喀什日報》於二〇〇二年三月二十八日報導，中共於三月十四日至三月二十八日僅在喀什市就燒毀了四萬二千三百二十本維吾爾文書籍，被蒐集並燒毀的書籍包括了文學、藝術、宗教和歷史等方面。

一九八八年在喀什噶爾（喀什市）出版的《古代維吾爾手工藝》一書，詳細描述已有幾百年歷史的維吾爾造紙、蠟燭製作、木工、地毯編織和絲織技術，只是由於在卷首的題詞中摘錄《古蘭經》的幾段文字就被封殺和燒毀。全新疆在此次行動中被燒毀的維吾爾書籍超過一百萬冊，新聞出版單位近上百名維吾爾族幹部、職工以各種藉口被解職或停職。

二〇〇四年五月十四日，政府又頒布焚書行動令，在全疆範圍內展開了焚書運動，焚燒了八〇年代合法出版的，以及家庭收藏的三百二十多種書籍。

對中共來說，凡是宣傳維吾爾族的歷史、文學、文化、宗教的作品都算「有問題」，因爲維吾爾人如果瞭解自己過去的悠久歷史和燦爛的文化就會感到自豪，會產生民族主義情緒和追求獨立的願望。這對中共的統治和漢化計畫會帶來不利影響。當局認爲消滅民族文化遺產，便是中共杜絕這種影響的最佳方式。

中國古代的文字獄在新疆仍然有效，維吾爾族作家、詩人、藝術家、學者在自己的著作裡不能有絲毫的民族情緒，不能宣傳本民族文化傳統，不能介紹歷史、宗教知識，不能表露對自由、民主的渴望，不能反映「不利於民族團結，不利於祖國統一，不利於共產黨統治」的任何社會實際問題或對此發表看法。他們只能在中共規定的框架內，按照中共的要求，在中共的「文藝路線的指導下」從事創作和研究。作為報酬，他們可以得到政府的工資和職稱。如果他們中有人違反規定，就會受到打擊，輕者撤職、開除、停薪，重者鋃鐺入獄。因此，大多數維吾爾文人學者選擇了沉默，一部分大膽者不願屈服於這種壓力而敢說真話，結果都遭到不同程度的懲罰。

九一一後，中共藉反恐鎮壓維吾爾族的反抗活動的同時，又提出「在意識形態領域裡打擊民族分裂主義」的口號，要求各級機關嚴厲打擊在文學、藝術、學術、出版、教育等領域裡的「違法活動」。也就是說，要打擊那些用筆桿子「違法」的和在思想上、言論上「違法」的維吾爾人。這個「違法」的最準確解釋就是：表達對中共政策的不滿；提出不同於中共官方的看法和主張；宣傳民族傳統文化；不按照「有關規定」去寫作；脫離黨的思想路線和文藝路線方針。

維吾爾青年作家努爾穆罕默德·亞森曾在《喀什文學》雜誌二〇〇四年第五期發表了散

文式寓言〈野鴿子〉，作品通過描述一隻鴿子的遭遇，表達了對自由的嚮往。正是因爲這篇作品，三十一歲的亞森被指控從事分離宣傳，並於二〇〇五年一月被捕後判刑十年。目前這部作品在海外已經被翻譯成中、英、法等文字。由於發表這篇散文，《喀什文學》總編輯庫萊西·侯賽因也被警方逮捕，他被指控「發表帶有分離主義思想的文章」、「給分離主義提供宣傳空間」，並判處三年有期徒刑。

新疆大學的教授、中共全國政協委員的土爾孫·庫爾班，也因爲說話不注意分寸而受到懲罰。他的罪過是：中共民族事務委員會安排新疆各鄉鎮撰寫地方誌，最後書稿集中到這位教授手裡審校。他根據這些資料研究統計出，維吾爾人僅在新疆鄉村（不包括城市）就有一千三百五十萬。這和當局公布的全疆維族人只有七百二十萬的數字有很大出入。他激動地給自治區政府主席打電話，提出他的新發現。幾天後土爾孫就被貶到校圖書館工作，因爲他「發現」的維族人口高於當局公布的數字，揭穿了官方隱瞞的事實眞相，被認爲不利於新疆的穩定。

在中國內地，以反抗滿清政府爲題材的書本和影片司空見慣，而在新疆，任何以反清爲題材的出版物也是被禁止的，理由是：反清就是反抗中央政府，破壞祖國統一。

二〇〇三年的一場文藝晚會上，一位名叫圖爾遜的維吾爾族詩人在台上朗誦了一首他自己寫的詩，由於這首詩裡隱藏了很深的含義和隱喻，很容易被理解爲是針對中共政權的不滿情緒。結果，中共新疆政府逮捕了這位詩人，撤銷了文化廳廳長、歌舞團團長等人的職務，查辦了晚會組織單位和其他有牽扯的人員。甚至，現場錄影也被安全部門拿去進行核查，當時聽完詩歌朗誦後鼓掌的觀眾也被一一查辦！

此事件發生後，政府下達文件，要求在「文學藝術領域裡打擊民族分離主義」，又一次展開了對文學、藝術作品的整肅活動。

中共政府由於擔心國際輿論對東突厥斯坦維吾爾人的關注，千方百計限制維吾爾族民間團體與國外的文化交流，不允許維吾爾族藝術團出國參加演出，不允許維吾爾學者參加國外的學術研討會。很多國際民間藝術節和學術研討會的舉辦者，給新疆有關單位和維吾爾族的個人寄去的邀請函，都會被中共當局扔到垃圾箱裡。

中國政府一再宣稱新疆少數民族有本民族語言的電視台、廣播、報紙、雜誌等。沒錯！確實有很多，全部由中共官方創建的這些宣傳工具使用的語言是維吾爾文，可是，內容是什麼呢？全是些共產黨的宣傳、空洞無聊的廢話！作爲共產黨的喉舌，這些東西能沒有嗎？共產黨對少數民族就是通過這些媒體進行異端邪說的灌輸，通過它們來控制社會的輿論，在沒有新聞自由的這個共產黨專政國家，黨控制著媒體，老百姓無權瞭解任何事情的眞相，在他們的生活裡只能有共產黨的單方面媒體宣傳。共產黨就是通過這些維吾爾語的宣傳工具，控制著維吾爾人民的頭腦和思維，而不是給維吾爾族自由使用本民族語言的權利。

新疆的所有電視台、廣播和報刊雜誌全部屬於政府所有，內容都必須經由地方政府宣傳部的嚴格審核。政府對廣播電視節目製作和新聞報導制定了一系列限制性和指令性規定，比如報喜不報憂，不能反映農村貧困生活、失業問題、民族矛盾等社會黑暗面。新聞單位的工作中稍微出現一些「疏忽」，那麼領導們就面臨被撤職的危險。因此，新聞單位上上下下為了避免「犯錯誤」，在對節目製作過程中必須十分謹慎，遠離那些敏感的問題。因此，老百姓在媒體裡天天看到的是政治口號、空話、假話和無聊的政治性娛樂節目。甚至，政府還規定，維吾爾族演員在台上不能唱憂傷的歌曲。在逢年過節時的歌舞晚會裡，所有的娛樂節目都要被一一審查，上級領導命令組織單位專門製作一些歌頌黨和政府的、提倡民族團結的文藝節目，把它們搬上舞台和電視螢幕。

新疆歌舞藝術團有明確的政治任務，在團黨委的領導下，他們所創作的文藝節目都必須符合官方的文藝路線，即為中共的統治利益服務，也就是說專門製作和推出那些歌頌黨和政府的「政治節目」，並在電視螢幕上無休止地播放，在新疆和中國各地巡迴演出，譬如歌頌共產黨的大型歌舞劇《我們新疆好地方》、《冰山上的來客》等等。同時，維吾爾族的傳統音樂舞蹈劇《十二木卡姆》的出國演出，卻遭到百般阻撓。

中共新疆當局還千方百計地篡改維吾爾人沿用上千年的人名、地名，把東突厥斯坦的很多城市、河流、山脈等地理名稱改成了漢語。把各城市原有的街道名稱改為「解放路」、「延安路」、「幸福路」、「團結路」等。中共在消滅地方伊斯蘭文化，摧毀清真寺和伊斯蘭建築的同時，還不斷向新疆輸入漢族文化。九〇年代，政府部門在吐魯番火焰山建起了巨大的豬八戒、孫悟空、唐僧的雕像，宣稱這些人在唐朝時期來過此地！在天山旅遊聖地的天池蓋起了一座龐大的漢人寺廟，聲稱說：「三千年前，漢族人的王母娘娘曾經在天池洗過腳，中國人的穆天子曾經在此與她約會，所以要祭奠她！」

六、剝奪東突人民的信仰自由，限制和打擊宗教活動。

中共憲法和《自治法》上規定每個中國公民都有信教自由。但是在新疆，政府明文規定國家公務員禁止從事宗教活動，十八歲以下的公民不能信教；齋月期間，工作單位裡如果發現有職工封齋就要處分，甚至開除公職。退休幹部職工從事宗教活動就要停發退休金。出國朝聖的人要被當局嚴格挑選，百裡挑一，選出一些老弱不堪，出去不會「鬧事」的人組成一個政府朝聖代表團，在進行一個月的洗腦教育後，由共產黨幹部和安全廳特務帶隊去沙烏地阿拉伯集體朝聖。而那些有經濟條件，想單獨去朝聖的人是不會被允許出國的。顯然地，政府組織代表團集體朝聖是爲了給伊斯蘭世界表明中共的「宗教自由」政策。

「新疆維吾爾自治政府」每年要對所有清眞寺神職人員進行政治培訓，培訓是在中共中央統戰部和國家宗教局的指導下進行的。舉辦這種定期培訓班的目的，是爲了「引導宗教與社會主義相適應，維護新疆的長治久安」。學習的內容是共產黨和政府的各項政策、文件，以及「馬列主義宗教觀」、「三個代表」和「反對三股勢力」。這些無神論教育和政策與伊斯蘭教義相背離，培養出一批不倫不類的神職人員。

最荒唐的是新疆政府「培養」宗教神職人員的「伊斯蘭經學院」裡還設了黨委，由黨委書記一手領導。在這個經學院裡，神職學生除了學習宗教課程以外，主要是學習中共文件、共產黨的民族和宗教政策等政治內容的課程。說穿了就是通過洗腦和金錢買通來培養出服從共產黨領導的神職人員，然後把他們分派到各地清眞寺作宣教員。穆斯林的清眞寺本來是信教群眾前來祈禱，並且聆聽宣教員講道的地方。但是，新疆的清眞寺則變成了宣傳共產黨的「民族和宗教政策」、宣傳「宗教愛國主義」和「民族團結」，以及教育信徒們「要聽黨的話，服從黨的領導」等內容的政治活動場所。

二〇〇〇年，中共新疆政府制定了《新疆宗教事務管理法規手冊》，散發到各級黨政機關，要求嚴格執行。手冊的內容是保護「合法的宗教活動」，打擊「非法宗教活動」，嚴禁「非法宗教刊物」。按照這個手冊裡的規定，幾乎任何有關宗教的言論、行動都是打擊的對象。所謂「非法宗教活動」就是指不按照中共要求的方式從事宗教活動；未成年人以及國家職員、工廠企業員工、學生、退休幹部作祈禱，學習宗教知識和參與宗教活動；神職人員的秘密講道活動或舉辦宗教學習班等。所謂「非法宗教刊物」是指，不是中共官方出版的，不符合馬克思主義宗教觀和黨的宗教政策的宗教刊物。

中共的學校裡全是無神論教育，維吾爾族兒童們在課堂裡、在教科書裡學到的是「宗教是麻醉人的鴉片煙」、「人類是由猴子演變而來」、「世界上沒有什麼上帝」等與伊斯蘭教信仰格格不入的唯物主義教學內容。作爲穆斯林，每個父母都希望兒女們接受一些伊斯蘭教宗教常識課程，但是中共政府打擊「非法宗教窩點」，取締了所有民間宗教學習班，使得孩子們除了在家裡聽父母的簡單介紹外，無法接觸任何宗教知識。

美國「自由亞洲」廣播電台於二〇〇五年八月十四日報導說：「一名新疆的教師因爲傳授伊斯蘭教的《古蘭經》，日前被中國官方拘捕，與她同時被拘捕的還有三十七名學生。據總部設在德國的『世界維吾爾人議會』披露說，這名被拘捕的女教師叫阿米娜·莫米西，居住在阿克蘇地區沙雅縣，她不是官方認可的伊斯蘭教團體的成員。警方八月一日在她家拘捕她時，還沒收了數十本《古蘭經》以及相關書籍，並帶走了她的學生，他們從七到二十歲不等，唯一的『罪過』就是學習《古蘭經》。在關押了一段時間後，員警當局向父母收取七千元到一萬元的保證金的條件下，釋放了一部分年級較小的學生。」這起事件只是一個典型的例子，其實，此類情況在新疆的每個地方，幾乎每天都在發生。

每年伊斯蘭教的齋月裡，工作單位的領導爲了查實穆斯林職工們有沒有封齋，會故意請職工幹部們吃飯、喝酒，這樣一來，那些秘密封齋的穆斯林就會暴露出來。一旦發現有人封齋，就嚴懲不貸！穆斯林連這個最起碼的履行宗教義務的權利都被這樣剝奪了。

「人權觀察」發布的一份人權報告，引用了新疆勞教局副局長的一份報告說，二〇〇一年被關入勞教營裡的犯人，有一半是「非法組織」和「從事非法宗教活動」，可見打擊範圍和規模之大。

中共政府一方面打擊宗教信仰，另一方面卻厚顏無恥地對外界宣傳說「新疆人民有信仰自由」。中國官方發表的《中國人權白皮書》中有關新疆的部分說：「正常的宗教活動得到法律保護，自治區政府根據憲法和法律，制定並頒布了《新疆維吾爾自治區宗教活動場所管理暫行規定》等法規。信教群眾根據各自信仰宗教的教規、禮儀等，進行正常的宗教活動，並受到法律的保護。」

中共的對外宣傳說，新疆有二萬三千座清真寺。外界可能都不知道，中共的這個數據純屬編造，按照這個數據推算，每一個縣最起碼應該有清真寺三百座，而實際上維吾爾等穆斯林集中居住的每個城鎮裡，最多只有十幾座，甚至僅有幾座小規模的清真寺。中共可能是把每個村的簡陋的禮拜場所，甚至連那些幾個人臨時用作禮拜的草棚也都算了進去。事實上，在新疆，能夠容納五百人以上的大型清真寺不足十五個，能容納一百人以上的不足三百個。對於一千萬穆斯林人口的新疆來說，這是一個非常小的數目。

爲了給外界看，中共還經常召集由他們自己一手培養出的「伊斯蘭協會」傀儡教士們，讓他們通過媒體公開表態支持中共的領導和各項政策，發表一些「宗教愛國」的言論，並在電視等媒體上大張旗鼓地進行宣傳，意思是說：「你看，維吾爾穆斯林有信教自由，他們對政府非常滿意！」

甚至，很多被中共扶植培養的穆斯林敗類和傀儡教士被吸收爲所謂的「政協委員」、「人大代表」。在政府的安排下，這批人經常在外國訪問者面前對共產黨政府歌功頌德。然而，全世界都知道，他們並不代表維吾爾穆斯林，而只是中共殖民者的代言人。

七、中共統治造成的道德敗壞和社會腐朽

維吾爾人本是虔誠的伊斯蘭信徒，伊斯蘭教主張行善積德、救濟窮人、尊老愛幼，要求信徒自我道德修養，嚴禁喝酒、吸毒、賭博、嫖娼、賣淫等行爲。維吾爾人由於宗教信仰和傳統文化的約束，因而一直遠離這些罪惡。

但是，由於中共對穆斯林長期在意識形態領域裡的洗腦教育，現在的維吾爾人，特別是青年人在很大程度上都脫離了宗教和傳統文化的約束。骯髒的共產黨文化玷污了他們的靈魂，使得維吾爾民族的整體道德觀點在一步步退化，宗教信仰逐漸淡薄。正如《九評共產黨》

裡的分析：「中共為了攫取、維護和鞏固其暴政，需要用邪惡的黨性取代人性，用『假、惡、鬥』的黨文化替代中國的傳統文化。從人的行為、思想和生活方式等方方面面，改變人們傳統的價值觀、人生觀和世界觀。」

維吾爾族的傳統文化對家庭非常重視，提倡夫妻之間相互恩愛和忠誠，但是現在的維吾爾族離婚率逐日升高，家庭婚姻觀念越來越淡薄。據調查報告顯示：新疆離婚率是全國平均數的十一．五倍，遠高於其他各省而居於首位。首府烏魯木齊的離婚率已達四十％！

特別是大城市裡的一部分青年人的道德觀念，簡直到了完全墮落的地步。女性青少年為了金錢而投入陌生男人的懷抱，介入和破壞已婚夫婦家庭的情況已經司空見慣。「笑窮不笑娼」已成了他們得以依賴的眞理！在烏魯木齊的各大酒店、夜總會、桑拿等場所，每晚不知有多少維吾爾族少女在陪伴著漢族老闆！其中很多都還是在校的大學生！這些少女中有些是經濟困難所逼，有些是由於貪婪墮落而喪失了道德和理智，但最根本還是由於中共統治下的社會環境所致。

新疆各地大部分維吾爾政府官員們除了整天開會聽報告，就只知道晚上尋歡作樂，每個官員最少擁有幾個比自己女兒還小的情婦。從廣東等地流傳到中國各地的「有錢人包二奶」的時髦，在新疆也找到了市場。新疆的每個州、市、地區、縣都有政府的歌舞團，當地最漂亮的維吾爾族小女孩被召進這些歌舞團當舞蹈演員。每當所在地政府機關招待上級領導時，就下令歌舞團團長帶著這些少女們前往娛樂場所參加「招待會」，要陪政府領導喝酒、跳舞，甚至會陪他們過夜。歌舞團把這種活動叫作「政治任務」，誰不願意去就會被開除。在就業機會極少的新疆，這些維吾爾族女孩們爲了不丟失飯碗，不得不忍氣吞聲去完成這種「政治任務」。

一部分維吾爾族公務員不顧自己一千多元的收入，整天在餐廳吃喝玩樂，沉醉於空虛無聊的歌舞彈唱之中，對政治不聞不問，這些人已經完全麻木而苟且偷生！夜晚，不滿十八歲的維吾爾族少女擠滿了黑暗的酒吧、迪斯可舞廳，在燈紅酒綠中等待罪惡向她們年輕的靈魂召喚！

九〇年代起，新疆成了中國海洛因最大的市場和吸毒最嚴重的地區，而主要的吸毒者是維吾爾族青少年。無數家庭因此妻離子散，家破人亡。維吾爾人民在遭受中共紅色恐怖統治的同時，又遭到了海洛因「白色恐怖」的打擊！

「新華網」於烏魯木齊二〇〇五年四月十四日的報導說，新疆累計在冊吸毒人員有二萬五千多人。其實，這個數字只是登記在冊的很少部分，外界專家估計，新疆的吸毒者累計最少二十五萬人，其中七十%是維吾爾族。

聯合國愛滋病問題亞洲特派員薩迪克在最近召開的聯合國千年發展目標會議上，介紹中國的愛滋病情況時說：新疆吸毒人群中有六十%的人感染了愛滋病毒。二〇〇三年中國愛滋病防治聯合評估報告指出：新疆的愛滋病感染人數僅次於雲南，位居中國第二。伊犁注射吸毒人群中，愛滋病感染率高達八九％，乃中國之最！

新疆官方於二〇〇五年四月十五日發表的〈新疆愛滋病形勢及對策建議〉指出：新疆愛滋病的感染速度居全國第一，愛滋病感染人數居全國第二。聯合國愛滋病規劃署駐華首席代表Dr. Fox曾三次來疆考察。他指出：「新疆伊寧市愛滋病的傳播速度是驚人的，不僅在中國是第一，在全世界也算得上是第一。」根據多位專家按照國際通行的計算方法測出：到二〇〇二年底，新疆實際感染人數已突破十萬。[10]

據新疆衛生廳公布的資料，目前新疆感染愛滋病的人數已達一萬一千三百零三人，僅二〇〇五年六月至九月的三個月裡，就新增四百個病例。外界報導則說，其實新疆的愛滋病毒攜帶者人數，已達十六萬人，其中二萬人在烏魯木齊，按照人口比例計算，居世界前位。在新疆，孕產婦、婚檢及臨床檢測人群中的愛滋病病毒感染率，已經達到或超過一％，說明該地區已達到聯合國愛滋病規劃署界定的高流行水準。

BBC駐中國記者琳慕蓮於二〇〇三年十一月二十四日從烏魯木齊發回報導說，沒有人知道新疆具體感染病例的數字，不過官方數據估計大約有二萬到六萬人左右。她說：令人擔

10參見「新疆科技廳網」：http://www.xjkjt.gov.cn

心的是，知識的貧乏無疑將引發更多新病例，新疆居民對愛滋病的瞭解仍然極爲有限。目前新疆吸毒者中約有七十%感染愛滋病毒，其中多數都屬於維吾爾族裔，但新疆對目前已有的愛滋病病例已經無法應付。琳慕蓮報導說，新疆根本無法爲本地患者提供有效的藥物治療，整個自治區沒有一個像樣的愛滋病病房，也沒有愛滋病專家。

《亞洲華爾街日報》的社論提到，中國政府表示將每年投入一千二百萬美元防治愛滋病，二〇〇一年投入一億一千七百萬美元加強血液鑑定，但是這筆資金同泰國的資金相比如同滄海一粟。由此可見，中共政府在新疆投入的資金，更不用說少得有多麼可憐了！

面對如此嚴重的吸毒、賣淫，以及愛滋病等社會問題，中共新疆政府從來沒有採取有效的防範措施，而是以非常消極的態度來看待。電視等媒體裡很少介紹有關毒品的危害和愛滋病知識。顯然，對中共當局而言，他們的工作重心是抓政治、抓穩定。只要不涉及政治，不涉及民族分離，這種社會現象可以忽略不管！

中國目前普遍流行的「金錢高於一切」、「一切向錢看」的人生觀和道德觀，也衝擊了一部分維吾爾人，使得他們喪失本民族的優秀傳統和道德標準，在婚姻、社交等方面把金錢看作是首要前提。

總之，共產黨的統治和它的意識形態的長期滲透，嚴重破壞了維吾爾人傳統的文化和道德觀，使當地社會一步步走向腐朽、走向墮落！毫無疑問，這種社會腐敗現象的罪魁禍首就是中共統治。中共當局在消滅維吾爾人傳統文化的同時，正在放任這種吸毒、賣淫、吃喝玩樂等文化墮落現象的蔓延，因爲這正好迎合了中共在精神上消滅維吾爾人的殖民目的。

八、封鎖消息傳播，隔絕新疆與外界的聯繫。

中共在東突厥斯坦的新聞封鎖比中國內地還要嚴密，由於作賊心虛，中共唯恐外界瞭解自己的罪行，便採取極爲嚴密的措施防止任何有關中共暴行的消息或文件傳到外界。

中共「新疆維吾爾自治區」政府給公檢法系統下達密令，凡涉及逮捕活動、法庭審判、監獄內情、審訊方法等情況的消息和文件都要嚴加保密，洩露者要嚴懲不貸。眾所周知，中共官方從來都不會報導逮捕和審判政治犯的消息，也不會像自由世界那樣有人權組織或電視、報紙等媒體的監督和披露，更不允許外國記者在新疆採訪。在這種情況下，外界很難瞭解中共在新疆的侵權眞相，只能依據中共官方正式承認的很少一部分案例，和有機會逃往國外的政治犯之證詞來作爲人權報告的依據。海外有關報導和人權報告，並沒有完全反映東突厥斯坦的眞正人權狀況。可惜的是，海外媒體要想拿到政府的有關政治犯的文件、判決書、政治犯名單等侵權證據資料，更是海底撈針。

通過網際網路、電話、信函等方式，或通過外國記者向外界透露中共侵權消息者，就會以「洩露國家機密罪」判以重刑，所以大多數人爲了保全自己而不敢以這些方式談論，或對外吐露這方面的事實眞相。

在中國的電視、報紙等媒體裡，人們會經常看到記者採訪維吾爾族群眾和人大代表，他們會在螢幕上大談民族團結和經濟發展、讚揚共產黨的領導、介紹維吾爾人幸福的生活、感謝中共政府等等。來自中國大陸的人都知道這是中共當局按照自己事先起草好的採訪劇本，找一些愛出風頭的人特意安排的，這是黨的喉舌宣傳需要。共產黨幾十年來就是這樣欺騙中國民眾的，這就是中共的新聞報導一貫使用的採訪模式。

報喜不報憂是中共媒體的另一個特點。在中國，只要你打開電視或報紙，你看到的新聞內容都是共產黨千篇一律的政治宣傳、空洞無聊的廢話。新聞單位要完全按照上級的「新聞導向」指示，只報導那些有利於共產黨統治的新聞，找不到這種新聞就編造出這種新聞故事來，譬如說，安排一個共產黨幹部去貧困家庭噓寒問暖；去參觀某個工廠關心工人生活；編出一個維吾爾族老人收養內地來的漢族流浪孤兒的故事等等。

中共新疆媒體不僅不會報導當地發生的帶有政治色彩的突發事件，連一些正常的意外事故和傷亡情況也從不報導，譬如一九九四年十二月八日，新疆克拉瑪依市的一家文化館發生火災，活活燒死了近四百名小學生，這本來是震驚中外的一次特大意外事故，但是中共媒體卻對此沒有任何報導。更何況對一些鎮壓暴動、搜捕異己分子、審判政治犯，以及民族糾紛等事件，中共是絕對要封鎖消息的。

二〇〇三年二月，喀什地區伽師縣發生七級地震，死亡六百多人，受傷數千人，有一萬多間房屋及九百多間教室倒塌，逾三萬人露宿雪地。本來，新疆政府派當地駐軍前往災區搶救災民和發放捐贈物品是一件很正常的事，這是每個政府起碼要履行的義務，但是共產黨卻意識到這是一個絕好的宣傳機會，因此，立刻啓動了它的宣傳機器，電視鏡頭不是對準那些受災群眾和倒塌的房屋，而是大書特寫地介紹「解放軍戰士如何幫助災區人民的英雄事蹟」。電視台記者還採訪了幾名受災群眾，螢幕上這些維吾爾老人熱淚盈眶地（說穿了就是在背誦採訪劇本）說：「感謝共產黨，感謝政府的關懷！我們一定要報答黨的恩情。」這個電視專題報導在新疆連續播放了一年之久！可憐的維吾爾農民卻不知道，發給他們的食物、毛毯、衣服和帳篷，都是由國內外的群眾和民間團體所捐送的，而不是共產黨提供的；相反地，當地中共政府部門還私下侵吞了大批捐款物資和救災款。

據「自由亞洲」電台於二〇〇三年二月二十七日報導，在這次地震發生後，中國拒絕批准外國新聞記者、包括一家法國電視台記者前往新疆報導地震災情和人道救援；國外媒體只能轉報中國官方媒體報導的解放軍救災等場面。設在法國的「記者無國界」組織要求中國外長唐家璇說服有關當局允許國際媒體進入災區進行獨立報導，但是遭到拒絕。

老百姓瞭解國際形勢和國內社會動態的最主要途徑就是媒體，由於中共對媒體的絕對控制和封鎖消息、報喜不報憂、作虛假宣傳的政策，表面上看起來，給人一種「新疆社會穩定、民族團結、經濟繁榮」的大好局面之感覺，其幕後的民族矛盾、社會危機，以及中共的侵權暴行卻鮮爲世人所知。

在封鎖消息外傳的同時，中共還加緊對外來消息傳入的封鎖和阻撓，《新疆廣播電視報》在二〇〇二年九月份的新聞指出：「……進入二十一世紀以來，國外敵對勢力深入新聞領域，嚴重影響了新疆的社會穩定及經濟建設。從二〇〇二年起黨中央、國務院決定建設『西藏和新疆廣播工程』，到目前爲止爲新疆的這一工程投入了三億元，因此有效的控制了『自由亞洲』、『美國知音』、『ＢＢＣ』等廣播節目傳入新疆及西藏地區……。」

據報導，中共在中國新疆喀什市架設了功率強大的天線，烏魯木齊等其他大城市也安裝有此類干擾設備。新疆政府高價從法國購入的該設備包含了五百千瓦高功率發射機（型號TSW 2500）與ALLISS巨型可三百六十度旋轉的短波塔型天線，利用天波來全力干擾境外媒體對新疆的傳播。

二〇〇三年起，中共加強了對維吾爾人使用網際網路的限制。尤其是中國文化部於二〇〇三年三月四日公布《文化領域裡加強控制互聯網的臨時措施》以後，對維吾爾人開辦的網咖進行了清洗和整頓，大部分網咖被關閉或受重罰。此次行動中許多通過網際網路流覽國外網頁，與境外組織建立聯繫的維吾爾青年以「恐怖分子」、「極端伊斯蘭分子」、「威脅國家安全」等罪名被拘捕。

中共當局唯恐維吾爾人利用這些網站向國際社會揭露中共的民族壓迫，以及高壓嚴打等踐踏人權的罪行，因此，對製作網頁的維吾爾人加強了監視及鎮壓力度，以各種理由取締了由維吾爾人製作的網站或者安裝了監視程式，海外網站大多都被防火牆封閉。

和田市人民政府於一九九九年發布第八八號文件中指出：「收聽國外廣播節目者、傳播者，處以一萬元罰款，並且受到刑事責任。使用廣播、互聯網、電話、傳真等與國外宗教組織聯繫者，與他們共同進行宗教活動者，處以三千到五千元罰款，並且受到刑事處罰。」

外國記者到新疆採訪，對中共政府而言簡直就代表著「違法」，他們公開去新疆是絕對不被允許的。一些大膽的記者以遊客的身分去新疆秘密採訪，但是他們也只能報導一些親眼看到的新疆的表面狀況，而無法做深入調查。不要說是記者，如果維吾爾百姓和任何普通外國遊客接觸、交談都會被安全部門叫去審問，很多人由於向外國人吐露一些不滿情緒，或傳達了一些新疆的內情而被逮捕入獄。幾乎所有的外籍遊客背後都有安全部門指派的特務監視，在這種情況下，維吾爾人見了外國人就躲得很遠。

就算外國記者的採訪申請得到了許可，那也是政府在逢場作戲給外界看。政府部門，特別是安全部門會指定和安排好記者的採訪地點和採訪人物，安全部特務會提前讓被採訪的人們做好準備，甚至把自己起草好的發言稿給這些被採訪者要求他們背下來，並指示他們向記者發表看法時，一定要爲共產黨和政府歌功頌德，介紹新疆的「繁榮與穩定、民族團結」局面，發表「反對分裂、維護祖國統一」立場的言論。就這樣，記者會被安排採訪某一座清眞寺的神職人員、學校和農民家庭，記者聽到的全是一樣的表態（更確切地說是表演）。這些外國記者不可能去自己想去的地方，不可能採訪自己想要採訪的對象。就算可能，維吾爾族老百姓也不敢向他們表露半點不滿情緒或發表自己的看法和主張，因爲他們清楚地知道，記者走後等待他們的是安全部門的特工和牢獄之災。

譬如，土耳其國家電視台TRT的著名女記者Banu Avar於二〇〇五年九月獲准在中國製作一個專門介紹中國風土人情的紀錄片。當她順利完成在北京、上海、西安等地的拍攝，準備要進入新疆拍攝絲綢之路時，遭到新疆當局的阻撓。最後，Banu女士的攝影組接受了新疆政府有關拍攝地點、採訪人物和報導內容的種種條件，等到政府做好了「妥善安排」後才獲准進入新疆。結果，在中國安全部人員的陪同下，她首先採訪了「中國國際廣播電台」一名負責中共對土耳其宣傳的維吾爾族女廣播員（更確切地說是政府的安排），她用土耳其語向該記者大談中國改革開放後的成就以及新疆的經濟發展，用令人作嘔的言詞對共產黨作了極高的評價。接著，記者被安排到吐魯番的一戶富裕農民家裡採訪，使她看到了「維吾爾農民的幸福生活」。第二天，攝製組又被安排採訪新疆藝術學院一名維吾爾族教授，當記者問他的藝術作品時，這位教授答非所問地說：「在黨的領導下，維吾爾族人民過著幸福的生活，新疆各族人民堅決反對外國的東突分裂勢力」等等。顯然地，他是在背誦政府事先爲他安排好的發言稿。最後，這位記者在員警和安全部官員的陪同下，還被安排去拍攝一座烏魯木齊的清眞寺和採訪一個神職人員。這位「愛宗教人士」也向記者表態說：「維吾爾人有宗教信仰自由，共產黨非常善待穆斯林，信徒們對黨和政府的領導十分滿意！」就這樣，一部介紹新疆絲綢之路的紀錄片，在新疆政府的「協助」下就這樣拍攝完成了。

二〇〇五年十一月二十九日，BBC記者索莫維爾在官方的安排下，採訪烏魯木齊宗教和民族事務委員會的官員亞庫甫．烏馬爾，向他提及漢族移民問題時，這位中共傀儡官員否認中共當局利用移民來稀釋少數民族人口。他說在五〇年代初同現在民族人口比例沒有太大不同，「中央政府確立『去西部』的政策是爲了縮小中國東西部的差距。政策帶來了企業家，這不等於漢族向新疆移民。」這簡直是睜著眼睛說瞎話，說謊也講究分寸，新疆的漢族人口移民問題是個舉世公認的事實問題，他竟然說「五〇年代和現在的民族人口比例一樣」！

聯合國等一些國際組織多次要求派觀察小組去西藏和新疆考察人權狀況，但是遭到中共政府的拒絕。其實，就算答應了，中共也會要求由中國政府決定考察的地點和人物，事先會做好「妥善安排」。在這麼一種恐怖的環境裡，即使人權組織的代表有機會向任何一個維吾爾族群眾或者政治犯詢問人權狀況，也不會有人敢說實話，因爲他們清楚地知道這樣做將遭遇的後果。

由此可見，在國外公開的中共在新疆的侵權行爲只是冰山一角。包括海外華人在內的世界各國民眾，對新疆的眞實狀況無法獲得瞭解。

第七章

維吾爾人民的反抗鬥爭以及中共國家恐怖主義

一、中共建國初期和文革期間在新疆的大屠殺

政治迫害和民族壓迫的雙重災難，維吾爾民族的命運不能由他們自己決定，卻要由其他民族來決定，這就是新疆問題和衝突的由來。

在五〇年代初，中共在新疆的專橫和殘暴到了駭人聽聞的程度，中共殺人狂王震以「追剿國民黨殘部」和「打擊地方反動勢力」、「土改」等名義，在新疆展開了一場場大規模的搜捕和鎮壓活動，逮捕了一批批宗教界人士、地主、商人、資本家和知識分子，他們當中的絕大多數在這幾次運動中被槍決。具體死亡數字只能等以後從中共的檔案裡得知，有學者估計最少有二十萬人被屠殺，以致於毛澤東都覺得王震做得太過分而把他召回中央。

葉飛鴻於二〇〇五年七月十五日發表的《王震鐵腕治新疆》中回憶說：「王震的強硬也是令人害怕的，當年如果哪個維族村子收留了殺害了解放軍戰士的叛亂分子，王震馬上令軍隊包圍整個村子，限令在規定時間交出來。如果不交出來，解放軍會自己先把嫌疑犯幹掉，而且按犧牲的解放軍五～十倍數額來補償，曾經有個村子因為在抓人時抵抗解放軍，結果被大炮轟平。」

此後，不滿中共入疆的很多原東突厥斯坦民族軍官兵和原東突政府官員秘密建立了「東突厥斯坦革命黨」，開始從事地下活動。被視為中共建國初期在新疆最大威脅的這一組織遭

到王震殘酷鎮壓，在幾年的時間裡，有上萬名成員和有牽扯的維吾爾群眾遭到逮捕和殺害。

一九五二年九月十九日，史達林和周恩來進行會談時，史達林提到了新疆問題。周恩來承認中央政府在新疆進行土地改革時有過火行動，史達林同總理周恩來一起分析了過火問題。

一九五三年，王震幾乎把所有的維吾爾族教師和知識分子都關進了監獄，在他的統治時期，有文化知識的維族人，只要對中國統治者有所不滿，就被認定爲「分裂分子」。一九七〇年五月二十九日，三十名著名的維吾爾知識分子在烏魯木齊郊外的洪橋被槍斃。當時的新疆自治區政府副主席，原東突厥斯坦政府高級官員伊敏諾夫，也是於那一天在他所住的烏魯木齊市醫院高幹病房二〇三號房間被折磨致死的。據說是打手們在毛澤東的相框下露出很長的鐵釘，然後抓住伊敏諾夫的頭推向毛澤東的圖像，意思是要他給毛澤東的照片磕頭，結果鐵釘扎入他的前額，悲慘地死去。

中共政府於一九五一年頒布的《中華人民共和國懲治反革命分子條例》中規定，連「傳播謠言」都要被判死刑，可見當時的社會氣氛是多麼的恐怖。

據中共前公安部長羅瑞卿提交的報告估算，在五〇年代初的「土改、鎮反」、「三反五反」中，全中國有四百萬人被處決。佔當時全國人口的一%，按這個比例計算，這段時期在新疆被處決的維吾爾族最少有四萬人。[1]

一九六二年，新疆伊犁地區爆發了全民暴動，在新疆伊寧市數千名民眾聚集在伊寧市的伊犁州政府門外呼喊要糧食時，王震下令開槍，導致大規模暴動。隨後，爲了躲避鎮壓，大批維吾爾人湧進了蘇聯境內。這是中共所說的「伊塔事件」。

據中共文件提到，逃亡人數有十五萬到二十萬，民間說法是七十萬。幾天之內，伊犁、塔城地區十室九空。連被中共改編到解放軍裡的前東突厥斯坦政府高級軍官，也隨民眾大逃亡，其中有被改編後擔任中共解放軍新疆軍區副司令的馬爾戈夫將軍、新疆軍區副總參謀長租農泰也夫將軍，還有廳長、州長、地區專員，以及縣長、公安局長、醫生、教師、宗教人士等等。後來，他們當中的一些人在蘇聯成立了以獨立建國爲宗旨的「東突厥斯坦民族解放陣線」。

一九六九年六月，中共調來另一個軍頭龍書金出任新疆軍區司令。他到任後，爲了讓新疆人懼怕他，在一天之內就在全新疆範圍內以「地方民族主義」的罪名，逮捕了一萬兩千多人，槍斃了三十七人。

據紐約大學瑞瑪克研究所主任 Tony Judt 於一九九七年十二月二十二日在《紐約時報》發表的文章〈通向地獄的漫長之路〉（The Longest Road to Hell）中指出：「在共產中國，可能有六千五百萬人異常死亡。」

據法國學者考特斯和克雷默編寫的《共產主義黑皮書》一書中提出的數字是：「中共建政後中國喪生的總人數，在四千四百五十萬到七千二百萬人之間。」

《華盛頓郵報》記者邵德廉的長篇調查報導〈毛澤東時代的大眾死亡〉，依據各方面調查研究的數字推算出：「自一九四九年中共建政以來，中國因饑餓、迫害和槍殺而死亡的人數可能有八千萬或更多，超過人類兩次世界大戰死亡的人數的總和。」

但是，中共在新疆、西藏、內蒙等地對當地民族的屠殺，相關史料就更難找到。按上述數據，每十個漢人裡至少有一人被共產黨殺害或被迫害致死、餓死。而中共對少數民族更不會手軟，少數民族的不滿情緒和反抗活動比漢族民眾更高漲，加上他們的獨立運動和宗教信仰，這個比例會更大。這樣算下來，在中共建國初期的幾次政治運動和文革十年中，至少有二百萬維吾爾族被槍殺或被迫害致死。

中國的漢族人口在一九五〇年是四億多人，現在是十三億多，增長了三．三倍；而維吾爾族的人口在一九五〇年是三百三十萬，現在是八百七十萬，只增長了二．六倍。

更何況，漢族人早在一九八〇年就開始實行計畫生育，規定城市居民只生一胎，農村居

---

1 其實應該更多，因為在新疆，除了「土改」和「三反五反」的運動對象以外，有更多的「分離分子」、「宗教分子」、「民族主義者」等內地漢人社會裡不存在的打擊對象，所以王震在他執政的近十年裡，屠殺了二十萬維吾爾人的說法應該是成立的。

民只允許兩胎的計畫生育政策在二十五年的時間裡，使漢人人口自然增長減少了三億人[2]，更何況漢族人在中共統治期間有八千萬人非正常死亡。相比之下，少數民族是在一九九〇年才開始推行生育控制的，而且規定城市居民可生兩胎，農村居民可生三胎。少數民族雖然也同樣經歷了中共的政治運動，但是生育限制比漢族人晚十年，而且更寬鬆。加上穆斯林堅決反對打胎或限制生育，所以計畫生育導致的人口自然增長減少率應該比漢人少。

按照上述邏輯推論，維吾爾族的增長率應該比漢族人更高，如果按照漢族人口不考慮計畫生育的自然生長率，即增長四倍來計算，那麼現在維吾爾族的人口應該是一千三百多萬，減去十年來計畫生育導致的自然增長減少約一百萬人，那麼維吾爾族的人口也應該是一千二百多萬，與實際數字相差三百二十萬。

就算按照漢族人口包含計畫生育因素在內的自然增長速度（三．三倍）來計算，現在維吾爾族的人口最起碼應該是一千一百萬，而實際數字卻只有八百八十萬，那麼剩下的二百二十萬維吾爾人到哪裡去了呢？唯一的答案是非正常死亡。

也就是說共產黨在東突厥斯坦統治的五十多年裡，至少有二百二十萬至三百二十萬維吾爾人被直接或間接殺戮，甚至更多！

當然，「鎮反」、「土改」、「反右」、「文化大革命」等運動是整個中國人民和新疆、西藏、內蒙等民族的共同災難。漢族人民也是中共法西斯的受害者。但是，在這段時期裡，王震等殖民主義者趁這些政治運動的機會，屠殺了一大批他們認為應該除掉的維吾爾知識分子和對殖民統治有不滿情緒的人，以便剷除一切障礙，實現對新疆順利殖民統治。也就是說，在內地省分只有政治壓迫，被迫害和殺害的人只是中共政治運動的犧牲品；而在新疆，被屠殺、受迫害的人除了這些政治運動要打擊的對象以外，還有那些與這些政治運動毫不相關的，從事獨立運動、堅持宗教信仰、反抗殖民統治、維護本民族利益的維吾爾人，由於多了這一層含義，從而非正常死亡人數的比例比漢族人自然會更高。

二、鄧小平、江澤民時代中共在新疆的血腥統治

「文革」結束以後，在中國內地省分的漢族人民在很大程度上擺脫了政治運動的迫害，中共也承認了以前的這些政治運動是錯誤的，並為受害者平反昭雪。老百姓開始在改革開放、以經濟建設為主的環境裡過著相對自由、相對富裕的生活。

在胡耀邦時期，新疆經歷了不到十年的相對溫和、相對寬鬆的統治，當時是比較開明的知識分子宋漢良在新疆執政，社會也變得比較穩定，民族矛盾也緩和了許多。一九八〇年胡耀邦視察西藏和新疆後提出「新疆六條」，答應讓新疆充分自治，但當時身居副總理要職的

2 如果沒有計畫生育，中國人口現在應該是十六億，也就是說比一九五〇年自然增長四倍。

王震堅決反對，王震仗著在文革中保護過鄧小平的特殊關係，在中央會議上大罵胡耀邦：「誰做這樣的決定，簡直是賣國賊！」結果，胡耀邦的「新疆六條」以失敗告終。

前中共中央黨校理論研究室主任阮銘，以他參與解決民族問題的經驗，駁斥了江澤民的新疆政策。阮銘說：「八〇年代，胡耀邦到西藏和新疆去，西藏六條、新疆六條，當時的西藏人和新疆人都是非常願意接受的。就是自己自治嘛。我也去了新疆，維吾爾族人贊成胡耀邦的新疆六條，贊成習仲勳的，反對王震的鎮壓，動不動就殺新疆人。我們跟維吾爾人座談過。我到紐約後，達賴喇嘛也找過我，他也贊成胡耀邦路線。不要獨立，胡要把漢族撤除來……，這些問題恰恰是用獨裁暴力製造出來的。」[3]

「六四」以後，中共中央委任王樂泉爲新疆黨委書記以來，新疆幾乎重新回到了過去的文革時代，政治運動和民族壓迫不但沒有停止，反而變本加厲。目前，全國在押的政治犯裡，維吾爾族最多，在新疆每年都有上百名維吾爾政治犯被處決，但卻沒有漢族政治犯被判死刑。

九〇年代，中央改革開放成功，要求各省政府把經濟建設作爲主要任務來抓，而新疆政府則提出「穩定壓倒一切」的工作綱領，把政府的首要任務定爲「抓穩定，抓思想教育，打擊三股勢力」。改革開放以來內地開始解放思想，媒體、輿論比起文革時代放鬆了很多，而在新疆，政治氣氛卻越來越濃、越來越左，老百姓日常生活離不開「黨的喉舌」的宣傳和灌輸。無休止的政治學習、思想教育、批判大會、抗暴演習等運動，使得內地漢族人來到新疆都會大吃一驚，他們在這裡看到的是中國內地二十多年前的政治口號、內地企業早已放棄的每週政治學習、學雷鋒活動、歌頌黨，歌頌社會主義的詩歌朗誦、歌舞表演等濃厚的政治生活。難怪內地人都說：「中國的社會主義紅旗只有在新疆飄揚。」

中央給各省市下達的任何一項指令文件，中共新疆政府最堅決執行、最積極實施，甚至做得更過分。內地沿海地區「學習三個代表」只是有些政府機關單位逢場作戲，做個形式給上級領導看，大部分企業、學校等單位對此類空洞無聊的政治活動是採取不加理睬的態度。但是，在新疆，任何一個政府機關、學校，以及國營、民營、私營企業的員工，甚至農民、牧民們每週最少要有半天的政治學習任務，被強制集體學習「三個代表」和政府文件。

內地各大城市的廣場上，在文革期間建造的毛澤東雕像早在八〇年代都被一一拆除，但是在新疆的喀什艾提尕爾清真寺廣場上仍然屹立著中國最高大的毛澤東雕像。內地學校的教室裡二十年前就已經過時了的馬克思、列寧、史達林、毛澤東頭像，在新疆南部地區的學校教室裡仍然要高高掛起。新疆的維吾爾學校裡，每天早晨上課前學生們必須集合於操場上，高唱中國國歌、進行國旗懸掛儀式。

有內部消息指出：有一次中央召集各省、市、自治區領導彙報各自的工作成績時，江澤

3《大參考》，第一二五二期，二〇〇一年七月五日。

民批評王樂泉沒有把新疆的經濟搞上去。王樂泉說：「新疆這個地方特殊，分裂活動猖獗，因此，我要把工作重點放在打擊分裂主義勢力的政治鬥爭和加強意識形態工作方面。新疆的經濟再落後也沒有關係，重要的是要保住江山。」這句話讓江澤民聽了特別高興，王樂泉成了他器重的人選，不久，王樂泉就進了中央政治局。

一九九〇年初，新疆阿克陶地區巴仁鄉的維吾爾族農民在無法忍受中共壓迫的情況下，被迫拿起武器組織了武裝起義，但是遭到中共軍隊、飛機、坦克的鎮壓，參加起義的幾千名農民幾乎全部就義，幾十個村莊化爲灰燼。中共軍隊不分男女老少對這個地區進行了一場大屠殺，連搖籃裡的嬰兒都沒有放過！此後，新疆政府展開了一場大規模的打擊分裂主義的運動，在全疆範圍內搜捕反政府地下組織，並偵破了「東突厥斯坦伊斯蘭黨」、「東突厥斯坦聖戰組織」、「東突厥斯坦革命黨」等秘密組織，逮捕了上萬名成員和有牽連的老百姓，二百多名組織成員被處決，三千多人都被判處十年至無期徒刑。

一九九六年五月三日至六日，根據中央的決定，中共新疆區黨委召開專門工作會議，把分離運動和非法宗教認定爲影響新疆穩定的主要威脅，放棄對少數民族的懷柔政策，開始採取高壓、嚴打政策。同時，下達要求各級政府嚴厲打擊「三股勢力」的政府《五號文件》。

根據中國官方報導，一九九六年的這一年裡，中國有四千三百六十七人被判處死刑。全世界每年處死的人數加起來，也不如中國一年處死的多[4]，可見中共之恐怖程度。

據人權組織統計，自一九九〇年以來，被中共處決以及迫害死於獄中的維族政治犯等有七百多人，被中共關押、收審的人數達五十六萬人次。新疆是近幾年全中國唯一一個判處政治犯死刑的地區。

一九九七年二月五日，伊寧爆發反抗中共暴行的群眾暴動。據「國際特赦」組織於一九九九年四月發布的《新疆人權報告》，當時有三千到五千人被逮捕。由於監獄爆滿，員警把上千名維吾爾人關入一個結了冰的露天足球場，然後用消防車向人群噴灑冷水，由於當時的氣溫低至零下十五度，導致凍死、凍傷者無數。這次暴動是和平示威群眾遭到員警開槍鎮壓引起的，由於中共封鎖消息，我們無法確切知道多少人死亡。據目擊者表示，這次鎮壓活動中最少有一百七十多人被防暴部隊擊斃。後來，官方報導說，十幾名帶頭者在公判大會後被處決。

爲了達到殺雞儆猴的效果，新疆執政當局在同一年至少還舉行三次公審大會，並槍決了許多維吾爾政治犯。例如一九九七年四月，公審處決了三名伊寧事件的所謂主犯，另有二十七名同犯被判處從七年到無期不等的徒刑；同年七月，經過公審處決了九名伊寧事件的參與者，另有十五人被判處從十五年到無期不等的徒刑；同年十二月，新疆當局再次召開公

4參見《紐約時報》，二〇〇一年六月十九日。

伊寧事件發生十週年，在全球各地均有示威遊行活動。圖為在法國舉行的抗議活動。

審大會，處決了七名參與者。上述被判刑、被處決者都是維吾爾人，罪行都是煽動民族仇恨、殺害漢族幹部和公安人員。

爲防止類似伊寧暴亂的事件再次發生，中共採取了如下的步驟：（一）增調兵力。已知的消息表明，蘭州軍區的重點兵力都已奉調新疆；與此同時，也爲組建不久的新疆武警快速反應部隊配備了包括夜視望遠鏡、武裝直升飛機等在內的先進武器；（二）增建派出所。派出所是中共公安系統的基層組織，肩負防暴、維持社會治安等功能。近兩年，在伊犁、喀什等維吾爾分離運動比較活躍的地區，相繼建立了二百多個派出所；（三）大舉移民。展開新一輪移民計畫，藉口則是新疆的「黑白工程」（黑指石油，白指棉花）需要勞力。

一九九九年十二月中旬，北京政治圈裡會流傳一份內部文件，將威脅國內社會穩定的因素歸納爲以下四個方面：（一）新疆分離主義運動；（二）藏獨運動；（三）失業和下崗工人；（四）地下教會和宗教團體。文件未提民間組黨運動，可見其威脅性不大。而被視爲第一威脅的新疆分離主義運動，其實還包括第四個方面，因爲許多分離主義分子正是以地下教會做掩護。

據「國際特赦」的統計，僅一九九七年一月至一九九九年四月，中國就判處二百一十名「疆獨」分子死刑，其中一百九十人被槍決。

據美國「自由亞洲」廣播電台於二〇〇五年十月二十一日報導：「美國的一家宗旨爲解救政治犯的人權機構提供的資料表明，目前維吾爾族政治犯人數佔全中國政治犯人數的三分之一！」而維吾爾人口卻只佔中國總人口的〇．六%，可見數量之大。

王樂泉統治新疆以來，對維吾爾人一直實行「嚴打、高壓」的政策，在嚴厲打擊「三股勢力」（分離主義、宗教極端主義和恐怖主義），除掉了大批「危險分子」以後，又提出「打擊意識形態領域裡的分離主義」口號。這個「意識形態領域裡的分離主義」是指維吾爾族人在腦子裡持有分離主義思想，在內心裡同情分離主義者，持有贊同分離主義的觀點或者表達此類觀點。也就是說，哪怕內心裡有獨立願望的人、有不滿政府情緒的人、發政治牢騷的人，都是打擊的對象。由於這個原因被捕入獄的維吾爾人不計其數。此舉的目的是在精神上摧毀維吾爾人民的民族獨立意志。

熱比婭・卡德爾。曾遭中共以「向境外組織非法提供國家秘密」罪名被拘捕入獄，是著名的東突厥斯坦獨立運動領袖。

下面，我舉一些具體的例子：

首先，眾所周知的例子是：著名維吾爾族女企業家熱比婭・卡德爾，由於同情政治犯和不滿政府的高壓政策，爲了讓國際社會關注新疆人權問題，她於一九九九年八月把中共官方報紙中有關十名維吾爾族政治犯被判處死刑的報導剪下來，準備通過當時在新疆訪問的美國國會議員轉交給在美國的丈夫，結果被安全廳的特務半路上逮捕，隨後以「向境外組織非法提供國家秘密」的罪名判了八年徒刑，她的一個兒子和秘書也被判了二年徒刑。熱比婭女士是一位在新疆很有社會威望的、赫赫有名的企業家，而且還是中國全國人大代表和新疆政協委員，中共連她都敢這樣重判，可想而知，那些犯了同樣「罪行」的維吾爾族知識分子、學生、職工、農民的下場會是如何？

一九九三年，烏魯木齊市第三中學的維吾爾族教師買買提・伊明給聯合國人權委員會寫了一份反映中共在新疆侵權暴行的控訴信，結果這封信落入安全部門之手，這位教師被判十七年徒刑。

中共在鎮壓反抗勢力時，連兒童都不會放過。二〇〇二年六月十日，在南疆喀什的一所小學裡，一名維吾爾族小學生偷偷地在黑板上寫了一句「打倒共產黨」，結果，這位十一歲的小學生被員警捉去嚴刑拷打，最後被關進「兒童勞教所」，他的父母也被捉去審訊、拷打。隨後，中共警方對喀什市的二十四所小學進行武裝搜查，檢查不到七、八歲小學生的書包，對一些教師及學生進行粗暴審問。

新疆大學的一位學生在廁所裡寫了一句「科索沃的今天，就是我們的明天」，結果，員警在全校展開大搜捕，最後捉到了這位學生。他被公安拷打、折磨後，被判了三年徒刑。

最令人難以置信的事，就是在SARS病症（嚴重急性呼吸道症候群）流傳於廣東的時候，政府要求各省防範病毒蔓延，新疆大學出現「穆斯林不吃豬肉，不會被SARS傳染」的傳言，結果校方開除了三名傳播這個謠言的維吾爾族學生，理由是「傳播分離謠言，破壞民族團結」。

由於政府對維吾爾族學生從小灌輸無神論教育，作爲伊斯蘭教徒的維吾爾人希望兒女學得一點宗教知識，但是在共產黨的天下沒有這樣的機會，結果在社會上，特別是在農村出現了許多秘密的宗教授課點。政府只要接到這類情報，就派大批軍警去「剷除非法宗教窩點」，逮捕老師和學生，以「非法宗教活動，極端宗教勢力」等理由把他們關入監牢。

在庫車縣，員警挨家挨戶搜查，只要發現誰的家裡有收音機就一概沒收，商店裡也禁止出售短波收音機，此舉的目的是爲了阻止維吾爾人收聽境外廣播。由於瀏覽國外的「反動網站」，收聽「美國之音」、「自由亞洲」廣播後「散布謠言」，而被捕入獄的維吾爾族人有數千名之多。

一九九八年二月六日，旅居日本的維吾爾學者拖乎提．吐尼雅孜在東京大學展開的少數民族問題研討會上發表文章返回中國後，以「煽動分離主義」和「非法獲取國家機密」罪被判處十一年徒刑。這裡所說的「非法獲取國家機密」，是指他在國內某圖書館複印了一些有關少數民族歷史的公開出版的文獻資料。眞正原因是他從事歷史研究，向日本人民介紹了新疆少數民族的歷史事實，而惹怒了中共當局。

喀什的維吾爾作家阿卜杜勒．加尼．買買提民由於向德國的「東突厥斯坦信息中心」提供中共侵犯人權的消息，於二〇〇二年在新疆喀什地區被捕，後來被判處九年監禁。維吾爾作家努爾穆罕默德．亞森因爲他的散文〈野鴿子〉表達了渴望自由的願望而被捕入獄，被判處十年徒刑。

一九九九年二月四日傍晚，兩名家住喀什的維吾爾姐妹——十四歲的阿米娜和十二歲的阿孜古麗，經過當地中共武警中隊營地時，被哨兵強行拖入值勤室強暴。事後，女孩子們的父親找武警中隊長投訴，該隊長害怕醜事外揚，反而以「非法闖入軍營」的罪名將他關了起來。親友、鄰居聞訊後上門找武警中隊評理，結果以聚眾鬧事為理由，動用武力將人群驅散，逮捕了「鬧事」的一批人。

一九九九年夏天，駐紮在喀什沙東縣的二三六四二部隊，在大河橋附近地區進行軍事演習。導致五十畝待收割的稻田全被踐踏得顆粒無存。受害維族農民找部隊負責人哭訴。但是，軍方不但沒有歉意，反而令士兵把他們綁在樹幹上練拳擊，待幾個農民被打得昏死過去，就把他們扔到公路上揚長而去。這些人被群眾發現後獲救，但仍有一人因傷重死於醫院。

根據中共《和田日報》（漢語版）報導，一九九九年八、九月間，中共派遣一個師的武警部隊到該地「平暴」。他們為了搜捕躲藏在高粱地裡的「疆獨」分子，竟然在玉墨鄉動員兩千名農民砍倒他們自己田裡幾千畝尚未成熟的高粱，令當地農民蒙受重大經濟損失。

一九九九年十月二十六日，武警部隊包圍和田縣賽克孜湖鄉庫里村的一個農家，聲稱這裡窩藏「民族分裂分子」，不分青紅皂白就亂槍掃射，結果阿布都・卡德爾、買買提・尹明等三個無辜維族平民被當場擊斃。

一九九九年七月至十二月的半年裡，中共僅在伊犁地區就進行了四十七次秘密審判，對八百七十三名所謂「民族分裂分子」、「非法宗教活動者」判處了重刑。其中有一百四十二人被判處死刑。當局還特地調遣軍隊第五六六〇師進入伊犁戒嚴，下令發現維吾爾人稍發出不滿的表示就進行逮捕，遇到反抗就當場擊斃。

一九九九年八月九日，和田地區洛甫縣上萬名維吾爾人舉行示威，要求中共政府把作爲「民族分裂分子」處決的兩具維族青年屍體交還家屬。然而，當局卻以殘酷的鎮壓做回應，八月二十五日，向和田增派了一個師的部隊，逐村、逐家地搜捕示威者。和田公安局的一份內部簡報承認，從八月九日到九月二十五日，中共共逮捕了「民族分裂分子」、「非法宗教活動者」（其實就是參加示威活動者）一千七百六十人，而且有兩人在逮捕行動中被亂槍打死。

一九九九年十二月，和田公安局揚言在市棉花收購站發現兩枚炸彈，於是在該地區展開搜捕。買買提·阿卜杜拉、熱哈曼·海里等上百人被送進監獄，並且遭到嚴刑逼供。監獄傳出的消息宣稱，被逮捕的人當中有七人被折磨致死，家屬至今連屍首都不能見一面。當局反而謊稱這些人「越獄」逃走。

一九九九年十月，和田百貨公司門前出現反政府大字報。當局在該市展開大規模搜查，拘留審問了四百五十餘名嫌疑人，最後以筆跡相似認定第三中學初三女生阿依努爾·亞森作案。員警對這位姑娘進行了慘無人道的嚴刑拷打。儘管該女孩堅持不是她幹的，可是當局在查無罪證的情況下，還是把女學生長期關押了起來。

一九九九年十二月七日，和田地區一名小學五年級學生，僅僅因爲撕掉了課本中的毛澤東像，就被公安拘留，並遭到毒打。

中共在新疆還實行株連政策：一人「犯罪」，全家遭殃；一村出問題，全鄉蒙難；一地發現「疆獨」活動，全區「軍管」、「嚴打」。一九九九年十一月，員警在和田賽克孜湖鄉逮捕了托胡提·阿吉祖孫三代，包括他的四個兒子、三個女兒，以及孫輩共十餘人，罪名是「包庇民族分裂分子」，而且臨走時一把火燒了他家的房子，並且用推土機將房基鏟爲平地。

九〇年代初，新疆喀什市浩罕鄉農民手裡的田地被政府佔用，理由是要擴建火車站。鐵道部按政策下撥給喀什政府的土地賠償款被當地政府層層吃光，農民一分錢都沒有拿到。被佔用土地的農民商量派六人上訪自治區，這消息被喀什市知道了，深夜派動公安捉走這六人，將他們吊起來毒打，各種刑具全用上，迫使這六人立下保證書不再上訪才把人放回。

「東突厥斯坦信息中心」報導：來自蘭州軍區的絕密消息還透露，中共甚至使用化學武器在新疆鎮壓民族運動的過程中做試驗。

只要傳出有分裂分子躲入某個村裡的消息，政府不是出動員警，而是命令野戰部隊發動夜間突然襲擊，將他們認爲是「疆獨分子」基地的維族村莊，連人帶牲口全部殺光，然後付之一炬。其人性之滅絕、暴行之血腥，舉世無雙。

《大參考》第一七〇一期（二〇〇二年九月二十七日）刊登了《大紀元》記者唐青的一篇報導，轉載如下：

一名富有良心正義的解放軍戰士，一九八九年在新疆執行任務時，不忍心槍殺一名還不會走路的維族小孩，被部隊記大過，影響了前程。這名二十一歲的解放軍隨即被清出野戰部隊，送進了軍區農場勞動，在新疆的茫茫戈壁上種了三年的地。文章由紐約的李世雄提供。因安全原因，這名漢族士兵化名張軍濤於二〇〇〇年九月八日寫下了這篇驚人的內幕。

他寫道：

那時我在新疆軍區番號爲三六二二一部隊服役，剛剛通過了三個月的新兵訓練，大約是八九年四月初的一天晚上，突然軍號吹響，是緊急集合，團首長宣布有緊急情況！一夥少數民族要分裂祖國，要搞武裝叛亂。作爲軍人，我們要誓死捍衛黨和軍隊的光榮傳統，不怕犧牲，保衛祖國，英勇殺敵，血戰到底！

首長說：「敵人窮凶極惡，非常狡猾，所以部隊在執行掃蕩任務時，一定要格殺勿論，絕不能留下一個『活口』。一槍沒打死可以多打幾槍，直到打死爲止。每個班組打死的人由各班班長負責驗屍，無論是誰，只要留下『活口』的就當場執行槍決。因爲『活口』會跑到外邊去造謠惑眾，破壞民族團結，影響國家安定。對待敵人我們革命軍人絕不能心慈手軟。不要看到老弱病殘、婦女兒童就成軟蛋了，她們會突然從袖筒裡扔出一顆炸彈來炸死你娘的膽小鬼。我們在打越南時不少軍人就是這樣送的命，死了還落個處分，眞他媽的給祖宗丟臉。服從命令是軍人的天職，僅在戰場上不聽指揮這一條就構得上死罪。上級把子彈交給軍人是殺敵用的，不是他媽壯膽吃的。不許還沒接近目標就開槍，更不許暴露我軍方位。在形成嚴密的包圍之後，要同時採取行動，遇到人多時一定要驅散分開後再打，不要讓屍體過於集中，甚至堆積，以免妨礙驗屍留下『活口』。」

各級首長訓話完畢後就上車出發了，我們包圍了喀什市一個維吾爾人居住區，營執行封鎖任務，其他營悄悄進入作戰位置（其實就是維吾爾人的家門口）時，一些狗就叫了起來，接著就槍聲大作，探照燈突然都亮了，一道道強光使地面顯得格外恐怖！總覺得從黑暗處會飛出子彈，雖然每隔一米多就有班裡的戰友（部隊以此距離形成封鎖線）。但我還是不由自主地打著抖，我天生膽小怕事才成了最聽上級話的人，可當兵還要執行「格殺勿論」的掃蕩任務實在太出乎意料了，我只在電影裡見過日本鬼子對中國老百姓的掃蕩，我感到身邊的戰友也在發抖。我們連都是新兵，這是我們執行的第一個任務，我緊緊地握住上了膛的衝鋒槍像個木樁被釘在地上，腦子出現了空白。除了有些雞狗亂竄之外，一個逃跑的「老維子」（軍人對維族人的別稱）也沒看見。因爲在每家的門口都有老兵把守著，維吾爾人的住房窗户很小也很少，所以很難逃出去。不知站了多久，突然聽到轉移的命令，說要到另一個地方去執行搜索任務，那地方的房子很多，上級命令要儘快地再搜索一遍，看有沒有「活口」，務必在天亮之前撤離該地區。在搜索時我發現一個小孩子坐在死人堆裡哭，就停下了。那小孩見到活人就伸出雙手要抱，我心想他還把我當成好人了，我猶豫了一下，把槍背到身後就跨過屍體準備去抱他（她），這時才注意到不知是男孩還是女孩，但肯定是還不會走路的孩子。我抱他時發現他身上到處是血，不知是不是受了傷，一雙大眼睛毫不懷疑地看著我，看得我眼淚直往下淌，一雙帶血的小手緊緊地摟著我的脖子，小臉緊緊地貼著我的臉。這時班長氣勢洶洶地衝過來就是一腳，把我和孩子踩倒在死人堆裡，破口大罵道：「他媽的，要不是看你是個新兵蛋子，老子一槍就斃了你。」倒地後的孩子把我抱得更緊了，班長一把抓過孩子，孩子驚叫起來，也許是孩子驚恐的眼神使班長的心軟了吧，他輕輕地放下孩子說：「我們是軍人，不執行軍令是要掉腦袋的，幸虧沒有被別班的人看見，趕緊給老子滾吧。」我沒勇氣再看一眼那孩子就跑到外邊去了，最後孩子是死是活就很難說了，班長和其餘的新兵也跟在我身後出來了，其實也是前面的軍人下不了手才留下的。除了那孩子就沒見到一個還活著的維族人。

我被關了半個月禁閉後以「違犯軍紀」這個籠統的罪名記了一個大過（一直裝在我的檔案裡，讓我一輩子不得翻身），指導員要我記住這個「小小的教訓」還差一點腦袋就掉了。我被清出野戰部隊，送進了軍區農場勞動。就這樣二十一歲的我，在新疆的茫茫戈壁上當了三年的兵，種了三年的地。

這是一個在新疆親身經歷了一場屠殺的解放軍士兵良心的發現和一生的愧疚，可見中共對維吾爾人民的殘暴到了何等的程度。

中共想要通過這種高壓、嚴打、屠殺等措施達到新疆「社會穩定」，也就是說不管你對中共有多麼不滿，它不讓你想、不讓你說、不讓你同情、不讓你訴苦、不讓你反抗，你維族人想反抗，就置你於死地！要想生存，就要像奴隸一樣老老實實地服從它的統治。從精神到思維，從言論到行動都要強行地給維吾爾人戴上無形的鎖鏈，在精神上消滅，在肉體上摧殘、搞垮。在沒有民主和自由，沒有法制約束的中共獨裁專制體制裡，中共法西斯可以為所欲為！其殘暴程度令人不寒而慄！

這樣還不夠，還要求各工作單位在每週星期三組織政治學習活動會上宣讀政府文件、學習三個代表，然後讓每個人公開表態。維吾爾族職員、幹部就算心裡有不滿情緒，也要做出支持政府的態度，還要當眾批判「三股勢力」。大多數維吾爾職工、幹部被迫屈服於這種壓力，不得不說違心話。

每逢中共國慶日等慶祝活動或者漢族人過春節時，新疆政府要命令公安、安全系統：「為了確保安全，寧可錯抓一千，不可一人漏網！」結果，政府會出動武警、刑警、安全部門特務在全疆進行大搜捕，把成千上萬個被認爲是「有嫌疑」的無辜維吾爾人關進骯髒、恐怖的監獄進行審訊、拷打。遇到這種形勢，以前有過前科的，刑滿出獄的政治犯都會統統被捉去，等慶祝活動結束後再放他們出來，原因是擔心他們乘機再「鬧事」！僅僅因爲「可疑」和「擔心」，僅僅爲了杜絕「出事」的可能性，在沒有任何證據的情況下就將大批維吾爾人逮捕入獄，進行非法審訊、長期關押、嚴刑逼供，這種暴行也只有中共法西斯才幹得出來！

譬如，「中央社」記者郭傳信在二〇〇三年二月五日的報導說：「中共新疆當局爲防範一九九七年二月五日『伊寧暴動』事件重演，自農曆新年除夕至今天大年初四，在毫無理由的情況下，強行逮捕了三百五十多名維吾爾青年。」

中共侵權例子多不勝舉，上述案例足以證明中共在新疆血腥統治之恐怖程度。中共在「六四」用坦克、機槍對付示威學生，後來又殘酷鎭壓法輪功學員，已是舉世共睹的事實。它對待自己的漢族同胞都這麼殘忍，更何況對付的是既反共、又有獨立願望的那些新疆、西藏、內蒙的異族！

現在，整個新疆就像一個龐大的、與世隔絕的集中營，關押著一千多萬名維吾爾族等的政治犯，飽經苦難的維吾爾族人民爲了祖國和民族的自由，已經獻出了幾百萬條生命，他們不得不忍氣吞聲，把怒火藏在內心。這個怒火一旦爆發，就會像火山一樣，噴向中共法西斯專政和他們的追隨者們！

中共在新疆的恐怖統治，連新疆的一部分漢族人都實在看不下去。新疆社會科學院的一位漢族學者，向政府提交了一份報告，反映了政府高壓、嚴打造成了民族對立和社會危機，建議政府不要擴大打擊對象的範圍，而要採取其他一些柔和政策來緩和新疆的民族矛盾。結果，這位漢族學者被停職。

《新疆日報》（二〇〇一年六月十五日）的報導說：一名居住在新疆，四十歲的漢族劉衛方在「深圳之窗」、「寧夏公眾網」等網站，轉貼民主亞洲基金會的文章，並就中共對維吾爾族的暴行和西部開發的移民問題上批評中共政府。結果以「網上發布反動文章，公然惡毒攻擊黨、謾罵黨和國家領導人，攻擊社會主義制度，詆毀改革開放以來的黨的各項方針、政策，企圖顛覆國家政權」等罪名判刑三年。

《大參考》第一一〇〇期（二〇〇一年二月三日）報導：四川成都漢族人黃琦於二〇〇〇年三月至六月，在其開辦的「天網尋人」網站主頁設置「走向論壇」欄目，刊登〈新疆維吾爾人的獨立意識〉、〈熱比婭何罪之有〉等文章後，以「煽動顛覆政權」和「煽動分裂」爲由被捕。黃琦在監獄中多次被毆打折磨，至今關押已經兩年多。海外人權團體對此案密切關注，紐約的「保護記者委員會」還曾爲此發表專門報告。

甚至，新疆公安廳某副廳長在某次不滿上級鎮壓決定之後憤然離職退黨，但是遭到了當局的嚴厲處罰。他在被監視居住期間寫出了退黨聲明，驚動了高層。雖然「底稿」被公安人員強行搜走，但是其影印版卻早已流傳出來。他在退黨聲明中說：「我錯誤地以爲殺害維吾爾人和法輪功學員是爲了維護大多數人民的利益……。我眞的錯了，我一開始就錯了。但是我絕不能一錯再錯，錯上加錯！」[5]

近幾年來，在中共的高壓、嚴打的恐怖統治下，看起來新疆局勢日顯平靜。其實不然，維吾爾人民已經意識到，抗議、請願、和平示威已經解決不了問題，他們對共產黨政府已經絕望，帶著血的淚水不再外湧，而是往內心裡流！所有的不滿情緒都已化爲了可怕的仇恨，正在他們內心裡默默燃燒！目前新疆表面上的安定局面，只是暴風雨前的寧靜而已。

三、中共員警當局對維吾爾政治犯慘無人性的酷刑和折磨

中共最殘忍的暴行就是在監獄裡的酷刑和折磨方式，可以說中共在這方面有很多專利。在新疆的監獄裡被折磨致死的政治犯人數，比在刑場上被處決的人數要多幾倍。

據「東突厥斯坦信息中心」消息，在新疆總共有一百四十五座大、小監獄和三十多處勞改農場，維吾爾服刑人數超過二十五萬，而其中有十五萬是政治犯。

二〇〇五年四月十二日，美國的兩家人權組織「人權觀察」和「中國人權」（HRIC）發表了一份長達一百一十四頁，題目爲《毀滅性打擊：新疆維吾爾人的宗教壓迫》的報告。

該報告引述新疆勞教局副局長的一份報告說：二〇〇一年被關入勞教營裡的犯人有一半的罪名是「非法組織成員」和「從事非法宗教活動」，該報告也證實了上述觀點。

據「東突厥斯坦信息中心」提供的資料，爲了懾服政治犯接受「改造」，新疆的監獄裡有一種慣用的「打靶」遊戲，專門找一個性格固執、不願屈服的「反改造」分子管教，把他們拖出來「打靶」。獄卒們爲了達到殺一儆百的目的，每次「打靶」都會驅趕所有犯人前來觀看，有時甚至會拖出兩個「不老實的」陪綁。被「打靶」者就這樣在眾目睽睽下，近距離內被一槍打得腦漿迸裂，而陪綁者總是給嚇得屎尿一褲兜，昏死過去。有的犯人從此變成了精神病患者。這還不算，接下去監獄方面就會強迫犯人連夜開會，令每一個囚犯「夜戰」，談「改造心得」。共產黨稱之爲「觸及靈魂」。

在新疆的每一座監獄裡，一年「打靶」幹掉二、三十個「反改造」分子只是個小數目，更多的是被酷刑虐待致死的。從烏魯木齊六道灣監獄傳出的消息說，那裡的獄卒使用背銬將犯人吊起來毒打、電擊生殖器、關小號、水牢、饑餓懲罰等常人難以想像的各種陰毒手段懲戒疆獨政治犯。被虐待致死的犯人很快就被毀屍滅跡，然後獄方通知家屬說「犯人越獄逃亡」，並威脅家屬「要與政府配合隨時通報犯人行蹤」，而家屬就這樣在無望的等待中失去

5參見《大紀元》，二〇〇四年十二月二十七日。

了親人。

曾在監獄裡飽受折磨的一位維吾爾族青年政治犯描述說，他在監獄裡看到了電棍、吊打犯人的搭鉤，上背銬後增加重量的鐵砣，夾手指、舌頭、陰莖的夾鉗，綁人的細鋼絲、釘子板、烙鐵板、老虎凳，把脖子和手指套在一起的十多公斤重的鐵枷鎖，防止犯人避開審訊視線的特殊燈具等等，各式各樣普通百姓想都不敢想的殘酷刑具，而且他還親身領略了一二。

除此之外，這位青年還向外界透露了烏魯木齊監獄許多鮮爲人知的黑暗面：「整個監獄有六十間牢房，分成六個號子，我住的牢房四米寬、五米長，幾十個人擠在一起，尿桶就放在進門處，臭氣熏天、令人難熬，晚間還得受臭蟲、蝨子的攻擊，牆上、床板上、衣被上都是碾死臭蟲的血跡；在那裡，刑事犯是受優待的，能吃上一日三餐，而政治犯早晨只有一個粗麵饅頭，晚間一碗糊糊粥，員警稱之爲『饑餓改造』。」

談到共產黨監獄裡政治犯的慘狀，該青年又介紹了兩起親眼所見的酷刑案例：「在同一間牢房裡，有一個來自庫車縣的維族青年圖爾迪，員警爲了逼他交代問題，就殘忍地用細鋼絲插他的陰莖，結果導致陰莖浮腫潰爛，因無法小便而被活活憋死。還有一個名叫塔里布·阿克熱木·土爾遜的二十四歲維族青年，家住沙雅縣揆布容鄉齊滿村。一天，員警把他拖進來、扔到地上就不管了。難友們圍上去一看，只見他被打得鼻青臉腫、血肉模糊，兩條腿都被打斷了，痛苦地呻吟著，連嘴都張不開。又過了兩天，員警把他轉到了隔壁重刑犯的牢裡。

那天深夜，牢房裡傳來了拷打犯人的聲音和受刑人的慘叫聲，早上就聽說塔里布『越獄逃跑』了。」

「越獄逃跑」是共產黨在監獄裡消滅「頑固疆獨分子」的慣用術語。說到這裡，這位青年又補充了幾例難友們敘述的員警虐殺政治犯的血案：

托克遜監獄裡關著一個伊蘭麗克鄉塞布伊村的維族青年，二十二歲，名叫尼伢子．阿布杜拉。當局指控他安放炸彈，可是他堅決否認，並且說連炸彈是什麼樣子他都沒見過。兩個月的拷問下來，員警什麼口供也拿不到，於是就把他關進了單人牢房，十八天不給吃的，硬是把人給活活餓死了。尼伢子死後，屍體被秘密處理。員警反而跑到他家裡，聲稱「罪犯越獄潛逃」，並毆打恐嚇其家屬，逼令他們交出「逃犯」。

中世紀的水牢現在仍在新疆發揮著它的作用，新疆的水牢裡一般都關押政治犯，中共員警為了獲取犯人招供，將他們長期泡在帶有糞便和老鼠的臭水裡，身體很快會被摧殘，最終折磨致死。

這位目擊者還說：烏魯木齊的鐵克庫都（一號立井）監獄有六個水牢，二公尺寬，四公尺長，水深一．二公尺，漆黑一片。一個名叫卡德爾．卡利的政治犯帶上背銬和二十公斤重的腳鐐被推了進去。為了防止囚犯跌倒淹死，他的脖子上套了一個一公分厚、十五公分寬的鐵環，用鐵鍊連接著掛在水牢門上。犯人在水牢中只能站著睡覺，每隔一小時管教就來問一次：「你活著嗎？」「你還沒死啊！」犯人如果不回答、不用眼睛看管教，就會被延長水牢懲罰時間爲兩小時。白天，卡德爾會被拖出去審訊、進食、換空氣，但同時也遭警棍毒打和電擊，結果渾身都潰爛了。卡德爾在水牢裡泡了十三天，出來的時候人就跟「水馬」一樣，三天後就死了。

另據維吾爾族宗教組織的消息說：和田地區的阿布都·卡德卡利、買買提·吐爾遜、阿布都克裡木·卡利、土爾遜·卡利四位維族青年，因所謂「非法從事宗教活動」的罪名，於一九九九年四月被送到克力亞縣可拉汗勞改農場。但六月二十七日當局就通知他們家人，罪犯在越獄潛逃時被當場擊斃，可是家屬卻一直不能見到親人的屍體。

沙雅縣也傳出消息：有七十五名政治犯被驅趕到該縣的一座舊煤礦進行勞動改造。一九九九年七月十八日煤礦發生塌頂事故，所有犯人全被活埋，但當局根本就不打算營救，過了一周仍然沒有挖開塌方的封口。

用電棍擊打，將馬尾絲插入生殖器尿道，用針刺入指甲縫，在傷口上灑鹽水，在冰上赤腳罰站，還有他們的發明「坐老虎凳」、「坐飛機」等很多方式，都是中共員警常用的刑罰。很多人就被這樣活活整死，即使僥倖活了下來，出獄後也基本上變得精神失常。

無可置疑地，利用酷刑殺人、勞改殺人、有計畫地從肉體上消滅所謂的「疆獨」分子，是中共力圖強化其在「新疆」殖民地位之企圖的一個組成部分。共產惡吏幹下的所有殘忍而又血腥的暴行，絕不是某個監獄或勞改農場裡的孤立行爲，他們完全是在執行中共的種族滅絕政策，是得到共產黨最高當局鼓勵和默認的。

外界很難知道在中共的監獄裡被這樣折磨致死或自殺的具體維吾爾族人數，但根據出獄的維吾爾族犯人反映，這種事在監獄裡司空見慣，甚至有些員警在和朋友聊天時也會吐露眞情。有時員警們將犯人折磨致死後，擔心家屬看到死者身上被折磨所留下的傷痕後會鬧事，就把屍體埋在附近的荒野，幾個月後等屍體腐爛了，再將掩埋地點告訴家屬，並解釋說：「由於犯人企圖逃跑，被開槍打死了。」

很多犯人在被折磨致死前其腎臟被切除，出售人體器官是員警們賺錢的最好途徑之一。犯人在刑場上被處決前，公安部門會和醫院達成協議，犯人被槍決後其所有有用的器官都會立刻被醫院買去。

最令人無法忍受的是，當被處死的犯人家屬辦理喪事，抱著死者痛哭的時候，員警會前來索取子彈費（處決犯人用去的子彈）。儘管這幾年已經取消了這種作法，但這種喪失人性的法律在新疆持續了幾十年。

有些維吾爾政治犯被執行槍決後，員警拒絕把屍體交給家屬，不允許家屬進行宗教葬禮儀式，而是把死者連同手腳上的枷鎖一起用推土機隨便掩埋。如果幾個人一起被處死，就挖個大坑把他們橫七豎八地扔進坑裡埋掉，埋葬地點也不告訴其家人。

中共對維吾爾政治犯很少進行法庭公開審判，也不許律師辯護，要判何罪，判何結果都要由安全廳和當地黨委、政法委決定，法官只是做個樣子宣讀上級部門爲他們準備好的審判結果。爲了殺雞儆猴，有時候被判死刑的政治犯胸前掛上審判牌，先是被軍人押上軍車在城裡兜圈示眾，然後要在廣場上召集群眾開公審大會。由於害怕犯人喊口號，押犯人的軍警會用細鐵絲卡住犯人的喉嚨，或者在舌頭上打麻藥。

在新疆民間，廣泛流傳著這樣一個生動形象的幽默：中國、俄羅斯、美國三國的員警舉行一次技能比賽，他們將一隻狐狸放進森林裡，然後比試看哪國的員警能最快地抓到牠。首先行動的美國員警，他們組成了一個五個人的小分隊，帶著先進的探測儀器進入了森林，小心翼翼地對整個森林進行了搜捕，結果花了六個小時的時間也沒有抓到狐狸。俄羅斯警方組成了十個人的搜捕隊進入了森林，砍倒了無數棵樹，燒毀了一大片森林，花了一整天也沒有抓到狐狸。最後，中國警方派出一百人的特種員警部隊將森林團團包圍，展開了地毯式的大搜索，最後將整個森林都砍光、燒光，對四周亂槍掃射，打死無數飛鳥和松鼠。結果，僅僅用了三個小時就宣布行動勝利結束。他們手裡提著一隻遍體鱗傷、頭破血流的兔子說：「我們抓到牠了！」美國人和俄羅斯人驚訝地問道：「我們要抓的是狐狸，但這是一隻兔子呀！」中國員警理直氣壯地說：「誰說這是兔子！你們問問牠自己！」可憐的兔子哭喊著說：「不要再打我了！我承認是一隻狐狸！」這雖然只是一個幽默，但是的確反映了中國員警的眞實特徵。

由於中共的新聞封鎖，海外疆獨組織無法獲取這些中共侵犯人權的全面的、充分的證據資料，在很大程度上難於向國際組織全面反映東突厥斯坦（新疆）的黑暗內幕。國際人權組織的報告也只能依據中共官方報紙的消息，和有幸潛逃犯人的自述等有限的依據。

《中國時報》以及「美國之音」於一九九九年四月二十二日的報導說：在聯合國人權委員會將投票表決譴責中共人權案的前夕，「國際特赦」在華府發表一份報告，揭露新疆的政治犯遭到中共性虐待和處決的內幕。報告指出，新疆維吾爾自治區是大陸近年來唯一有眾多政治犯遭到處決的地區，而且政治犯遭受到罕見的酷刑，包括生殖器被插入馬的鬃毛或其他細絲。

「國際特赦」中國問題研究員拉杜基說，最近發表的這份報告，明顯地揭露了最近幾年以來中國政府在新疆加緊壓制當地居民的情況。他說，證據顯示，在那裡有非常嚴重的侵犯人權的情況，其中包括不公正的政治審判，施行酷刑，隨意即刻地執行處決，以及任意拘留很多人士。譬如，從一九九七年以來，我們在新疆地區記錄了二百一十起死刑判決和一百九十起死刑犯的處決，被處決的大部分是維吾爾族人。這一份新疆人權紀錄報告內容多達九十二頁。「國際特赦」的亞太事務部主任庫馬表示，這是首次以文字紀錄方式，揭露新疆維吾爾族人權遭到侵害的情況。

而庫馬告訴記者，中國大陸其他地區也有人權問題，但維吾爾族自治區的情況特別嚴重，包括政治犯遭到處決和出現其他地方沒有的酷刑。中共還加緊對新疆的消息管制。對於國際間的指控，中共外交部發言人孫玉璽在例行記者會上表示憤怒。他說，這些指控和傳言毫無根據，新疆沒有像這樣迫害和虐待的問題發生。

在國外東突組織的努力下，國際社會開始越來越關注東突（新疆）政治犯問題，以美國爲首的西方國家不斷向中共施加壓力，要求中共停止迫害維吾爾人，世界各地的人權組織也紛紛譴責中國在新疆的人權侵犯。東突（新疆）問題開始在國際媒體和人權報告上頻繁出現，成了中共最頭痛的問題之一。

四、利用「反恐」藉口，進一步鎮壓維吾爾人。

中共在東突厥斯坦的上述暴行不但沒有嚇倒維吾爾人民，反而激化了社會、宗教和民族矛盾，引發了更大規模的反抗和自由運動。中共越是高壓，維族人民的反抗越是強烈。東突獨立運動打不完，東突自由鬥士殺不盡，使中共傷透了腦筋，簡直到了狗急跳牆、大開殺戒的地步。

九一一以後，隨著美國攻打阿富汗，世界各地出現反對伊斯蘭恐怖主義的全球性反恐運動，中共認為這是一個鎮壓維吾爾獨立運動的好機會、好藉口，因為維吾爾人是穆斯林，正好可以迎合世界反對伊斯蘭恐怖主義的潮流。為了避免因鎮壓「疆獨」而遭到國際人權機構譴責，北京趁著「九一一事件」以來的國際局勢，試圖把打擊東突民族運動合法化，便通過外交部發言人於同年十月十一日發出這樣的信號：今後把打擊「疆獨」列入國際反恐怖主義範圍。

在九一一之前，中共在鎮壓民族分裂運動時，都是以「企圖分裂國家」、「危害國家利益」、「擾亂社會秩序」、「洩露國家秘密」等罪名，打擊維吾爾族的反抗。中國政府在新疆獨立問題上一直採取低調，從來不允許媒體報導，在國際舞台上則強調說這是中國的內部事務。自從發生九一一恐怖襲擊事件以來，中共在新疆問題上出現一百八十度的態度變化。二〇〇二年一月二十一日，國務院新聞辦公室發文〈「東突」恐怖勢力難脫罪責〉，「東突」這一字眼才首次在中國媒體上出現，有關「東突恐怖罪行」的文章鋪天蓋地般地出現在中國各大媒體。中共提出「東突恐怖勢力是國際恐怖主義勢力的一部分，打擊『東突』恐怖主義勢力是國際反恐鬥爭的一個重要部分」。藉此，表現出中國也要配合美國，和國際反恐鬥爭保持一致的姿態。

在海外，從事疆獨活動的東突組織有好幾十個，主要活動在歐洲、土耳其、中亞、北美、澳洲等地，其中一個組織是在阿富汗。在九〇年代，前後有幾百名維吾爾族青年潛入阿富汗後，在這個國家受訓並成立了激進的「東突厥斯坦伊斯蘭運動」組織，其宗旨是接受訓練後回到新疆從事武裝反抗活動。但是，這個組織在美國軍事打擊阿富汗時也被打散了，一些來自新疆的「東突厥斯坦伊斯蘭運動」組織成員被美軍捉獲，中國外交部提出的引渡要求被美方拒絕。不僅如此，美國反恐特使泰勒在訪華期間還堅稱：「美國政府並不把疆獨人士看作是恐怖分子。」美國這樣做是因爲他們很清楚地知道這些人一旦被引渡回中國，就會被嚴刑拷打，然後被處決。

二○○二年九月十一日，美國爲了爭取中國支持它對伊拉克開戰，和中共政府做了秘密交易後，把阿富汗的「東突厥斯坦伊斯蘭運動」（ETIM）組織列入恐怖主義名單。眾議院外交委員會下屬的東亞小組委員會副主席羅拉巴克對這種作法持懷疑的態度，他說：「我認爲，我們在跟北京的專制政權達成任何共識之前，應該非常謹慎的思考一下，究竟哪些組織是恐怖組織？哪些組織不是恐怖組織？特別在新疆、西藏這類地方更應該謹慎。北京非常想把這類組織列爲恐怖組織，這樣做對他們鎮壓分離運動當然很方便，我們不能輕易走進北京的圈套。」[6]

果然不出所料，中國政府彷彿拿到了撒手鐧，開始拿這張王牌大作文章，在它的官方媒體裡玩弄文字遊戲，以一蓋全，公然把美國的這一決定篡改成「美國把『東突』組織列入了恐怖主義名單」。大部分中國人都搞不清楚，以爲「東突」組織就是指「東突厥斯坦伊斯蘭運動」組織，甚至就連海外民運組織的網站上也接收了這套說法。

其實，「東突」是「東突厥斯坦」的簡稱，英文為「East Turkistan」，這只是一個地名、國名而已，國內外維吾爾人的所有異議政治組織都以此名稱為開頭，譬如「東突厥斯坦青年聯盟」、「東突厥斯坦民族大會」、「東突厥斯坦信息中心」、「東突厥斯坦基金會」、「東突厥斯坦僑民文化互助協會」、「東突厥斯坦解放組織」、「東突厥斯坦學生聯合會」等等。這些組織都是「東突組織」，而被美國和聯合國列為恐怖組織的，只是在阿富汗活動的「東突厥斯坦伊斯蘭運動」組織。

「東突恐怖組織」、「東突分子」的說法簡直荒唐可笑，就像是說：「廣東恐怖組織」、「廣東分子」一樣，有這種說法嗎？任何一個恐怖組織都有它確切的組織名稱，就像賓拉登的「蓋達」組織、巴勒斯坦的「阿克薩烈士旅」、菲律賓的「阿布沙耶夫」組織、土耳其的「庫德工人黨」等等。

很顯然地，中共在這裡是巧妙地玩弄文字遊戲、偷換概念、誤導媒體，刻意強調「東突」二字，把在阿富汗活動的「東突厥斯坦伊斯蘭運動」組織簡稱為「東突組織」，目的是想把其他所有東突厥斯坦組織也定性為恐怖組織而加以打擊、鎮壓。利用這種伎倆使媒體和輿論

6參見《華爾街日報》，二〇〇二年九月十九日。

誤以為中共要打擊的這些東突組織，就是聯合國和美國所說的恐怖組織，從而獲得輿論支持。中共的這一套手法還挺奏效的，一時之間所有媒體，包括海外民運網站和華人媒體都開始在報導中大談「東突」恐怖組織和「東突分子」的恐怖罪行。在網路上的論壇裡，有很多國內外華人讀者看了中共〈「東突」恐怖勢力難脫罪責〉的文章後紛紛發表看法，認為「東突」分子罪該萬死，該打、該殺！顯然他們是中了中共的圈套，把「東突厥斯坦伊斯蘭運動組織」和其他東突組織混為一談了。甚至某些海外民運組織在這方面與中共同流合污，用同一種口氣譴責海外東突組織。

譬如，二〇〇二年九月十一日，海外一個民運組織「中國民主運動協調委員會」主席鮑戈發表題為〈紀念九一一，支持反恐怖〉的一份聲明說：「中國民主運動協調委員會強烈譴責恐怖主義殘害人類的暴行，堅決支持各國政府以及聯合國為打擊包括『疆獨』在內的恐怖組織所採取的正義行動。在『九一一』周年之際，中國民主運動協調委員會代表海外民運向所有在恐怖暴行中的罹難者深表哀悼，同時，明確要求『北京之春雜誌社』和『民運海外聯席會議』等目前仍以『民運』名義活動的機構，應立即廢止與『東土耳其斯坦』（東突厥斯坦）民族中心』、『東土耳其斯坦』（東突厥斯坦）信息中心』等『疆獨』組織之間的『合作協定』，主動向所在地的司法機關交代與卑爾根、塔藍奇、迪里夏提等『疆獨』分子如何進行勾結、策劃等問題。中國民主運動協調委員會重申，海外民運的使命是推動中國的民主化進程，維護國家和人民的利益，堅決反對『疆獨』、『台獨』、『藏獨』、『蒙獨』等反華破壞活動。」

中共很善於玩這種把戲，正如它把海外民運組織和所有反共異議勢力說成是「反華勢力」，誰都知道海外的這些華人不是「反華」，而是「反共」。它把提倡眞、善、忍的法輪功誣衊爲「邪教」，把學生的愛國「六四」民主運動定性爲「反革命暴亂」。在大陸媒體，共產黨說是什麼就是什麼，它可以按照自己的意圖大肆宣傳。但是，很多海外媒體也把「東突」（疆獨）運動和恐怖組織劃上等號，是非常荒唐的、不負責任的作法。巴勒斯坦的「哈馬斯」（伊斯蘭抵抗運動）被西方國家認定爲恐怖組織，那麼，我們能說其他所有巴勒斯坦組織都是恐怖組織嗎？我們能用「巴勒斯坦恐怖活動」、「巴勒斯坦分子」來形容巴勒斯坦的整體民族獨立事業嗎？

二〇〇一年十月十八日，東突組織在比利時首都布魯塞爾的歐洲議會大廈召開了第三屆「東突厥斯坦民族大會」。此時，正逢上海舉行的「亞太經合組織」會議的召開，東突厥斯坦民族大會在歐洲議會大堂的召開，對於中國政府是一次沉重的打擊，對於維吾爾人是個重大的勝利。歐洲議會用實際行動，向全世界證明了東突組織不是恐怖分子！

二〇〇一年十一月九日聯合國人權委員會主席瑪麗・羅賓遜女士與江澤民會晤時，專門提到東突厥斯坦形勢及維吾爾問題，警告中國政府不要以「反恐鬥爭」爲由，加強對維吾爾人的鎮壓。

九一一後，中共認爲它找到了合法的依據和輿論支援，不顧國際輿論的壓力，開始以「反恐」爲理由，在新疆進行了一場大規模的清洗活動，逮捕和處決了一大批從事分離活動、宗教宣傳活動的維吾爾異議人士。

中共新疆政府網站「天山網」在二〇〇二年三月二十四日的報導，中共當局在對維吾爾族的一次大搜捕行動中，處理了七起從事民族獨立運動的事件，三百七十七個人受到嚴重懲罰，九千一百一十五個人被拘捕。

「天山網」在二〇〇二年五月三十一日的報導說：在清掃行動中，中共當局在新疆破獲了二十個民族獨立團夥，拘捕了一百多個民族分裂分子，繳獲了六千發子彈、一百四十個武器，查封了十個地下活動場所和五百多個公眾集會場地，繳獲並燒毀了三種關於伊斯蘭教的書籍。

新疆烏魯木齊市警方在一次新聞發布會上宣稱，二〇〇三年該市共逮捕了三百名疆獨成員。

二〇〇二年三月六日，美國國會國際關係委員會針對國務院日前發表的世界人權報告中有關中國的部分舉行了聽證會，新疆和西藏問題是討論的重點。美國國務院主管民主、人權、勞工事務的助理國務卿克蘭爾在國會作證時表示：中國政府以反恐怖的名義，加強了在新疆維吾爾族自治區的打壓力度。在阿富汗反恐怖戰爭的前提下，中國不但加入反恐陣營，而且認識到這是對維吾爾族穆斯林採取合法鎮壓手段的機會，因此，二〇〇一年在新疆維吾爾族自治區採取了更強烈的鎮壓措施。

二〇〇三年十二月十五日，中共向全世界宣布海外的四個東突組織爲「恐怖組織」，並公布了首批十一名「恐怖分子」的名單，向外界暗示要進一步打擊「東突」恐怖活動。在德國從事網站工作，以合法手續註冊的新聞機構「東突厥斯坦信息中心」，在全世界的媒體面前，被中共誣衊爲「恐怖組織」，可以想像，中共是如何加罪於那些在東突厥斯坦的反政府組織成員，以及追求民主、人權和自由的維吾爾人民的。

據路透社報導，中共新疆自治區黨委書記王樂泉在二〇〇四年九月指出：今年頭八個月之內破獲和打擊了二十二個涉及分離主義和恐怖主義活動的組織，並將五十多人判處死刑。「國際人權組織」、「國際特赦」在二〇〇四年七月公布的人權報告指出，在過去三年裡，中國政府以反恐的名義，不經任何法律程序，就將上千名穆斯林逮捕並判刑。[7]

總部設在英國倫敦的「國際特赦」組織的一份報告指出，中國以國際反恐戰爭爲理由，加強對新疆維吾爾族的鎮壓。很多新疆維吾爾族人被迫逃到相鄰國家，其中有些被遣返中國。遭遣返的維吾爾人面臨的是酷刑的折磨，甚至被判處死刑。自從二〇〇一年九一一事件以來，

7《大參考》，第二三八六期，二〇〇四年九月十三日。

中國政府開始把壓制新疆的所謂暴力、有組織的分裂主義運動等衝突事件，定性成反恐怖戰爭的一環。中國政府聲稱，新疆分裂分子得到賓拉登和國外其他好戰分子的支持，並尋求美國和其他國家幫助打擊他們。「國際特赦」組織發言人艾利森在接受「美國之音」記者採訪的時候說，成千上萬的新疆維吾爾族人爲了躲避當局的鎮壓而逃離家園。[8]

「新華社新聞網」在二〇〇四年五月中旬發布的新聞中指出：新疆維吾爾自治區政法委書記、公安廳廳長江東明在第二階段「嚴打」行動動員大會上指出，四月二十日至五月十日的第一階段嚴打行動中破獲三千七百零一起案件，拘捕了三千五百一十八名犯罪嫌疑人。在二十天裡拘捕三千五百一十八名政治犯嫌疑人，在當今世界可謂創下了恐怖紀錄！

《新疆日報》於二〇〇四年十一月十四日的報導：十一月分的前半個月有一百二十一名民族分裂分子落網。此外，「新疆網」報導，公安部門在十一月下旬拘捕了一百八十一名民族分裂分子及恐怖分子。也就是說，在這一個月裡，又有三百多名維吾爾人以各種政治理由被逮捕。二〇〇六年一月二十日，路透社引述官方《新疆日報》的報導說：僅二〇〇五年一年裡，新疆當局因公共安全及國家安全理由，就拘捕了一萬八千二百二十七人。

僅僅在南疆葉城縣，喀什中級人民法院於二〇〇四年七月十九日和九月六日先後兩次召開秘密審判會，第一次給九名政治犯以「民族分裂分子」的罪名，判處了四年至十年的有期徒刑；第二次給二十名政治犯分別判處死刑和三年至十年的有期徒刑。這些維吾爾政治犯重者是由於「有組織地從事分裂活動」，輕者是由於「散布謠言」、「擾亂社會治安」等原因被捕的。

有一部分維吾爾人在忍無可忍的情況下，不顧生命危險成立地下組織、從事獨立宣傳活動。這些組織一旦被破獲，哪怕他們還沒有來得及從事過任何具體的反政府活動，也會被宣布爲恐怖組織，成員們會被判死刑、終生監禁，最少要被判十五年徒刑。這些人就是中共所說的「恐怖分子」，爲了證明他們的恐怖特點，當局會捏造出他們和「境外恐怖組織」的聯繫證據。

凡是屬於打擊對象的維吾爾族群眾，九一一之後都被戴上了「恐怖分子」的帽子，這些人除了地下組織成員以外，還包括從事宗教活動的、上網瀏覽國外網站的、收聽境外廣播的、向境外發送消息的、有民族分離情緒的、發表分離言論的、發表對共產黨不滿言論的，甚至和漢族人發生民事糾紛的一般群眾。

陳破空先生在《北京之春》（二〇〇四年十一月十四日）發表名爲〈新疆問題與民主化〉的文章分析得很透徹，他說：

> 北京當權者在國內的所有宣傳，都爲其既得利益服務。一方面，出於反美的需要，北

8《大參考》，第二三一八期，二〇〇四年七月七日。

京不僅長期與基地（編按：台灣譯作「蓋達」）、塔利班等恐怖組織保持曖昧關係，而且在宣傳與報導中將這類國際恐怖集團，暗示爲反美國或反「霸權」的「英雄」，許多中國民眾不知不覺地接受了這一暗示，一邊倒地爲恐怖分子加油；然而，另一方面，隨著國際形勢的演變，尤其「九一一」事件後，以美國爲首的國際反恐聯盟成型，中共利用這一形勢，一邊附和國際走向，認可它曾經暗中支援的基地（蓋達）、塔利班等爲恐怖組織，一邊趁機將「東突」與後者掛鉤，藉機陷害。就在大唱「反恐」高調的同時，北京繼續向伊朗等流氓國家輸送大規模殺傷性武器，即繼續支持貨眞價實的恐怖主義。北京複雜而微妙的心態，以及前後不一和自相矛盾的宣傳，使國內相當部分民眾思想也陷入混亂。

「反恐」成爲北京鎭壓異己的最新藉口和煙幕彈：「東突」問題，成爲北京與美國及其他西方大國交易的籌碼之一。美國、西方和國際社會，必須高度警惕和認眞識別北京的這一伎倆，釐清武力自衛與恐怖主義的本質區別。譬如，今年九月底，北京當局宣稱「東突」要襲擊中國駐印度使館，並通知印方，要求加強保護，但印度方面經調查後，沒有發現任何有關「東突」可能發動襲擊的線索。中共的作法，明顯是故設疑陣、虛張聲勢、賊喊捉賊。

作爲「東突厥斯坦運動」本身，也有必要撇清武力自衛與恐怖主義的嫌疑。一方面，絕不能與中東極端勢力有任何瓜葛；另一方面，絕不能超越武力自衛的界限，而將平民目標作爲襲擊對象。一句話，萬不可授人以柄，製造北京蓄意指控和陷害的口實。

與以往比較，北京現階段對疆獨勢力的打擊，已不再把它當作單純是新疆的問題，而是關乎國家領土完整、社會穩定的大事。北京除了借助國際反恐聯盟對境外疆獨勢力施加壓力外，對內至少還制定了以下三項戰略：

第一，運用法律形式保證打擊疆獨的合法性：二〇〇三年十月底，九屆全國人大第二十四次會議討論通過了國務院提交的兩項議案——《制止恐怖主義爆炸的國際公約》、《打擊恐怖主義、分裂主義和極端主義上海公約》。去年十二月底在九屆全國人大常委會第二十五次會議上，審議並通過了刑法修正案草案。該草案主要是針對所謂恐怖主義犯罪活動。

第二，成立專職部門打擊各種恐怖活動：來自中共公安部的消息透露，公安部於二〇〇四年的第一件大事便是成立反恐局（副廳級），統領全國的反恐行動。籌組中的公安部及各地方公安廳的反恐局，主要分爲反恐情報及反恐行動兩部分。而各省、區、直轄市及特殊部門的廳級公安部門，也需要成立一個局級的部門，專職所轄地方或領域的反恐工作。

第三，組建一支反恐特種部隊：這支反恐特種部隊已經成立，那就是在新疆軍區第六摩托步兵師的基礎上改造而成。這支部隊又稱爲中國的「山地師」，武器先進，具備高原及沙漢實戰經驗。此外，中國還擁有全國性的反恐怖網路，其中不乏電腦界菁英。

二〇〇一年十月十一日，也就是美國本土遭到恐怖襲擊正好一個月，中國外交部發言人宣布，今後把打擊「疆獨」列入國際反恐怖主義範圍。上海亞太經合會議（APEC）召開前夕，中國公安在伊寧槍斃了五名「疆獨」分子。而自九〇年代初以來，中國當局在烏魯木齊沒有一個月不處決「疆獨」犯人。法國《費加洛報》中國問題專家歐陽華（Francois Hauter）的評論文章認爲，自一九四九年以來，無論從政治、經濟還是民族關係來看，北京至今仍以「殖民大國」的心態來對待新疆的維吾爾族居民。

國際人權組織「人權觀察」在其年度報告中，批評中國政府在過去一年裡，爲了維護社會穩定，違反人權的作法日益增多。特別是在九一一事件後，中國領導人利用國際上的反恐運動，使其在西藏和新疆的鎮壓行動合法化。分析人士強調，這種高壓出來的穩定不會長久。報告對於中國政府在新疆違反人權的批評，也是集中在嚴打上。這份報告表示，即使在九一一事件之前，中國政府就已把維吾爾族爭取自治和獨立的運動與恐怖主義等同起來，九一一之後，中國政府更是把打擊分裂主義運動合法化。報告中提到，在嚴打開始後的三個月，新疆警方就逮捕了六百多名嫌疑人，搗毀六個所謂的分裂主義和恐怖主義組織。

二〇〇二年，美國國務院負責民主和人權事務的助理國務卿克拉納，專程前往新疆首府烏魯木齊訪問。他在新疆大學演講時表明了美國政府把「東突厥斯坦伊斯蘭運動」的維吾爾組織列入國際恐怖組織名單，並不代表允許中共當局踐踏維吾爾人權的態度。

二〇〇五年十一月十七日，美國國會下屬的、專門研究中國問題的專家小組「國會—行政部門中國委員會」舉行圓桌論壇會議，討論中國的戰略變化對新疆人權狀況的影響。分析和總結了中國政府近年來對新疆的政策，以及藉著反恐名義加大對維吾爾人的打擊力度等問題，批評美國政府在人權和少數民族等問題上對中國的態度不夠嚴厲。

「國際特赦」組織前後一共發表了幾百頁的關於中共在新疆侵犯人權的報告，世界各地的其他人權組織也發表過無數份有關維吾爾人的人權報告，西方國家也多次警告中國不要以九一一作爲藉口打壓維吾爾人，但是，中共法西斯政權是個世界上出了名的「無賴國家」，對這些報告和警告從不予理睬，甚至一口否認。

海外的四個東突厥斯坦組織被中共宣布爲恐怖分子，但是，中共的企圖沒有得逞，恰恰相反，西方國家不但沒有取締這些組織，反而開始更加關注和支持他們的正義運動。沒有一個國家按照中共的要求凍結這些組織的財產，或者把中共公布的恐怖分子名單裡的任何人引渡給中國。他們的活動反而更活躍，影響力更大。

二〇〇四年五月四日，溫家寶訪問德國期間，中方非常明確地向德方提出「疆獨」組織在德國活動的問題，希望德方採取有效措施，配合中國的反恐運動。中方希望德方能限制「疆獨」組織在德國的活動，或將部分「疆獨」組織宣布爲非法組織，但是德國的表態是：不承認在德國的東突組織是恐怖組織，它們是合法註冊的、受德國法律保護的政治組織。北京可能不知道，民主國家只禁暴力，不禁獨立。只要不涉暴力，鼓吹獨立也受言論自由的保障。

美國「人權觀察」的亞洲部負責人瓊斯說：塔利班武裝裡確實有維吾爾人，但是據「人權觀察」掌握的情況，這些人都是以個人身分參加塔利班所謂的「聖戰」，不代表疆獨組織。他說：「儘管塔利班隊伍裡顯然是有維吾爾族人，但是目前還不能證明新疆爭取獨立的團體和基地（蓋達）組織有直接聯繫，不能把疆獨團體和恐怖組織劃等號。」瓊斯還說，「人權觀察」接觸了很多新疆境內和新疆境外的維吾爾族人，據瞭解的情況顯示，疆獨團體和塔利班或是蓋達組織沒有系統的聯繫。

中共指控「東突」恐怖主義分子於近十幾年來，在中國境內製造了二百餘起爆炸、暗殺、縱火、投毒、襲擊等一系列恐怖暴力事件，死亡人數達到一百六十多人，傷及無辜四百四十多人。由於中共很擅長編造，無法提供足夠的證據，這些事件的眞實性值得懷疑。

據中共內部報導：一九九八年一月至七月，新疆先後發生了七十一宗武裝暴力攻擊黨、政、軍、公安、武警的事件，造成二百五十多名軍民傷亡。[9]

該《簡報》例舉了以下事件：

一九九八年八月十日，疆獨組織「民族解放陣線」策動了襲擊新疆阿克蘇地區的溫宿「五五三」軍用機場及攻擊烏什、拜城武警駐地事件。此事件中，共有五十二名疆獨分子被打死，駐軍、武警、公安、民兵有七十多人傷亡，爲一九四九年以來新疆地區最令人震驚的武裝攻擊軍方事件。

一九九八年八月十日，新疆喀什八名公安被暗殺，在皮山則有一座小型軍火庫遭搶劫。

一九九八年八月十六日，東突秘密組織曾在新疆伊寧市及昭蘇縣兩地進行劫獄，擊斃至少八名警衛，共救走約八十名政治犯，其中十八人逃抵哈薩克。

一九九八年十月八日，新疆和田地區安全處和公安處被槍擊，八名特工和公安死亡。

一九九九年初，東突地下組織襲擊新疆羅布泊解放軍三八二四部隊所屬導彈基地，二十七名軍人死傷。

一九九九年三月十七日，在新疆昌吉市市郊的公路上，有一輛武警軍車被炸，車中員警有三十人死亡、十多人受傷。

一九九九年八月十二日，新疆葉城一公安派出所遭衝鋒槍掃射，打死數名員警。

一九九七年七月，新疆伊寧近百名維族青年劫法場，企圖劫走三名死囚，二人被擊斃。

一九九七年二月五日，新疆伊寧維族人騷亂，三百多人死亡。

一九九七年三月七日，北京西單一輛公車發生炸彈爆炸，二死三十人傷。

9參見「中央軍委」辦《簡報》專題報導，黎自京，一九九八年九月。

一九九七年二月二十五日，新疆烏魯木齊連續四宗巴士炸彈爆炸，九死五十人傷。

中共舉例的以上暴力事件裡，只有最後兩起事件是針對平民的，這也只是中共單方面對東突組織的指控，無法證實，也沒有任何東突組織出來表示對此負責。因此，不排除是中共捏造或者是安全部門自己導演的兩場戲，目的是尋找恐怖藉口，加害東突組織。

從上述經中共證實的其他幾起疆獨暴力事件中，我們可以看出，這些活動都是新疆境內主張武力鬥爭的某些激進疆獨（東突）組織，針對中共解放軍和員警的武裝襲擊，而不是針對平民。還譬如，一九九六年七月，「東突厥斯坦伊斯蘭正義黨」策劃沙雅縣監獄暴動，打死十五名員警；二〇〇一年八月七日，六名東突厥斯坦聖戰者組織的槍手，向庫車縣公安局發動突然襲擊，當場擊斃該縣公安局局長陳平，並擊傷六名公安。

約翰·甘迺迪有一句名言：「沒有可能以和平方式革命的人們，必將發動一場暴力革命。」官逼民反，這是常理。誰都知道維吾爾人民在中共專制和高壓統治下沒有言論、集會、結社自由，他們用和平方式表達對政府的不滿，發表批評政府的意見，爭取自由和維護人權等行爲遭到武力鎮壓，異議人士受到處決和迫害。長期以來的民族壓迫、政治迫害、經濟剝削、種族歧視，以及無休止的高壓和嚴打，把維吾爾人民逼到了不得不拿起武器、武裝反抗的地步。的確有一部分維吾爾人成立了地下組織，他們從事反共、疆獨活動，號召人民起來反抗中共法西斯的統治。一部分激進組織武裝襲擊中共軍隊和員警是一種抵抗運動，是武裝自衛。中共當年爲了推翻國民政府不也是搶火車、炸橋樑、搞暗殺、武裝襲擊國民黨政府機關嗎？世界各地都有反政府武裝活動和民族獨立運動，爲什麼維吾爾族的武裝反抗就成了恐怖活動呢？中共爲了本身的統治利益給這些人扣上「恐怖」的帽子，爲什麼生活在境外自由世界的很多華人也跟著中共一起起鬨呢？

除了在阿富汗的「東突厥斯坦伊斯蘭運動」和境內很少一部分的秘密組織以外，主流的東突組織都是明確主張使用和平、非暴力方式，爭取東突厥斯坦民族自決的目標，堅決反對針對平民的暴力襲擊。就算發生過針對平民的襲擊活動，這有可能是個人行爲，也有可能是中共爲了宣傳需要，而利用某些維吾爾族和漢族之間由於民族糾紛而引起的殺人案件、個人報復和仇殺導致的爆炸、放火事件，爲之加上了政治色彩，從而指控這些事件是「東突」組織針對平民的恐怖行爲。這些局部事件，絕不能代表任何東突組織或整體東突民族獨立運動。

二〇〇二年六月二十九日中國駐吉爾吉斯大使館領事王建平被槍殺，中共官方報紙立刻做出報導，一口認定這是疆獨（東突）恐怖組織針對中國外交官的恐怖襲擊。

其實，吉爾吉斯內政部對這起案件最早宣布的調查結果是經濟糾紛案，當時開車的司機是一個叫努爾買買提．烏馬爾的維吾爾族人。由於這位司機從該國首都的土爾巴札中國市場的維吾爾商人那裡敲詐了很多錢，於是這些商人就雇用了一個叫熱合買圖拉的維吾爾黑社會槍手殺了他。碰巧當努爾買買提開車的時候，旁邊坐的就是王建平，他因此也中彈死亡。

BBC在二〇〇二年七月四日對此報導是：吉爾吉斯內政部官員蘇班比科夫說，在吉爾吉斯首都比斯凱克刺殺中國領事的這起事件明顯是一件刑事案件。這起槍殺案件與主張新疆獨立的維吾爾分離主義組織沒有直接關係。吉爾吉斯官方表示，目前得到的證據顯示，此一案件是因爲金錢糾紛而買兇殺人。兇手在這起案件中行兇的目標並非中國領事，而是開車的司機。與此同時，中國方面也派遣了一個小組，前往比斯凱克「協助」調查這起命案。

《明報》也對此事件報導說：內政部長蘇班比科夫表示，王建平被殺不含政治動機，強調案件涉及黑幫利益糾紛，王建平則成爲不幸的受害者。目前得到的證據顯示，此一案件是因爲金錢糾紛而買兇殺人，官方已經排除了所有與政治動機有關的可能性。

《光明日報》在二〇〇三年七月十日的報導說：「三月十六日，十六名中國公民和四名吉爾吉斯公民乘坐客運汽車，從比斯凱克前往中國的途中被歹徒殺害，罪犯隨後焚燒了汽車和被害者遺體，查明是『東突』所爲。」

其實，當時發現的十九具屍體全屬於維吾爾族，而在同一輛車的一名漢族司機卻不見蹤影。中共指控是「東突」所爲，但是提供不了任何證據，也捉不到兇手，事後也沒有任何組織宣布對此事件負責。二〇〇五年四月，親中共的吉爾吉斯的阿卡耶夫政權被推翻後，新政府內政部官員在接待「美國維吾爾協會」代表團時指出，這起案件非常離奇神秘，並決定重新展開調查。

二〇〇〇年五月，吉爾吉斯首都比斯凱克市「圖爾巴扎」貿易市場發生火災，中共隨即誣衊是東突組織幹的。這簡直荒唐透頂！當地政府對此早有結案，在這個市場做生意的人九十%是維吾爾族，縱火人已查明是當地匪徒，這是吉爾吉斯全國都知道的眞相。

中共要反恐，就需要理由，要誣衊「東突」組織是恐怖組織就要找證據。上述幾個案件正好是天賜良機，中共在事後馬上派安全人員前去該國「協助」調查，推翻了吉爾吉斯內政部的調查結果，宣布這些事件是「東突」組織的恐怖活動。很明顯地，中共是在尋找藉口，巴不得有這種事件發生，以便嫁禍於東突組織。

很難說，也許這些事件就是中共自己特意導演的。「六四」期間，在天安門燒車、殺人不就是中共爲了製造鎮壓藉口而自導自演的一場戲嗎？法輪功學員在天安門廣場的「自焚事件」，也不就是他們導演的「傑作」嗎？誰都知道中共安全部門是這方面的高手。

新疆黨委書記王樂泉在一次會議中說：「九一一後，疆獨分子改變了鬥爭策略，他們開始在意識形態領域裡利用文字手段和文學藝術來攻擊政府，而不是像過去那樣採取暴力和恐怖活動。」很明顯地，中共要鎮壓東突異議分子，但又很難找到他們「從事恐怖活動」的證據。

中共不僅給東突民族運動戴上了「恐怖分子」的帽子，而且還利用伊斯蘭原教旨主義來醜化所有東突組織，向全世界宣揚這些組織的目的是企圖建立一個像阿富汗那樣「政教合一」的極端主義伊斯蘭國家。然而，代表世界各地東突組織的「世界維吾爾大會」的章程裡，卻明確地規定「反對暴力、反對原教旨主義和政教合一的體制」。

總部在紐約的兩個組織，「人權觀察」和「中國人權」，於二〇〇五年四月十二日發表了一份標題為《毀滅性打擊：新疆維吾爾人的宗教壓迫》的一篇長達一百一十四頁的報告。這份報告依據以前沒有公布的中共和政府文件、地方法規、官方報紙報導，以及在新疆進行的一些訪談等資料，披露了中共當局針對新疆維吾爾人進行鎮壓行動的內情。

「人權觀察」亞洲部行政長官亞當斯指出：「九一一後的全球反恐給了中共完美的藉口，維吾爾人民正在遭到前所未有的毀滅性的鎮壓。任何國家都不應該把中共宣稱的，涉嫌恐怖主義、分裂主義和其他刑事罪的維吾爾人遣送回中國。鑑於中國過去的紀錄，這些人很可能會遭受虐待，甚至被處死。」

「中國人權」的負責人劉青對「美國之音」電台表示，中國政府對新疆問題、特別是維吾爾族問題一向採取強硬的打擊迫害措施，「尤其是九一一以後，中國政府把新疆的一些活動——其中很多活動並不是暴力的——和恐怖主義掛上鉤，並且以國際恐怖主義的名目，對新疆的少數民族，其中主要是維吾爾族，進行了打擊和迫害。」

劉青表示，中國政府對新疆宗教活動的控制是非常嚴密的，譬如說，在一份官方文件裡甚至說，父母和其他監護人不得允許未成年人從事宗教活動。也就是說，在宗教活動上進行了年齡限制，而且要求宗教活動在黨的指導、監督、管理下進行。大量的這些活動都受到監控和黨的領導。國家當局在定點對這些宗教活動和活動的組織等方面進行檢查，並且要求組織這些宗教活動的人士進行自我批評。

據「人權觀察」和「中國人權」的新聞稿所說，這份研究報告涉及的內容還包括當局對清眞寺進行的監控，在學校對有宗教信仰的教師和學生進行清洗，以及對出版的文學作品進行檢查等等。

以下是「中國人權」和「人權觀察」一份最新報告的摘要。該報告分析中國政府如何以國際反恐行動爲藉口，鎭壓新疆穆斯林少數民族爲維護自己的民族特性或追求獨立建國的任何活動。[10]

（一）概觀

自二〇〇一年美國發生九一一恐怖攻擊事件以後，中國政府在國內外展開了一場全方位宣傳運動，給所有維吾爾族反對者冠以「與國際恐怖組織勾結」的罪名。長期以來，北京把獨立的宗教活動與政治異議與「民族分裂」劃等號——按照中國的刑法，這是危害國家安全的刑事罪——，但從未公開地把新疆所有異議聲音與恐怖主義相聯繫。此一

10 作者 Nicolas Becquelin 在《北京之春》上所刊登的〈利用反恐對新疆少數民族進行政治迫害〉一文分析得較全面，因此將全文引用。

最新手法與中國當局在九一一之前的一貫作法構成鮮明對比，過去它竭力縮小新疆民族矛盾的嚴重性。

過去數年內，中國當局在新疆進行了若干次「整頓社會秩序」運動，任意大量逮捕，關閉祈禱場所，取締傳統宗教活動，禁止在國家機構（如政府機關、學校和企業）內進行私人宗教活動，通過明顯不公正的快速判決程序把數千人處以重刑或死刑。新疆仍是中國唯一的大量處決政治犯的省分。「國際特赦」的數據顯示，僅一九九七年以來的五年中，新疆就依據國安法處決了兩百多人。

美國發動的國際反恐戰爭使中國政府得以改變在新疆的策略，以爭取國際的廣泛支持。多年來一直否認新疆存在緊張局面的中國政府，突然積極開展一場反對「東突厥斯坦恐怖勢力」的外交與宣傳運動，涉嫌從事「分裂」或「恐怖」活動的任何維吾爾人都被他們稱爲「東突恐怖勢力」。二〇〇一年十月十日，中國外交部發言人孫玉璽聲稱：「我們將同國際社會一道，共同反對包括『東突』恐怖勢力在內的一切恐怖主義活動。」爲了爭取國際支持，中國政府發布一系列文件，描述維吾爾恐怖組織在中國的活動，竭力爲其在新疆的人權紀錄辯護。另外，中國政府還展開了一場針對一般國際社會，尤其是中國在中亞和亞洲次大陸鄰國的全方位外交行動。中國政府在二〇〇二年一月、二〇〇三年五月和十二月發表的三份報告，就是三次重要宣傳運動的標誌。

（二）第一次宣傳運動：貼上「東突恐怖勢力」標籤

二〇〇二年一月中國政府發表一份關於所謂「東突厥斯坦」（東突厥斯坦是許多維吾爾人對其祖國的稱呼）維吾爾恐怖組織的活動報告。報告聲稱，「東突恐怖勢力」製造了兩百多起「爆炸與暗殺」活動，導致一百六十二人死亡、四百四十人受傷。報告還聲稱，維吾爾組織接受來自巴基斯坦和阿富汗的訓練和資助，包括賓拉登提供的資助。

阿富汗（包括塔利班軍隊）和巴基斯坦境內確有一些維吾爾人，新疆也確實發生過一些孤立的爆炸事件，但要證明中國政府所說的所有反抗中國統治（包括非暴力反抗）的維吾爾人，都與國際激進伊斯蘭恐怖主義勾結，則是另一回事。

因此，國外的新疆問題專家對該報告持懷疑態度。他們指出，中國政府的說法缺乏任何獨立證據的證實。考慮到最新爆炸事件發生於一九九八年，以及報告發表的時刻帶有明顯機會主義傾向，這些組織是否仍然存在還有待證實。他們還質疑中國政府無視各個傾向獨立組織的政治承諾，把他們一律稱爲「東突」。他們強調，中國政府選擇「東突」作爲恐怖組織名稱，是爲了把主張以非暴力手段追求民族獨立和統一的組織，與伊斯蘭恐怖組織劃等號。

然而，九一一以後，美國國務院爲了得到中國對其反恐行動的支持，同意把一個不出名的維吾爾組織——東突伊斯蘭運動（ETIM）列入聯合國公布的與基地（蓋達）組織有聯繫的恐怖組織名單。國際社會立即嚴厲批評美國完全相信中國政府提供的信息。儘管美國官員聲稱他們掌握「獨立證據」，他們的新聞稿卻逐字逐句引用中國政府二〇〇二年一月的報告，甚至將所有暴力事件歸咎於ETIM。國務院官員所說的「獨立證據」似乎來自數周前，在吉爾吉斯被捕的一個維吾爾組織的成員。美國官員似乎從未質疑吉爾吉斯當局的報告。該國政府過去曾捏造恐怖分子罪名指控異議人士。美國官員似乎也未追查這些「獨立證據」是否來自中國情報機構。在吉爾吉斯將兩名「陰謀攻擊美國大使館和其他美國利益的」ETIM成員遣返給中國之後，這些證據的正當性引起人們的懷疑。

美國國務院後來暗示對這件事感到不快，而且不同意中國在二〇〇三年十二月要求將另一維吾爾組織「東突解放組織」（ETLO）列入恐怖組織名單。雖然如此，美國把ETIM列入恐怖組織名單，立即成爲中國政府在國內外大肆宣傳的重要內容，還有助於中國對維吾爾分離主義的鎮壓。

中國二〇〇二年十二月發表的國防白皮書，用整整一章把恐怖主義列爲對國家安全的頭號威脅之一，還特別指出新疆「東突」恐怖勢力是「對全中國各族人民生命與財產的威脅」。而中國政府二〇〇〇年的國防白皮書裡，僅四次提到恐怖主義。

儘管北京的一百八十度大轉彎有助於爲其在新疆的鎮壓提供理由，卻立即引起主張獨立的組織的懷疑，也促進國際媒體對維吾爾人苦難處境的關注，數十篇新聞報導了中共在新疆殘酷鎮壓（包括九一一之後的多次嚴打「民族分裂勢力、宗教極端勢力和暴力恐怖勢力」的運動，文化征服和按照民族劃分的社會經濟不平等）。

（三）第二次宣傳運動：中國政府的白皮書

爲了回應聯合國人權委員會的多次批評，中國國務院新聞辦公室二〇〇三年五月發表白皮書《新疆的歷史與發展》。除了宣傳新疆的官方歷史（從西漢開始新疆就成爲中國統一等多民族國家的不可分割的組成部分）以外，白皮書還說，新疆少數民族的權利得到「充分的保護」、「各民族都享有宗教信仰自由的權利」、「各民族都有使用和發展自己的語言文字的自由」；「不分民族、種族、性別和宗教信仰」，各民族「都有選舉權和被選舉權」。

白皮書舉出若干證據，特別提到保障這些權利的法律和規定，新疆的許多禱告場所，少數民族在宗教事務管理和制訂宗教政策方面的作用，政府每年還「撥專款用於維修重點寺院教堂」。但是，白皮書未能解釋聯合國人權機構等國際社會一再指出的核心問題——社會經濟歧視、剷除文化和暴力鎮壓異議者等。相反，白皮書卻指控關注這些問題的人是「東突恐怖勢力」：「九一一事件發生後，東突勢力又一次打著所謂維護『人權』、『宗教自由』和『少數民族利益』的旗號，編造所謂『中國政府藉機打擊少數民族』的謊言，混淆視聽，欺騙世界輿論，試圖逃脫國際反恐怖主義的打擊。」

白皮書發表後數周內，中國官方通訊社和報紙以中文、英文等外文發表數百篇相關新聞。官方還在新疆針對維吾爾人大力宣傳中國和中亞國家二〇〇三年八月舉行的聯合「反恐演習」。必須注意的是，中國竭力爭取中亞鄰國支持其對維吾爾民族主義運動的鎮壓。中國還推動俄羅斯、哈薩克、吉爾吉斯、塔吉克和烏茲別克建立「上海合作組織」。在北京的壓力下，這些中亞國家鎮壓他們國內的獨立的維吾爾組織，有時還把中國想要的難民遣返給中國，其中有些人一回到中國就被處決。北京還向巴基斯坦和尼泊爾施壓，要求引渡難民。二〇〇二年一月，尼泊爾強迫遣返已獲聯合國難民署批准、等待去第三國的三名維吾爾難民。不久後，其中的 Sher Ali 在中國監獄裡遭受酷刑，並以分裂罪遭處決。後來「國際特赦」爲其他兩名難民發出緊急呼籲，但他們的命運至今沒有消息。

中國還四下活動企圖引渡美國的維吾爾難民。據報導，美國在與阿富汗塔利班軍隊作戰中拘捕了十一名新疆維吾爾人。二〇〇三年美國準備釋放這些人，並考慮將其遣返中國。「人權觀察」立即對中國當局處決被遣返「分裂分子」的紀錄，表示嚴重關注。

（四）第三次宣傳運動：重彈老調

二〇〇三年十二月，中國公安部發表一份報告，公布四個「東突」恐怖組織和十一名恐怖分子的名單，呼籲國際社會禁止其活動，還要求國際刑警組織發布通緝令。該報告實際上是二〇〇二年一月報告的翻版。這四個組織中的兩個（ETIM、ETLO），曾被中國政府要求列入聯合國恐怖組織名單。另外兩個組織，即東突信息中心（ETIC）和世界維吾爾青年代表大會（WUYC），是合法登記的組織，他們皆主張以非暴力手段追求民主變革，一直在追蹤新疆發生的侵犯人權事件。「國際特赦」譴責中國當局「把所有和平抗議活動」說成是「恐怖活動」，「顯然企圖博得國際對其殘酷鎮壓新疆各種異議活動的支持」。中國當局說ETIC是恐怖組織的唯一理由是其網站「鼓吹獨立」。

該報告發表後的三周內，中國新聞機構以中外文發表大量新聞報導。中國政府選擇此刻發表這份毫無新信息的報告，可能是爲了使美國遵照中國的意圖處理關押在關塔那摩的維吾爾人。儘管中國的目的至今尚未得逞，該報告卻使中國繼續操控有關新疆問題的國際輿論，全世界新聞機構幾乎毫無異議地重複新華社的報導。北京媒體的宣傳戰不僅使中國政府贏得操控國際輿論的更大空間，也爲他們提供了抗拒人權關注的方便藉口，而且更重要的是有助於中國的鄰國在維吾爾問題上與中國合作。在此期間，ETIM的領導人艾山·買合蘇木（Hasan Mahsum）在巴基斯坦被軍方槍殺。

同時，國際刑警似乎不可能對報告所列的ETIC或WUYC成員發布通緝令，因爲兩組織皆爲合法註冊組織，與恐怖主義並無明顯聯繫。中國當局也承認近五年來新疆並未發生重大恐怖活動。二〇〇二年三月，新疆自治區主席宣布：「過去五年沒有發生任何影響全域的恐怖事件。」這些官方說法似乎與公安部報告中關於「構成重大威脅」的說法直接矛盾。

（五）把非暴力組織打成恐怖組織

九一一後，北京把暴力組織與非暴力組織混爲一談，把維吾爾人的反抗說成與國際伊斯蘭恐怖主義相勾結，這種作法得到國際的廣泛接受。新疆當局則走得更遠，它把任何對政府的「不滿情緒」與「分裂意識」相聯繫，然後又與恐怖勢力的活動掛鉤。

爲了解釋「恐怖勢力」過去數年沒有具體活動的現象，中國當局聲稱，「分裂思想」就是這些恐怖組織採用的新手段，從而給維護少數民族權利的異議作家和非暴力組織貼上恐怖分子標籤。早在二〇〇二年三月，新疆人大辦公室副主任就在一篇文章中提出，要把恐怖組織與出版物裡的異議思想掛鉤。他說：「九一一以後，疆獨分子改變了鬥爭策略，他們在意識形態領域集中精力攻擊中國，而不是像過去那樣頻繁採取暴力恐怖行動。」他指控過去搞暴力恐怖活動的人利用「文字手段」和「文學藝術」，「歪曲歷史事實」，利用「文學藝術推銷反人民、反群眾、散布民族分裂思想的作品」。

九一一以後，官方在文化領域廣泛展開鎮壓運動。二〇〇二年一月一日，維吾爾族詩人艾梅特（Tursunjan Emet）在烏魯木齊人民會堂一場音樂會結束時，朗誦一首據說是「反政府的」詩歌。數天後，當局通報說，「一無業人員公然登台朗誦一首具有強烈的反社會、反現實、反政府傾向的和有很強煽動性的詩作，造成十分惡劣的影響」。十一日，新疆維吾爾自治區黨委把此一事件定爲「分裂勢力在意識形態領域宣揚民族分裂思想、破壞民族團結和祖國統一的一個具體體現」。自治區主席立即下令展開調查，矢言清洗所有「以藝術名義公然主張分裂」的人，還要求幹部要把政治作爲判斷文學藝術作品的唯一標準。

（六）打擊文學藝術

二〇〇二年二月，新疆黨委書記王樂泉「詳細列舉了近年來境內外民族分裂勢力在意識形態領域進行滲透和破壞的表現」，要求有關部門予以嚴厲打擊。這些表現包括：(1)利用各種新聞媒體傳播分裂思想；(2)利用期刊、文學作品和藝術演出借題諷喻發揮，宣洩不滿情緒，傳播分裂思想；⑶非法出版反動書刊，投寄、張貼、散發反動傳單、信件和標語，造謠惑眾，製造分裂輿論；⑷利用電子音像製品，如製作錄音帶、錄影帶、VCD光碟等煽動宗教狂熱，鼓吹「聖戰」；⑸與境外分裂勢力和敵對勢力勾結，利用廣播電台、互聯網等手段加緊進行反動輿論宣傳和思想滲透；⑹以民間文化活動為載體，引誘部分群眾接受其反動宣傳，爭奪基本群眾。

顯然，新疆當局把任何不滿情緒，甚至隱喻諷刺與分裂思想劃等號。他們使用的「造謠」一詞，與刑法第一〇五條中的「通過造謠等手段顛覆國家政權、推翻社會主義制度」具有相同含義，這種「罪」最高可判無期徒刑。當局暗示，在民族問題上，藝術作品表現「不滿情緒」會受刑事處罰。當局以「破壞」、「滲透」等詞彙描繪上述活動，這意味著當局認為這類活動等於暴力活動。而且，當局把民間文化活動與「分裂宣傳」掛鉤，顯然是為了嚇阻群眾不要參加少數民族弘揚其歷史和文化傳統的活動。

（七）消滅文化

二〇〇二年三月，當局宣布數十種刊物停刊，理由是某些刊物「品質差」。然而，海外維吾爾組織譴責這是官方企圖扼殺媒體中的異議聲音。一名維吾爾族官員承認，五十二種刊物停刊原因是其涉及敏感內容。

同年六月，當局在喀什公開燒毀了數萬本書籍，喀什維吾爾出版社銷毀了一百二十八本《匈奴人與古代文學簡史》，還銷毀了一九八八年出版的《古代維吾爾手工藝》，該書記敘了擁有數百年歷史的造紙、製蠟、木匠、地毯、絲織工藝。該出版社還查禁了三百多種書籍，停止出版其他「有問題的」書籍。新疆各地的新華書店、大中學校圖書館也查禁了類似書籍。喀什市第一初中集中燒毀被查禁的圖書。喀什焚書並非孤立事件。

維吾爾舞者的舞蹈演出。中共利用文化展演，製造民族團結的形象，演出者沒有選擇與反對的權利。

新疆的歷次「掃黃擊政」運動經常燒毀「非法出版物」，歷史、文學、伊斯蘭教宗教作品與色情書刊和侵權出版物一起也被銷毀。

對許多維吾爾人而言，這些活動顯示中國當局企圖消滅維吾爾文化。從二〇〇二年起，當局加速推行漢語教學，規定從小學二年級起以漢語教學，新疆大學所有課程以漢語教學。有些學者指出，新疆現行的語言政策「意味著維吾爾語被視爲一種不忠的語言」。

中共官員的確認爲少數民族語言不如漢語，因而教育系統應逐漸漢語化，以便「提高少數民族的品質」。新疆黨委書記王樂泉說：「少數民族語言能力很差，缺乏現代科學技術的許多詞彙，無法教授這些概念。這與二十一世紀不協調。」

在這種情況下，二〇〇四年二月新疆雜技團七名維吾爾族演員在加拿大申請政治避難就不足爲奇。這件事使人想起在蘇聯的鼎盛期，許多藝術家和舞蹈家逃往西方尋求政治庇護。正如一位雜技演員對加拿大媒體表示：「我們爲政府表演，他們利用我們來製造民族團結的形象。我們沒有選擇，我們沒有反對的權利。」

九一一以後，北京以反恐作爲扼殺反抗和異議人士的方便藉口。把暴力組織和非暴力組織統統歸在「東突恐怖勢力」名下，深深地播下民族憤恨的種子，終將會危及他們宣稱要維護的穩定。

五、成立「上海合作組織」，將魔掌伸向中亞五國。

九〇年代初，隨著蘇聯的解體以及中亞突厥共和國獲得獨立，旅居這些國家的維吾爾人成立了不同名稱的政治組織，從事東突厥斯坦的獨立運動，新疆的許多維吾爾異議人士也紛紛逃到了這些鄰國避難。中共爲了打擊這些地區維吾爾的獨立活動，就利用這些國家對中國的經濟依賴，制定了一個跨國打擊東突勢力的計畫。

一九九六年，在中國的倡議下，由中國、俄羅斯、哈薩克、吉爾吉斯、塔吉克組成的「上海五國合作組織」正式在上海成立，後來又增加了烏茲別克。此後，「上海合作組織」每年召開一次領袖會議。

這個組織的主要宗旨是加強成員國之間的合作，共同打擊包括東突厥斯坦在內的中亞地區的「分裂主義、恐怖主義和極端宗教主義」。

雖然中亞的四個成員國與東突厥斯坦的維吾爾族屬同族同宗，講同一個突厥語，信仰同一個伊斯蘭教，但是由於它們是剛剛獨立的、經濟落後的小國，在國家建設和經濟發展等方面對中國的依賴性很強，因此，在中共的金錢誘惑下，這些國家為了自己的經濟利益犧牲了東突同胞。況且，這些國家的領袖都是原蘇聯時期的聯邦共和國共產黨黨魁，都是獨裁統治者，在這些國家也存在極端民族主義，以及反對政府的自由民主運動。這些國家為了打擊本國的反對勢力和鞏固自己的統治地位，也需要相互之間的合作。俄羅斯加入這個組織的主要目的，是希望在鎮壓車臣武裝方面得到其他國家的支援。

中共企圖通過「上海合作組織」在中亞地區打擊維吾爾獨立勢力，阻止維吾爾人的政治活動，說服這些國家把前來避難的維吾爾政治犯移交給中共當局。據「東突厥斯坦信息中心」報導，一九九八年八月，三名維吾爾人向哈薩克政府申請政治庇護，但是哈國政府害怕得罪中共，於一九九九年一月把他們引渡給中國。中共把他們關押了兩年後於二〇〇一年三月十五日以「企圖分裂國家」、「偷渡國境」等罪名判處了他們死刑。

從此，哈薩克、烏茲別克和吉爾吉斯等國的維吾爾政治活動也受到嚴格限制，甚至遭到中共秘密勢力的破壞。二〇〇〇年三月，吉爾吉斯「維吾爾團結協會」主席內合買提被不明身分的殺手，在自家門口槍殺。二〇〇一年五月哈薩克「維吾爾納孜古木基金會」主席迪力拜爾·珊木莎柯娃女士被神秘殺害。年約四十五歲的珊木莎柯娃，是一位在哈薩克維吾爾民族圈裡相當活躍的女性，也是哈薩克非政府組織「維吾爾婦女協會」主席，及維吾爾民族海外流亡組織「東突厥斯坦民族大會」的十五位常任委員之一。

二〇〇三年「上海合作組織」在吉爾吉斯首都比斯凱克設立了反恐中心，允許中國便衣員警在中亞成員國裡自由執行任務，可以拘捕和引渡被懷疑是分離分子的任何維吾爾人。

近幾年來，中國在中亞五國投入了巨額資金，興辦了許多大型經濟項目，包括開採中亞石油和修建輸油管道等，還爲這些國家提供了幾十億美金的無償援助，以及巨額低息貸款。從而贏得了這些國家的追隨和支持，以致於這些國家紛紛採取措施壓制在本國活動的東突組織，限制他們的活動，甚至把一些逃往中亞的維吾爾政治犯引渡給了中共當局。

二〇〇四年，「上海合作組織」還在東突厥斯坦境內進行了聯合反恐演習，目的是恐嚇維吾爾人民，削弱東突人民的獨立決心。

新疆「天山網」於二〇〇五年八月三十一日發布的新聞說，中國將在新疆建立反恐防暴中心，並在那裡進行國際反恐訓練。這個耗資七億元人民幣、歷時五年完成的反恐防暴中心，將承擔對中亞和南亞各國的警力進行合作反恐訓練的任務。該中心還將研究和講授有關恐怖主義、分裂主義和宗教極端主義等課題。

種種跡象表明，這個「上海合作組織」的壽命不會長久，中亞突厥國家的人民爭取民主的運動越來越高漲，卡里莫夫爲首的獨裁者們一定會在不久的將來被人民推翻，將來的民主政府不會繼續跟隨俄羅斯和中共。美國也開始加緊對中亞的勢力滲透，開始扶植親美的反對派並支持他們的民主運動。

除了在「上海合作組織」成員國境內打擊東突民族獨立事業以外，中共還經常向巴基斯坦、沙烏地阿拉伯、阿富汗、土耳其、尼泊爾等國施加壓力或者以經濟利益誘惑，要求這些國家配合中國的「反恐運動」，取締在這些國家的東突組織，限制這些國家的維吾爾人的政治活動，甚至引渡東突組織成員等。結果，這些國家不同程度地屈服於中共的壓力，加強了對本國的東突組織和維吾爾僑民的活動限制，以討好中共。

第八章

海外疆獨（東突）組織以及他們的政治活動

從上述中共的暴行中可以看出，世界上沒有任何一個國家在侵佔其他民族的領土後，像中共這樣殘酷地屠殺和壓迫被佔領民族。中共的殖民主義統治比歷史上任何一個政權，比世界上任何一個國家還要慘無人道、滅絕人性。

我們可以看出悲慘的維吾爾人遭受了何等的苦難。自己的祖國被滿洲人和中國人蹂躪的二百多年裡，遭受了幾代政權無情地屠殺和殘暴的統治。近五十年的中共統治期間裡，漢族移民在維吾爾人自己的祖國逐漸超過了人口的半數，維吾爾人自己的民族文化、宗教信仰面臨著滅絕的危險，屬於自己的資源、財富又被中共瘋狂掠奪，源源不斷地被運送到中國內地發展中國的經濟。維吾爾民族面對著民族壓迫、政治迫害、經濟剝削和種族歧視，甚至是種族滅絕！

做為一個人，一個生活在二十一世紀的文明時代的人，誰能對此無動於衷？還有誰能為中國共產黨辯護？有誰還認為維吾爾人民的反抗不是正義鬥爭？苦命的維吾爾人在哭泣、在忍耐、在鬥爭、在犧牲，總有一天他們會擺脫中共的枷鎖而重歸自由。他們深信有這麼一天，盼望這一天早日到來。

東突厥斯坦（新疆）自一七五九年被滿清帝國征服以來，維吾爾人民從來沒有放棄過獨立鬥爭，它於一八六二年獲得獨立，一八八四年再次被侵佔，最終被滿清政府徹底吞併，成為滿清的「新疆省」。在這段期間裡，維吾爾人民進行了四十二次規模較大的反清獨立運動，獻出了百萬條生命。

民國時期，維吾爾人民的獨立運動也一直沒有停止過。一九三三年與一九四四年曾兩度獲得獨立，建立了「東突厥斯坦共和國」獨立政權，前者被中國軍閥和蘇聯紅軍所滅，後者成了中共和蘇聯兩大赤色政權交易的犧牲品。

一九四九年中共統治東突厥斯坦以來，維吾爾等民族遭受了空前的劫難，在共產黨五十多年的恐怖統治時期，又有二百多萬名維吾爾族人失去了生命。爲了反抗中共的殖民統治，許多東突優秀兒女不顧當局的血腥鎮壓，冒著生命危險成立了很多秘密的地下組織，爲了東突厥斯坦的自由、人權、民主和獨立事業，在天山南北的人民群眾中從事著反抗中共殖民統治的地下活動，並且爲此付出了慘重的代價。面對中共的殖民、漢化政策，整個維吾爾人民在頑強地維護著本民族的語言、文化和宗教信仰。

據一九九四年新疆社會科學院出版的《泛穆斯林主義和泛突厥主義》一書披露，當局正在調查的新疆「反革命」組織有六十個。最近，官方《新疆日報》引述中共「新疆維吾爾自治區」黨委書記王樂泉的話說道，新疆的地下組織有六十八個。

在中共獨裁統治下，沒有言論自由、沒有民主和法治的中國，用和平方式從事爭取自由、人權和民主的政治活動是不可能的。在中共的血腥鎮壓下，很多民族獨立運動的骨幹分子紛紛出走國外，在世界各地成立了不同的政治組織，並不斷發展壯大，最終把「東突厥斯坦問題」搬上了國際政治舞台。

一九四九年底，中共軍隊入疆後，當時的「東突厥斯坦共和國」（中共稱「三區政權」）的一些領導人和當時的「新疆聯合政府」的一些維吾爾領導人，紛紛撤退到蘇聯中亞和印度、土耳其等地活動。同時，也有大批維吾爾、哈薩克群眾為了躲避共產黨的迫害，紛紛外逃到這些國家。

目前，旅居國外的維吾爾族僑民約有一百萬，其中絕大多數生活在中亞五國，其他東突僑民分散在土耳其、沙烏地阿拉伯、歐洲、北美和澳大利亞等地。

一九四五年在迪化成立的新疆聯合政府秘書長艾沙・玉素福・阿利普特肯、政府副主席穆罕默德・伊敏・伯格拉等人，於一九五六年從印度來到土耳其，建立了第一個東突組織——東突厥斯坦協會，掀開了海外疆獨運動的第一幕。這兩位東突領導人為了尋求國際支持，先後出訪中東許多伊斯蘭國家以及美國、聯合國等地，代表東突厥斯坦出席了聯合國會議和其他許多國際性會議，向國際社會介紹了東突厥斯坦的獨立事業，揭露了中共在東突的暴行。艾沙先生多次會見達賴喇嘛，共同探討國際形勢和藏、疆獨立運動的前景。在兩位領導人的指導下，西藏人民和東突人民開始在國際舞台上攜手奮鬥，建立了聯合組織，創辦了雜誌《共同之聲》。

八〇年代初，土耳其的維吾爾僑民在艾沙先生的領導下，成立了「東突厥斯坦僑民互助協會」和「東突厥斯坦基金會」，用英文、阿拉伯文、土耳其文出版了雜誌《東突厥斯坦之聲》，開始向全世界宣傳東突事業。艾沙·玉素福·阿利普特肯成爲海外東突厥斯坦運動的先驅和維吾爾人民的精神領袖，在土耳其政界享有極高的聲望。他於一九九五年去世，享年九十四歲。

到了九〇年代初，隨著世界民主浪潮的掀起，東歐和蘇聯共產黨陣營的徹底崩潰，中亞、歐洲、美國、加拿大等地的維吾爾僑民，先後成立了一系列主張以和平方式爭取民族獨立的政治組織和團體。

中亞的維吾爾僑民先後在哈薩克成立了「東突維吾爾聯盟」、「東突解放陣線」等組織，在烏茲別克成立了「維吾爾文化中心」，以及在吉爾吉斯成立了「東突維吾爾團結會」、「東突人權協會」等組織。

歐洲的維吾爾人在艾沙·玉素福的長子艾爾肯·阿利普特肯（Erkin Alptekin）的領導下，在德國慕尼黑成立了「歐洲東突厥斯坦聯盟」，瑞士、荷蘭、瑞典、比利時和英國等歐洲國家也紛紛成立了東突組織和團體，成爲這個組織的分支機構。「歐洲東突厥斯坦聯盟」透過多種外文出版的《東突通訊》雜誌，將東突民族獨立事業推向了歐洲政治舞台，並和歐洲議會、歐洲人權組織、「國際特赦」組織、聯合國在布魯塞爾的總部、UNPO組織[1]等組織和機構建立了密切聯繫，竭盡全力地向它們介紹東突獨立事業和中共在東突侵犯人權的罪行，並獲得了這些組織和國際社會的同情和支援。

九〇年代，在美國的維吾爾僑民成立了「美國維吾爾協會」，旅居加拿大的維吾爾人成立了「加拿大維吾爾協會」，澳大利亞的維吾爾人成立了「澳洲東突協會」。

在維吾爾人民的精神領袖艾沙·玉素福的倡議下，一九九二年十二月，世界各地的東突維吾爾族組織在土耳其伊斯坦堡，召開了首屆全球「東突厥斯坦代表大會」，來自土耳其、沙烏地阿拉伯、中亞五國、歐洲、美國、澳大利亞等地的兩百多名代表出席了會議。大會通過決議，成立了統一的全球性東突組織——世界東突厥斯坦民族大會，選出了維吾爾裔土耳其退役將軍穆罕默德·理扎·貝肯爲主席，維吾爾族作家、政治活動家買買提明·艾孜來提爲執行主席的領導機構。全球各地的東突組織均成爲服從該組織的下屬機構。分散在世界各國的東突組織由此統一起來了。

該大會一致通過的組織章程裡，有以下幾項重要決定值得特別強調：

·被中國侵佔的維吾爾等突厥人民的祖國名稱是「東突厥斯坦」，不承認中國人強加的「新疆」這一名稱。

·「東突厥斯坦」的國旗、國徽是一九三三年成立的東突厥斯坦共和國，所採用的藍色新月旗和它的國徽。

東突厥斯坦人民曾分別在1933年和1944年兩度建立了「東突厥斯坦共和國」。圖為東突厥斯坦共和國國徽（上）與國旗（下）。

1 編注：The Unrepresented Nations and Peoples Organization 的簡稱，一九九一年成立，由在聯合國沒有席位的國家、民族或政治實體所組成的非政府國際組織。

・「東突厥斯坦民族大會」的最終奮鬥目標是在《聯合國憲章》和國際公約的框架內，獲取祖國的獨立。

・「東突厥斯坦民族大會」爭取獨立的手段和途徑是採取和平、非暴力的方式，反對一切形式的恐怖活動。

・東突厥斯坦共和國將是一個民主、自由、尊重人權、政教分離的國家，反對原教旨主義和政教合一的體制。

・與海外西藏、內蒙獨立組織、海外民主運動組織密切合作，共同與中共政權抗爭。

從此，這些決議成了國內外東突（疆獨）組織的共同綱領和行動指南。

東突組織的民族獨立運動獲得了很多國家、國際機構和民間團體的同情和支持，特別是歐洲議會、美國國會、聯合國人權組織、「國際特赦」組織等國家和國際機構，再加上人權組織開始越來越重視東突厥斯坦問題，東突人權問題逐漸成爲經常擺在中共面前的侵權報告之重要組成部分。有關東突的新聞開始在世界媒體經常出現，中共駐世界各地的大使館前，每年都會出現手拿藍色新月旗、高喊「東突自由」的示威人群。

一九九三年三月，一批旅居歐洲和土耳其的維吾爾族青年知識分子，在土耳其伊斯坦堡成立了「東突厥斯坦青年聯盟」，旅居瑞士的前中共外交官安尼瓦爾・熱合曼被選爲這個聯盟的主席，在德國「解放電台」工作的歐麥爾・卡納特被選爲副主席。這個組織很快地就成爲當時最爲活躍的東突組織，他們出版的《東突青年報》滲透到了中國國內，在維吾爾民眾之中造成了轟動性的效果，同時對中共構成了極大的威脅。

一九九六年十一月，第一屆「東突青年代表大會」在德國慕尼黑召開。在這次大會上，「東突厥斯坦青年聯盟」改名爲「世界維吾爾青年大會」，選出了以歐麥爾．卡納特爲主席，東突學生運動領袖多里昆．艾沙（Dolkun Aysa）爲執委會主席的領導機構。這個組織把世界各地的維吾爾青年吸收成爲自己的成員，很快地成爲號召力極強，僅次於「東突厥斯坦民族大會」的第二大東突組織。這個組織頻繁走訪西方大國，年年在西方國家舉行的聽證會上作證，到處舉辦東突厥斯坦問題研討會、展覽會，不斷組織示威活動，還屢屢向聯合國、歐洲議會、「國際特赦」等人權組織和其他國際機構遞交「控訴」報告，揭發中共在新疆的侵犯人權行爲。

「世界維吾爾青年大會」於一九九六年六月在德國慕尼黑建立「東突厥斯坦信息中心」，通過在網際網路上的宣傳，把東突民族事業推向了一個嶄新的階段。

美國的維吾爾人於一九九六年成立的「美國維吾爾協會」（ＵＡＡ）獲得美國國會許多議員的支持。在二〇〇四年，美國兩位參議員分別參加了該組織的年會。以阿力木．扎伊爾托弗爲首的這個組織的總部設在華盛頓的白宮對面，其成員由旅居美國的優秀維吾爾族知識分子菁英組成。他們爲了推動東突人民爭取人權、民主、自由的民族事業作了大量的努力，並且加強了與中國民運組織的對話和合作，使東突民族事業在北美地區得到迅速發展。

一九九九年十一月，包括來自土耳其、德國、哈薩克、吉爾吉斯、烏茲別克、沙烏地阿拉伯、澳大利亞、瑞士、瑞典、荷蘭，以及美國、加拿大的十四個東突組織代表及關心新疆問題人士兩百多人，在德國召開了一九九二年以來的第二屆「東突厥斯坦民族大會」，討論了東突維吾爾人民在中共統治下如何爭取民族自決的方針與策略。會後，「東突厥斯坦民族大會」重申了以和平及民主的方式，爭取維吾爾民族應有的民族自決權，並明確地聲明：堅決反對針對平民的恐怖主義手段；要學習流亡藏人的精神，以非暴力手段爭取維族人民的自由和民主權利。

一九九九年，美國政府發表《中國人權報告》指摘了中國新疆政策；總統柯林頓在公開場合與「東突民族解放中心」主席艾尼瓦爾會面，接受了維吾爾人遭受迫害的資料和影像紀錄；霍普金斯大學的中亞—高加索問題研究所和史密斯—理查德基金會也派出專門人員抵達阿拉木圖，會見在哈薩克的疆獨（東突）組織首領，表現出對新疆人權問題的極大關切。

一九九九年十月十一日，「歐洲東突厥斯坦聯盟」與設在德國哥廷根市的名為「保護面臨威脅民族協會」的人權組織，在慕尼黑 Astron 酒店聯合舉辦了有關東突人權的研討會。

多年來以保護面臨威脅下的少數民族為宗旨，並在國際上為這些受到種族文化滅絕危險的少數民族而奔走的這個人權組織，近幾年來已將中國境內的少數民族列為關注重點。這次在慕尼黑召開的研討會，是由「保護面臨威脅民族協會」亞洲部負責人 Ulrich Delius 和「歐洲東突厥斯坦聯盟」副主席阿斯卡爾江（Askar Jan）主持。參加此次會議的除境外的東突組織代表外，還有「保護面臨威脅民族協會」副主席 Andreas Semeci 博士、「國際特赦」組織中國部負責人 Dirk Plertes、西藏流亡政府歐洲代表 Gyaltsen Gyaltay、「內蒙古人民黨」主席 Temtsiltu Shobtsood、德國 Duisburg 大學中國問題專家 Thomas Heberer 教授、德國著名中亞政治史專家 Baymirza Hayit 博士、《北京之春》雜誌社經理薛偉、德國的中國民運領袖齊墨，以及在德民運其他人士、土耳其著名戰略學家 Muzaffer Ozdag、土耳其中亞史專家 Mehmet Saray 教授和 Abdulkadir Donuk 教授親臨會場參加會議。

參加會議的部分人士在會議上發言強調，中共執政期間，東突人民的政治權利被剝奪而受到不同程度的迫害。與此同時，他們還被迫接受中共的移民同化政策和變相的、殘酷的計畫生育政策；宗教信仰被剝奪，宗教活動被取締；經濟上同樣受到剝削，東突財寶不斷地有計畫地被掠奪，地上地下的豐富資源被持續性的榨取，而東突人民的生活水準仍處在生活線之下，貧窮縣的比例居中國之首，東突民眾的福祉無人過問。東突固有的文化傳統在中共的同化政策下正在消失；完全接受中共政府規定的文化模式，一個民族、一個文化正面臨著消失的危險，導致這種現象的直接責任者是中共政府。

「保護面臨威脅民族協會」副主席 Andreas Semeci 在會議上發言說，同西藏和內蒙人一樣，維吾爾人的人權和自決權等一些政治與社會權利也受到中共的剝奪，同時由於專制統治使所有的中國百姓也失去了基本人權。本組織多年來除了關注世界其他國家和地區的少數民族權利之外，重點關注在中國境內的少數民族的各種權利，並且與「國際特赦」組織、歐洲聯盟、德國議會以及其他人權組織聯絡，做出了一系列譴責中共違反人權的報告書，用各種實例告知世人，維吾爾人民正面臨著一些非常嚴重的境遇。爲此曾在歐洲組織遊行示威，上書歐洲議會要求譴責中共的人權劣跡，強調人權高於主權。

「國際特赦」組織代表 Dirk Plertes 在會上發言說，本組織始終關注中國的人權狀況，尤其是中國境內的少數民族的人權狀況。今年四月間本組織發表了一份有關東突人權的九十四頁報告書之後，東突人權狀況引起了世界許多民主國家和一些組織的關注。報告書中敘述了中共在東突的犯罪行爲；尤其是九七年初的「伊寧事件」發生後，中共仍用極其殘暴的手段秋後算帳，許多政治犯或失蹤或死在獄中。同樣又有許多維吾爾青年在社會上莫名其妙地失蹤，至今仍下落不明。在無民主法治和人權的中國發生這種痛心的事件，當然應該受到國際社會的譴責。中國政府雖然在許多國際法和人權條約上簽字，但從未有效地執行過，所以國際社會應共同要求中國政府依法行事，釋放包括維吾爾人在內的所有政治犯，創造一個公正的、民主和法治的人權社會。但是我們也應該看到，西方一些國家爲了其經濟利益在與中國政府發生貿易關係時，常將中國人權問題放置一邊，造成國際人權組織在譴責中共人權劣跡上的不便。另外，國際人權條約沒有法律約束力，達不到法律制裁效果，這也是問題棘手的一面。但「國際特赦」組織將繼續不屈不撓地做這方面的工作。

「保護面臨威脅民族協會」亞洲部負責人 Ulrich Delius 在發言中敘述了中共在東突的人權劣跡，以及在政治上、經濟上和文化上的極端統治事例之後強調，東突人民要求自由的運動被中共政府當作分裂主義活動；信仰伊斯蘭教的維吾爾人要求宗教自由時，又被扣上極端的宗教原教旨主義的帽子；東突人為反抗中共的暴力壓迫時所採用的極端手法，又被定性為暴力恐怖活動，以便達到混淆視聽的目的，使問題的實質模糊化。另外，他還著重談到了中共政府設在東突的「中國人民解放軍新疆軍區生產建設兵團」的問題，闡述和分析了作為具有二千年歷史的一個殖民統治手段，二百萬「兵團」人在統治和開發東突資源的進程中其作用的重要性。顯而易見，其實質是殖民主義統治的再現而已，所以自由民主國家應當依照《聯合國憲章》和人權條約中規定的自決權和其他權利，支持和幫助東突人民獲得人權和自由。與會的其他發言人也各抒己見，分析和討論了東突的人權狀況。大會最後以問答的方式討論了發生在東突的一些具體事件和現象，多方面譴責了中共在東突犯下的罪行。

二〇〇〇年十一月十二日至十五日，「世界維吾爾族青年大會」在ＵＮＰＯ組織的協助下在愛沙尼亞首都塔林，舉辦了第三屆世界維吾爾族青年代表大會。世界各地代表五十餘人，以及許多國際組織的代表與會。在會議召開前一個星期，中國政府總理李鵬訪問愛沙尼亞，前者要求該國政府阻止這次會議的召開，但是該國政府不顧中共的抗議和威脅，給這個會議提供了機會。該國外交部部長還會見了艾爾肯·阿利普特肯和多里昆·艾沙兩位領導人。會後艾爾肯·阿利普特肯還接受BBC採訪，透過該電視節目向全世界再次介紹了東突人民的合法事業。中國著名民運人士薛偉先生也代表中國民運組織，在大會上表示支援東突人民的獨立事業。

二〇〇一年十月十八日，「東突厥斯坦民族大會」在布魯塞爾歐盟總部舉行了第三次代表大會。大會上，來自世界各地的維族人再次對恐怖主義事件做出了強烈的譴責，強調反對一切恐怖手段。這是對中共謠言中傷的有力回擊。此次大會正逢美國總統布希在上海參加APEC會議期間，明確表示反對用打擊恐怖主義的名義來鎮壓不同民族爭取自由的運動。

大會同時決議通過大會章程修訂條文第八條第五款，明文指出：「本大會在認同東突厥斯坦人民擁有自決權與自由生存權利的前提下，願與同情東突厥斯坦人民命運的境內外所有中國民主運動組織及個人加強合作，相互支持雙方的正義鬥爭。」

此外，大會章程第八條第十二款也指出：「本大會願與東突厥斯坦民族命運相同的西藏、內蒙古、滿洲里，以及其他在中共政權統治下的少數民族，在爭取民族自決權的鬥爭過程中密切合作，互補有無，共同發展，爲爭取民族生存自由而努力。」

大會也通過若干其他決議，包括儘快完善大會的組織結構與功能，整合新疆境外異議組織力量，俾能發揮特有的國際效應。大會政治領導中心自土耳其移往德國；此外，大會今後將每兩年召開一次，會議地點逐屆選擇不同國家與地區，大會組織的核心領導機構也將自本屆的三十三人增為五十一人。

海外維吾爾人意識到團結聯合的重要性，他們在二〇〇四年四月十六日至十八日，在德國慕尼黑舉行了聯合大會，將以前的「東突厥斯坦民族代表大會」和「世界維吾爾青年大會」合併，成立了「世界維吾爾大會（議會）」。來自十五個國家的一百多名東突組織代表參加了這次會議，選出以艾爾肯．阿利普特肯為議會主席，加拿大的穆罕默德．托合提（Mehmet Tohti）為副主席，德國的多里昆．艾沙為秘書長的領導機構。「世界維吾爾大會」的宗旨是「凝聚全球維吾爾人的力量，為推動、實現東突厥斯坦的民主和人權而奮鬥」。

維吾爾族的精神領袖艾沙．玉素福．阿利普特肯之子艾爾肯．阿利普特肯，是一位在維吾爾民眾中威望很高的領導人和資深的政治家，自一九九一年以來，擔任「聯合國無代表的民族和國家組織」（UNPO）主席和「歐洲東突厥斯坦聯盟」主席。UNPO組織曾有包括台灣在內的五十個成員國，一共代表全世界一億多人民。

從此，「世界維吾爾大會」組織被公認為海外所有維吾爾人民的唯一有代表性的國際性東突聯合機構，世界各地的其他東突組織均作為它的分支機構，在它的領導下從事民族獨立事業。該組織在世界各地舉辦了很多次有關東突的人權研討會、東突歷史、文化學術討論會等一系列活動。

海外的東突(疆獨)組織在揭露中共的暴行、爭取國際社會對東突問題的同情和支持方面再作了長期的、堅持不懈的努力，最終推動了東突問題國際化，成爲聯合國、美國、歐盟，以及很多國際人權組織最關心的焦點問題之一，同時也成了中共最頭痛的，他們所認爲最大威脅的民運、法輪功、台獨、藏獨、疆獨「五毒」之一。

二〇〇二年三月二十八日，在「美國維吾爾協會」的協助下，美國霍普金斯大學高級國際關係研究學院的中亞—高加索問題研究所，在首都華盛頓召開了一個研討會，從歷史、社會、政治、宗教，以及執政者控制新疆的策略等多方面探討了新疆問題。

參加這次研討會的西方學者，都是一個由霍普金斯大學的中亞—高加索問題研究所組織的「新疆專案」的參與者。他們從歷史、經濟、人口組成、衛生、中國在新疆的軍事存在、維吾爾人的特性、伊斯蘭，以及新疆對漢族統治的反抗模式等方面闡述了新疆問題。這些學術研究成果作爲一份題爲《新疆問題》的報告得以發表。

霍普金斯大學中亞—高加索問題研究所的這項研究歷時四年，有十八名新疆問題專家參與。研究不僅參考了大量現有的社會、人文、地理、人類、宗教和經濟等眾多學科的研究結果，並且包括了許多學者對新疆的實地考察結果。這項題目叫做《新疆問題》的研究報告認爲，目前新疆問題不會給美國和美國的利益造成直接威脅，但是新疆問題會成爲區域安全中的不穩定因素，特別是這一地區的周邊國家有一些擁有核子武器能力的國家。

研討會上，學者們對新疆的歷史問題發表了觀點，美國喬治城大學的歷史學家米爾沃德說：「我認爲，對這個問題的最好回答是，清朝在十八世紀中葉佔領了這個地區，形成了目前的樣子，而且爲清朝以後的政權繼承對新疆的統治奠定了基礎。所以說，新疆在清朝以及現代帝國初期成爲中國的一部分。」麻省理工學院的歷史學家珀杜也指出，中國必須用歷史上的先例來證明統治新疆的合理性。

霍普金斯大學的研究報告建議，面對新疆日益尖銳的民族問題，中國政府應該採取以下措施。首先，對恐怖主義暴力行爲堅持絕不容忍的態度，與美國和其他國家一道，反對一切形式的宗教極端主義；第二，區分恐怖主義和非暴力的政治激進主義；第三，按照憲法賦予新疆眞正的自治權利；第四，限制內地移民的大量湧入，通過行政措施減少內地人和當地人工資的差別；再就是新疆的經濟和社會發展必須考慮到當地特殊的民族環境和感情。

近年來，東突組織在歐美國家展開了強大的宣傳攻勢，東突問題在國際政治舞台上開始扮演起越來越重要的角色，僅僅回顧近幾個月來東突組織的頻繁活動就可以發現這一特點：

二〇〇四年十月五日，在挪威的卑爾根市，舉辦了「中國人權與維吾爾問題」研討會，參加該研討會的有「世界維吾爾大會」主席艾爾肯・阿利普特肯、「美國維吾爾協會」主席努里・吐克爾（Nury Turkel）、「國際特赦」組織代表、哈佛大學、奧斯陸大學、夏威夷大學、倫敦德漢姆大學的維吾爾問題專家學者，以及許多新聞工作者。大會代表發言討論了維吾爾人的歷史和現狀，披露了中共統治政權對維吾爾人權的踐踏情況。

二〇〇四年十一月七日，位於挪威的「國際拉夫托人權基金會」把本年度拉夫托人權獎，頒發給了當時還在中共監獄裡服刑的維吾爾人權活動家熱比婭・卡德爾。不久，熱比婭被提名爲諾貝爾和平獎候選人。

二〇〇五年三月十七日，在美國政府和「國際特赦」等國際性人權組織的共同努力下，中共被迫釋放了被東突人民公認爲「維吾爾人的母親」的著名人權活動家熱比婭・卡德爾女士。她的重獲自由也是海外東突組織長期在各國遊說的結果。她於當天來到華盛頓後宣布：她將爲東突民族事業奮鬥到底。不久，她在美國成立了「東突厥斯坦人權發展基金會」。

二〇〇五年三月二十日至三十日，聯合國人權委員會第六十一次會議在日內瓦召開。「世界維吾爾大會」主席艾爾肯・阿利普特肯向會議提交了一份有關中共在東突侵犯人權的詳細書面報告，報告中的重點包括了九一一後，中共藉反恐的名義鎮壓維吾爾人的事實證據。

二〇〇五年三月二十三日，「國際特赦」組織在華盛頓專門爲熱比婭舉行了盛大的歡迎宴會。「美國之音」、「自由亞洲」等新聞機構大篇幅報導了熱比婭被釋放的消息。三月三十日《華盛頓郵報》發表了專門介紹熱比婭的文章。

二〇〇五年四月七日，「世界維吾爾大會」和藏獨組織在日內瓦舉行了大規模的聯合示威活動。旅居瑞士、德國等地的幾千名維吾爾人和藏族人匯集在日內瓦聯合國總部，呼籲聯合國人權組織和國際社會關注東突和西藏問題。

二〇〇五年四月八日，由「美國民主基金會」主辦、「美國維吾爾協會」協辦的題爲「維吾爾人民的人權抗爭」的午餐會，在華盛頓「美國民主基金會」舉行。著名維吾爾人權運動活動家熱比婭女士在午餐會上就維吾爾人民的生存現狀，以及在人權上受到的侵犯和不公平待遇等方面做了詳細介紹。來自「美國之音」、「自由亞洲之聲」、「亞洲民主研究所」、「世界人權運動」、《北京之春》、「勞改基金會」等三十餘家媒體、研究機構和高等學府的專家學者與相關人士，參加了演講會並就有關問題進行了積極深入的討論。熱比婭女士於演講之後，回答了大家提出的問題。

二〇〇五年四月十四日，「世界維吾爾大會」副主席安瓦爾江在日內瓦人權會議上做了報告，闡述了東突的人權狀況，報告內容包括了中共在新疆的移民政策、強制性計畫生育、消滅民族文化、宗教迫害、漢化教育，以及資源掠奪等方面。這是「世界維吾爾大會」在本年裡第二次在日內瓦人權會議上發言。

二〇〇五年四月十六日，「國際特赦」組織在比利時舉辦了題爲「中國與中亞維吾爾人」專題研討會，比利時政府代表、國際人權機構代表和東突組織代表參加了這個研討會。「世界維吾爾大會」秘書長多里昆·艾沙在會上做了報告，詳細地介紹了中共在東突的殖民政策、民族壓迫和人權狀況。

二〇〇五年四月二十四日，「美國維吾爾協會」代表團訪問了吉爾吉斯剛剛成立的新政府，會見了吉國國會議長歐馬爾別克、國防部副部長扎米爾·薩威庫洛夫、吉國人權委員會主席拉馬丹、歐洲安全與合作委員會駐該國辦事處主任馬爾克斯。代表團此次訪問吉國的主要目的是敦促該國政府和人權機構維護維吾爾人的人權，停止阿卡耶夫時代與中共在打擊東突獨立運動方面的合作，認清中共對吉國的威脅，會談取得了圓滿成果。

二〇〇五年四月二十七日，熱比婭應邀在美國國會聽證會上發言，詳細介紹了中共在東突侵犯人權的種種行爲，引起了國會議員們對東突問題的密切關注和同情。美國國會人權委員會專門針對維吾爾問題做了人權報告。

二〇〇五年四月二十八日，挪威外交部在該國首都舉辦了「維吾爾日」慶祝活動，會議邀請了「拉夫托國際人權基金會」代表、挪威政府及議會代表、國際人權機構代表、「挪威維吾爾協會」代表，以及學者和專家等五十多人。挪威外交部官員放映了介紹維吾爾歷史、文化的紀錄片，然後向與會者介紹了東突維吾爾人遭受的不平等待遇、中共的侵權狀況、移民及環境污染等問題。此後，當地電視台節目連續幾天報導了有關東突的問題。

二〇〇五年四月三十日至五月一日，位於土耳其的「突厥世界人權委員會」和「世界維吾爾大會」在安卡拉，聯合舉辦了題爲「東突厥斯坦人權問題」的研討會。來自世界各地的維吾爾問題專家和學者、國際人權機構代表、維吾爾人權活動家和土耳其政府代表共五百多人，參加了爲期三天的研討會。「東突厥斯坦基金會」主席理扎·貝肯將軍、「世界維吾爾大會」主席艾爾肯·阿利普特肯出席了會議並做了發言。

二〇〇五年五月四日至八日，「世界維吾爾大會」、義大利的 REYTI 移民協會、義大利運動員協會、芬蘭紅十字會、荷蘭 UNITED 人權組織、俄羅斯青年人權運動組織等六個國際組織，在義大利共同舉辦了題目爲「越過封鎖線」的研討會。世界各地九十三個組織的代表們參加了這個爲期四天的國際會議。「世界維吾爾大會」秘書長多里昆·艾沙率領的東突代表團，在這次會議上詳細介紹了中共殘暴統治下的東突厥斯坦人權狀況，呼籲歐洲各國在維吾爾人政治避難問題上給予應有的照顧和關懷。由多里昆·艾沙主持的本次會議上，放映了英國 DIREK TV 製作，反映中共核子試驗在當地造成嚴重後果的紀錄片。

二〇〇五年五月九日，「加拿大維吾爾協會」參加了加拿大外交部舉辦的「中國人權問題討論會」，加拿大政府和議會高層官員、關心中國人權的一些國際組織、東突、西藏、法輪功等組織代表共五十多人，參加了這一爲期一天的會議。「加拿大東突協會」主席、「世界維吾爾大會」副主席穆罕默德·托合提在會上發言，並重點介紹了中共以開發大西北爲藉口，加快對東突殖民步伐等問題。

二〇〇五年五月十三日，加拿大議會召開了「維吾爾問題研討會」，前加拿大國務秘書、現任議員戴維·眞格主持了會議，會議目的是向加拿大政府和人民介紹維吾爾人。在包括前來旁聽的中國、蘇聯、美國、法國等十九個國家使館代表，以及各東突組織代表、加拿大政府和議會代表二百多人參加的這次會議上，世界維吾爾大會主席艾爾肯·阿利普特肯做了發言，詳細介紹了東突目前的人權狀況和東突組織的宗旨。

二〇〇五年六月二十一日，熱比婭·卡德爾應「國際特赦」組織英國總部的邀請訪問了英國，會見了該組織的負責人，以及部分英國國會議員，向他們介紹了中共在東突厥斯坦的侵權暴行。她還接受了BBC電視台的採訪，把東突問題再次搬上了世界媒體。

二〇〇五年七月十五日至十七日，「世界維吾爾大會」在德國慕尼黑舉行第二次執行委員會會議，來自世界各地的數百名東突代表參加了這次會議。這次會議可以說是東突事業的一個重大轉捩點，因爲這個全球最大的東突聯合組織在此次會議上做出了一個重要決議，並對外界發表聲明說：熱比婭·卡德爾是全世界維吾爾人公認的領袖，號召全體維吾爾人民擁戴她。被中共宣布爲恐怖分子的著名東突領導人和人權活動家——買買提明·伊敏·艾孜來提也在這次會議上露面，他和「世界維吾爾大會」主席艾爾肯·阿利普特肯都表示擁護熱比婭·卡德爾。這樣一來，海外疆獨運動從此進入了嶄新的時期，熱比婭·卡德爾成爲全球維吾爾人的領袖。海外東突組織出現空前的團結一致，紛紛表態說，將在熱比婭·卡德爾的領導下，把東突民族事業進行到底。

二〇〇五年九月八日，熱比婭・卡德爾會見了美國國會議員湯姆・朗托斯，向他詳細介紹了東突厥斯坦的人權狀況，特別是維吾爾政治犯的悲慘處境和強制計畫生育政策等，要求美國政府更加關注維吾爾問題。

二〇〇五年十月一日，即「新疆維吾爾自治區」成立五十周年之際，美國、加拿大、土耳其、德國、瑞士、瑞典、挪威等國的維吾爾族僑民在「世界維吾爾大會」的統一組織下，在這些國家的中共大使館面前舉行了規模盛大的示威活動。

二〇〇五年十月中旬，熱比婭・卡德爾展開了對德國、荷蘭、比利時、丹麥、挪威、瑞典、瑞士等西歐九國爲期三週的訪問。這些國家不顧中共的抗議和阻撓，以高規格接待了熱比婭。她在這些國家會見了部分國會議員、政府高級官員，以及設在這些國家的人權機構和聯合國代表，向他們揭發了中共在東突的種種暴行，並呼籲這些國家和組織更加重視東突的人權問題，向中國施加壓力，支援東突人民的合法事業。

二〇〇五年十一月十三日，熱比婭在華盛頓與達賴喇嘛會面，後來又作爲特邀嘉賓，出席了達賴喇嘛的講演。由一萬多人參加的，題爲「地球和平與慈善」的演講大會中，達賴向美國人民介紹了新疆、西藏、內蒙古問題。

二〇〇五年十一月九日，美國政府發表了《二〇〇五年中國宗教自由狀況報告》，詳細披露了中共政府在新疆鎮壓維吾爾穆斯林正常宗教活動的累累罪行。十一月十六日，「美國維吾爾協會」在美國國會舉行的、關於東突厥斯坦維吾爾人權問題的專題聽證會上，對此作了證詞。

二〇〇五年十一月二十八日，由UNPO組織舉辦的題爲「亞洲安全與穩定」的研討會在荷蘭召開，來自世界各地的政治組織和專家，包括中國民運領袖魏京生、西藏流亡政府和台灣等地的代表二百多人與會。「世界維吾爾大會」主席艾爾肯·阿利普特肯應邀在大會上發言，詳細闡述了東突問題的重要性。

二〇〇五年十二月一日熱比婭·卡德爾與「美國維吾爾協會」聯名給聯合國秘書長科菲·安南寫信，要求聯合國更加重視東突人權問題，制止中共對維吾爾人的侵權行爲，按照聯合國《人權宣言》的有關條款對中國政府採取懲罰性措施。

由此以來，世界各地的東突組織和全體維吾爾僑民，在熱比婭·卡德爾的領導下，開始重整旗鼓，聯合一致，不斷發展壯大，成爲中共專制政府的一場惡夢，以及動搖其統治的強大政治力量。

第九章

海外中國民運組織對新疆問題的態度以及與東突組織的對話

一、海外民運組織和民主人士對新疆問題的態度

東突（疆獨）組織的鬥爭方式和目標很明確，那就是：通過和平、非暴力，以及民族自決的方式爭取獨立建國。那麼，海外的民運組織對新疆的問題持有何種看法呢？

「六四」以來，很多學運領袖、民主鬥士，以及旅居國外的華人華僑紛紛在西方國家，以不同名稱成立了許多反共異議組織。他們都有一個共同的目的：結束共產黨的獨裁統治，建立一個民主、自由的新中國。

海外這些對抗中共專制的政治組織、民主黨派和華人社團通過各種管道，向全世界揭露中共的黑暗內幕，贏得了國際社會的廣泛同情和支援。海外越來越多的華人加入了反對中共獨裁、要求自由、民主的中國民主運動行列。中共鎮壓法輪功後更加失去了民心，中國的官僚腐敗、農村問題、日益明顯的貧富差距、下崗、失業等社會現象，進一步動搖了中共的統治基礎。中國人民開始覺醒，反對專制、要求民主的呼聲越來越高漲。《九評共產黨》和退黨浪潮，把中國的民主運動推向了高潮。世界各地的反共示威活動此起彼伏，中共政權可謂是四面楚歌、危在旦夕。

在這種形勢下，海外的反共異議組織頻繁召開各類會議，商討中國的前途、中國的民主進程，以及將來成立民主中國的途徑、民主中國的立國原則、國家的體制等問題，甚至開始

起草未來中國的「憲法」。

在成立民主中國後如何解決新疆、西藏、內蒙、台灣等問題，成了中國民主運動的一大難題。民運人士對此各有其說，有的提出邦聯制，有的提倡聯邦制，有的認爲最多可以給這些地區高度自治，也有人認爲應該允許民族自決。

概括起來，主要有以下三種看法：

第一種看法：認爲新疆、西藏、內蒙、台灣是中國不可分割的領土，絕不能允許他們獨立或者民族自決，最多可以給予一定程度的自治。這些人一方面希望中共專制早日結束，中國人早日獲得自由、民主；另一方面又擔心中共獨裁統治一旦崩潰，中國就會瓦解、分裂。這些「中華大一統」的維護者們，只反對共產黨的專制，但是又想繼續延續共產黨對這些民族的殖民統治。在民運人士中，持這種看法的人佔上風。

第二種看法：仿效德國、美國和瑞士的聯邦制，新疆、西藏、內蒙、台灣作爲高度自治的地區加入中國聯邦，在保證中國領土主權完整的條件下，建立一個「中華聯邦共和國」，中國本土、新疆、西藏、台灣，有可能還包括香港和澳門爲聯邦成員。

第三種看法：承認這些地區的民族自決權，認爲新疆、西藏可以通過公民投票表決方式，讓這些地區的人民自己決定去留。如果表決結果是要求獨立，那麼就承認他們的獨立權利。

以下例舉部分海外民運人士和民運組織，對東突問題的不同看法：

著名的民運人士曹長青先生在他的《獨立的價值》一書中，以自由民主這個普世價值的角度，闡述他對台獨、藏獨、疆獨的看法，歸納起來是承認民族自決權。

他寫道：「獨立是追求做人的自由和尊嚴，不是邪惡；而獨裁是剝奪人的自由和尊嚴，這才是邪惡。獨立和統一都不是價值標準和原則，尊重人的選擇權才是終極價值。統獨問題的另一本質是反映了對人權是否尊重的問題。一個對人權尊重的國家，統獨不會惡化成為大規模的暴力衝突，因為會運用和平手段而不是採取暴力，例如，捷克與斯洛伐克的分開、魁北克與加拿大的不分開，都是和平方式解決。然而，對早已經獨立於中華人民共和國之外的台灣，北京要用武力『統一』，對和平抗爭的西藏人也用武力鎮壓，哪怕他們只是要求實現中共所允諾的自治而非獨立。『人權高於主權』是當今時代的根本特徵。國界已經擋不住不需要簽證的人權，因此，國家的名義就保護不了踐踏人權的罪犯。」

《北京之春》發行人于大海先生在九四．一一號刊發表的〈關於西藏和民運的民族政策〉中認為民運應該有自己的民族政策，他說：「民運是以自由、民主、人權、法治為綱領的，將來一旦掌握了政治主導權，當然應該保障所有中國公民、包括少數民族的基本權利，包括政治參與權和信仰、言論的自由。但是，民族問題除了是人權問題外，還有其特殊性，需要我們予以正視。我們都知道，英國、愛爾蘭、加拿大都是民主國家，但北愛爾蘭和加拿大魁北克省的地位問題仍然遲遲得不到圓滿解決。中共將一切問題歸結為階級鬥爭固然是荒唐的。如果我們覺得只要實行民主、尊重基本人權，一切民族矛盾都可迎刃而解，我們也就在思想上犯了與中共相似的錯誤。」

他表示：「將來的民主政權應允許什麼程度的民族自治？西藏、新疆、內蒙古這些地方是否有權利決定獨立？對這些問題，僅用民主的一般原則，我們難以做出回答。國際法、國家和民族的理論，以及各國歷史上的先例可以給我們以啓發，但仍然不能給出圓滿的答案，因爲現實世界太複雜了。」

于大海認爲，要依據的基本原則是各民族人民的利益；其次，要遵循「民族自決」原則。許多政治理論家都認爲，以民族爲基礎建立國家是最自然的。美國總統威爾遜在第一次世界大戰後正式提出的「民族自決」原則，在第二次世界大戰後得到普遍接受，導致了全球範圍內的非殖民化。中國的民主力量在考慮民族問題時，也要注意尋找對中國的民主化最有利的方案。如果新疆的居民大多數希望獨立，中國的民主政權應當同意。但與西藏相比，新疆獨立的條件要差得多。首先，維吾爾人缺乏公認的領導核心，獨立起來手續上會麻煩得多；其次，在新疆地區，維吾爾族人已不佔絕對多數；此外，新疆與中原的聯繫更爲密切，徹底分家也就更不容易。如果維、漢雙方能達成共識，新疆成爲中國高度自治的一個區域也許更爲可取。

他總結說：「總之，將來的民主政權應實行以下民族政策：允許西藏、新疆這兩個特殊地區自決。如果公民投票贊成獨立，則允許獨立，條件是：（一）新建國家裡的人權（尤其是漢人的權利）有確實保障；（二）接受現有邊界；（三）中國的戰略利益得到照顧。」

著名民運人士薛偉先生在第三屆世界維吾爾青年代表大會上的發言中表態說：

如果中國民運成功了，掌握政權了，我們對於民族獨立的政策要有以下三個原則：

第一個原則是民主的原則，就是承認民族自決的權利。愛沙尼亞可以獨立，立陶宛可以獨立，爲什麼東突厥斯坦就不能獨立？其實，不但東突人民可以獨立，台灣人民可以獨立，西藏人民可以獨立，蒙古人民也可以獨立，只要符合多數人民的意願。

第二個原則是和平的原則，就是如果他們一定要獨立，我們之間發生了爭論的話，絕對不可以動軍隊、動武力去鎮壓他們，只可以通過談判。

第三個原則是作主的原則，就是我們要有耐心、要有時間，讓各族人民互相溝通，相互間有一個交流，加強理解，表達我們的善意，經過一定時間之後，西藏和新疆人民可以通過公民投票來決定自己的命運，但是這種公民投票不是漢族和維族一起投，而是維吾爾人自己投。

二〇〇二年九月十八日，中國民主黨海外籌委會主席王希哲先生，對「自由亞洲」電台發表的關於「東突」問題談話提綱裡，強調了兩點：

（一）包括新疆、西藏、台灣的中國是一個歷史和現實形成的主權統一國家。無論久遠歷史如何演化，我們承認的是現實。我們不贊成分裂它。我們贊成在這個近一千萬平方公里的土地上生活的十幾億各族人民形成多民族共同體，共同爭取自己的人權、民主和高度自治。

（二）聯合國大會關於〈給予殖民地國家和人民獨立宣言〉所聲稱的民族自決，指的是歷史遺留的殖民地和被外國統治地。不適用一個主權統一的國家。聯合國大會強調：「任何旨在部分地或全面地分裂一個國家的團結和破壞其領土完整的企圖，都是與《聯合國憲章》的目的與原則相違背的。」

《河殤》的作者，著名作家蘇曉康先生認爲中國人的「中華大一統」思想根深柢固，應該放棄這種觀點，允許新疆、西藏、內蒙獨立。他說：「我們要超越大中國情結，要有前蘇聯各共和國棄帝國如敝屣的精神。如能有更多的、像他們這樣高瞻遠矚的中國人站出來的話，『大中華一統』的情結就有希望能解開。許多相關的難題，也就可以因而迎刃而解。」

著名民運領袖嚴家其先生的〈中國憲政改革的四項目標〉中提出，以聯邦制來解決西藏、新疆和內蒙等少數民族聚居區的問題，使中國西藏、新疆、內蒙等地既享有高度自治又保持中國的統一。

他認爲，中國實行聯邦制，有必要採用「邦聯式聯邦」，即帶有邦聯特徵的聯邦。聯邦制中國的成員將分爲兩類，一類是「普通成員邦」，稱爲自治省、自治市，或簡稱省、市，這包括中國大陸原有各省和原有直轄市；另一類是「特殊成員邦」，由香港、澳門、台灣、新疆、內蒙、西藏、廣西、寧夏八個「自治邦」組成，香港、澳門沿襲習慣稱呼仍稱爲「市」。「普通成員邦」與「聯邦」的關係比較緊密，相當於一般聯邦制國家的「縱向權力劃分」，而「特殊成員邦」與「聯邦」的關係比較鬆散，「縱向權力劃分」由聯邦中國憲法中每個特殊成員的「特別條款」明文規定，例如，台灣自治邦與聯邦的關係可不同於西藏自治邦與聯邦的關係。在聯邦政府同意和聯合國接受的情況下，台灣自治邦可在聯合國享有席位。

邦聯是指主權獨立國家之間的聯合。如前蘇聯部分加盟共和國獨立後組成的「獨聯體」。「英聯邦」是一個已經衰敗的邦聯。歐盟則是一個正在興起的邦聯。而聯邦制則是一個統一國家內部，各個地區實行高度自治（可稱作「共和國」），如美國、德國、俄羅斯等都是這樣的國家。

著名民運人士王炳章先生對新疆、西藏問題的看法是：我們民運既反對中央的極權專制，也反對藏獨與疆獨分離活動。主張以聯邦制的形式解決新疆、西藏、內蒙等地的民族問題，充分尊重地方的自治權與各民族的文化、宗教、生活習俗。

著名作家王力雄先生在他的文章〈西方民主制激化中國民族衝突〉中寫道：

專制造成的民族問題往往被專制鎮壓掩蓋，等到民主轉型時爆發。以西藏和新疆爲焦點的中國民族問題，在未來中國政治變革時會成爲首當其衝的挑戰。能否處理好民族問題，是中國政治改革能否成功的前提之一。

少數民族人士認爲中國民主之時，就該由少數民族人民自己選擇民族前途。對此難以從理論上反駁，因此，一些人認爲可以用蘇聯解體的模式解決中國民族問題。然而，這在現實中是行不通的。少數民族雖然只佔中國人口不到百分之十，地域面積卻佔中國領土近百分之六十。僅新疆、西藏兩地四百萬平方公里就超過中國領土五分之二。國家解體對俄羅斯人和漢人的意義不同主要在此：佔蘇聯一半人口的俄羅斯人在解體中分得百分之七十六的領土，而佔百分之九十以上的漢人解體後只剩百分之四十領土，這是中國不能以蘇聯解體模式解決民族問題的關鍵所在。

漢族民主人士傾向建立以西方民主制爲基礎的中國聯邦，在共同國家的框架下各民族高度自治，但這只是漢人單方面的願望。西方民主制並非等於民族問題的解決，即使是最老的民主國家——英國，民族問題至今仍是頭痛之事。而在蘇聯、東歐那些「民主的發作」之社會，民族分裂與衝突幾乎成了民主轉型的伴侶，二者形影相隨。

他還指出：「藏人、維吾爾人的聚居區通過民主轉型中，也會建立自己的議會。其議會在追求獨立的問題上很可能具有高度一致，不同派別的區別只是激烈程度的不同。如果民主轉型後，少數民族如上述從領袖、媒體、大眾、議員，一直到政府都追求獨立，結果中國聯邦一定留不住他們。而那時，面對國土分裂的危機，漢人中會崛起強烈的民族主義勢力，打起『中國在危機中』的旗號，誓言保衛國家統一。這種政治力量在那時不會找不到市場，而其贏得選舉之日，就會是漢人對少數民族發動戰爭之時，也就會是法西斯主義在中國的捲土重來。」

民運人士王金波先生在他的〈未來中國國家結構形式的一種設想〉一文中認為，將來大陸也應實行聯邦制，其中西藏、新疆、內蒙古、寧夏、廣西將成立五個共和國。

還有一些海外民運人士在對此問題發表看法時，無恥地暴露了漢族沙文主義思想，對中共移民政策表露出肯定和讚賞。譬如，政治評論家王小寧先生在他的〈不要給反對在中國進行政治體制改革的人以口實〉的一篇文章裡寫道：

連達賴喇嘛最近都承認，西藏對內地依附性很強。他不要求西藏獨立，只要求中央政府給予西藏高度自治。十年前的統計，新疆有六百二十萬維吾爾族，五百三十五萬漢族，還有近兩百萬其他少數民族。維吾爾族只佔新疆人口的四十％。最新的人口統計，漢族應已超過了維吾爾族。新疆獨立，漢族不幹，其他少數民族不會同意由維吾爾族來統治他們。少數人根本不可能統治多數人。維吾爾族的多數人也不贊成獨立，想再建立，簡直是癡人說夢，如果眞的進行全民公決，贊成建立東土耳其斯坦伊斯蘭共和國的人不會超過十%。中國今後的國家體制將爲：大部分爲統一制（大陸只有西藏實行高度的民族自治），少部分（台灣、香港、澳門）爲聯邦制。中共有意誇大台灣獨立的危險，甚至鼓動進行台海戰爭；有意誇大西藏、新疆等少數民族地區獨立的危險，目的就是反對在中國進行政治體制改革。而我實在不明白，國內外有些民主人士爲什麼熱中於鼓吹台灣獨立、西藏、新疆獨立。好像不同意這些言論，就不是民主派一樣。這樣做，一不利於中國進行政治體制改革，二使某些人有了詆毀民主運動的理由。所以我呼籲，民主派在提出政治主張時，應考慮是否爲中國人民所接受，不要給反對在中國進行政治體制改革的人以口實。

「中國社會民主黨」主席劉國凱在他題爲〈民運關於「東突」問題的思維需要釐清〉的一篇文章裡說：「我謹認爲，民主運動應採取的作法是，（一）支援國際社會把東突厥斯坦伊斯蘭運動定爲恐怖主義組織予以取締，以消弭潛在的中國「九一一」危機；（二）向疆獨組織及所有具有獨立訴求的少數民族組織明確表態，我們願意與他們共同奮鬥以終結中共政權，在全中國建立民主政體，但不贊同他們的獨立訴求，未來的民主政府也不會對分裂獨立聽之任之。民主運動應向他們說明，在中國實現民族平等、民族和睦，各民族各盡其能共同分享這九百六十萬平方公里土地上的人力、物力、技術所創造出來的社會財富才是正確的出路。分裂獨立除了使少數幾批人擁有了總統、總理、部長、大使的頭銜，以滿足其個人權力欲和政治功利心外，對普通民眾百無一利。民主運動尤其要告訴他們，切不可使用武力來訴求獨立。成吉思汗的時代一去不復返了，動輒訴諸武力只會給本民族和全國各族人民乃至國際社會帶來不應有的巨大傷害。」

劉國凱承認自己是一個民族感情很強烈的民主主義者，是堅定的中國統一論者，是台灣獨立、西藏獨立，或內蒙古、新疆獨立觀念或運動的堅決反對者。他在海外民運雜誌上發表了很多表達這種觀點的文章。他對《北京之春》記者亞衣的採訪中說：「我們這個民族多災多難，從秦漢的匈奴到兩晉的鮮卑、五胡，從唐代的突厥、吐蕃到兩宋和明朝的契丹、女眞、蒙古都欺負過我們的民族。雖然這些游牧民族中的大多數最終同化在漢族裡面，但是他們曾經使得中華民族生靈塗炭。我認爲中華民族就是漢族，不包括藏族、維族、蒙古族。」

他建議民運組織要審愼對待民族問題，不要輕言本來統一的中國的某一個區域的民族獨立，或者對民族獨立發表過於「慷慨」但不負責任的承諾。在他的〈中共民族政策之顢頇昏亂與未來民主政權民族政策之芻議〉一文中，他還主張將來的民主中國不設自治區，漢語爲唯一的官方語言，國立學校只能使用漢語教學，所有公務員必須熟知漢語等等。

趙達功在其〈放棄新疆獨立主張，共同爭取民主自由〉的文章裡說：「列寧當年也曾經許諾歸還由沙皇俄國強佔的中國領土，結果史達林以及後來的繼承者根本沒有歸還，甚至還將中國領土蒙古分離出一部分，形成現在的蒙古國；前蘇聯所佔領的日本北方四島，現在同樣也沒有歸還……。中國共產黨之所以能夠維持其專制統治，其中最重要的是在民族問題上沒有使國家分裂。就是中國建立了民主制度，民選的政府與現在專制的政府一樣，在民族問題上絕不會讓步，不會讓新疆、西藏獨立。如果民主政府允許獨立，立刻就失去民心，就無法維持統治。」

他還說：「從中國經濟戰略角度看，隨著新疆豐富的石油和天然氣被發現，戰略資源是中國必須保護的。中國東南沿海地區和黃河、長江流域資源的日益貧乏，必須從人煙稀少而資源豐富的新疆得到補充，這對中國經濟發展具有十分重要的戰略意義。因此，中國不會也絕不允許新疆獨立……。因此我呼籲新疆獨立運動改變運動性質，那就是與中國民運融爲一個團結的力量，共同追求中國的民主自由目標，其中包括追求民族平等權利和民族自治權利。」

中國民聯南非支部的負責人尹超在給《北京之春》的一封信中說：「這裡的華人討論新疆、西藏獨立問題，大家議論的結果還是支持共產黨，因爲至少共產黨掌權的時候，中國還不至分裂，並且保持對台獨的武力壓力。他們『寧可專制而統一，不要民主而分裂。』」

中國共產黨也利用蘇聯解體教訓人們：中國實行民主必然造成國家分裂，要國家安定就不能實行民主，並以此證明他們八九年鎮壓學生運動是正確的。對此，也有一些海外同學的反映是「寧可分裂而民主，也不要專制而統一」。

炳德先生在〈論祖國統一與民主政治之間的關係〉中寫道：

> 中共所推行的中央高度集權的獨裁政治體系，幾十年來在各少數民族地區，主要是西藏、新疆等地區，積累的民族仇恨已經是非常嚴重。在大陸建立民主政治的過程中，如何化解這種民族仇恨？目前的學界，似乎還沒有提出有效的方案。但是，這種仇恨的化解，顯然將直接關乎在大陸建立民主政治的前程。
>
> 現在存在的事實是，在這種民族仇恨的驅使下，西藏、新疆等地區以暴力的方式不斷進行著獨立運動。然而，如果以前蘇聯分裂的方式，讓這些地區取得獨立地位就可以化解這種仇恨了嗎？如果你對事實有比較充分的瞭解，答案就是否定的。
>
> 首先，在這些地區的漢族人口，其現狀本身已經是該地區一個主要民族，而且大都已經是兩代人以上。此時的問題就有兩個：其一，如果允許這些地區獨立，允許的法律依據是什麼？將以何種法律程序完成其獨立過程？其二，長年積累的民族仇恨，已經給這些地區埋下了大規模民族衝突的禍根，如果這些地區取得完全的獨立地位後，其結果將如何？有關各方將採取何種處理方式？

對於第一個問題，人們通常也許會想到該地區居民全民公決的方式。但這種方式可能讓該地區的原住居民（藏族、維吾爾族、回族等），連簡單多數都難以達到。如果默許極端派強行獨立的方式，這就引出了第二個問題——幾乎無法避免的大規模民族衝突，這可不是我們在書桌邊說能避免就能避免的。如果出現這種局面的話，這個世界上最不安定的因素、最不安定的地區可能會就此誕生。這又豈止是阿富汗地區所能比擬得了的呢？

在這種情況下，建立多民族權力均衡的政治體系，就顯得尤為重要了。唯有這種方式，才能夠以最低的成本換得民族間的和解。同時，唯有這種方式才能夠比較有效地保護在大陸新生的民主政治。在中國，這種多民族權力均衡體系，可以通過聯邦的方式來解決。

「關天茶舍」網路論壇中有一篇題為〈為推翻共產黨而努力〉的文章發表了這樣一種看法：「中國會不會在民主化以後像蘇聯一樣四分五裂呢？答案是：絕對不會！原因：（一）佔總人口百分之九十的漢人在內蒙古已經是多數，新疆的大城市大都是漢人為主，最好的土地也被漢人的『生產建設兵團』所佔有。至於西藏，藏人力量過於弱小，根本無能力與漢人為敵；（二）內蒙、新疆、西藏加起來佔中國總面積的近一半，漢人無論在何種政治制度下都不會同意放棄這些國土。」

一九九三年一月提交給民聯、民陣聯合代表大會的政治宣言討論稿是這樣論述的：「如何正確處理中國境內的民族問題，是一個極為複雜的歷史工程，但是有一點是明確的，只有建立一個民主的政治制度，少數民族的權益才可能得到充分的保證。中國當代民主運動是一個包括漢民族和其他少數民族在內的民主運動，所以應該反對任何形式的民族沙文主義……。」

一九九五年三月三十一日至四月二日，在美國柏克萊加州大學亞洲研究計畫的協助之下，由美國「二十一世紀中國基金會」、「台灣聯合報文化基金會」主辦的「未來中國國家結構與憲政體制」學術研討會中，民運人士提出了以聯邦制解決新疆、西藏和台灣問題的設想。會議組織者是「二十一世紀中國基金會」會長劉凱申博士、哥倫比亞大學訪問學者嚴家其先生、台灣大學政治系朱雲漢教授。研討會由「二十一世紀中國基金會」董事長、著名經濟學家吳元黎教授，台灣政治大學教授、國關中心主任、聯合報系文化基金會董事邵玉銘先生，美國柏克萊加州大學教授、亞洲研究計畫主任羅德明等專家、學者共同主持。

會議中，來自大陸、香港、台灣、西藏、蒙古、日本、加拿大、挪威和美國各地近五十位專家學者，就未來中國的國家結構、中國走向聯邦制的道路、聯邦制與少數民族自治地位、經濟整合的設計與政法關係和對外關係、聯邦制出現的政治條件、人權保障與憲政、憲政體制與政黨規範、憲法的妥協性與社會的整合、國家機構的角色與功能、中央政府體制、文官體制與行政中立、憲政的維護和發展等專題，進行了廣泛而深入的探討。

嚴家其先生發表了題爲〈走向民主聯邦制中國的道路〉的演講，他表示，海峽兩岸應召開統一的「制憲會議」，制定一部適合海峽兩岸，也適合西藏、內蒙、新疆等地區的新的憲法。他提出實現兩岸的和平統一，最好的選擇是建立帶有「邦聯特徵的聯邦制」。台灣、西藏、內蒙、新疆、香港、澳門等成爲中國的「特別成員邦」，使這些地區在對內政策和對外關係上，擁有超過其他成員邦的種種自主權。如何決定和平統一後中國的國家結構，這需要由未來中國的制憲會議來決定。

對於制憲會議的召開，嚴家其設計的具體步驟爲：海峽兩岸之間政府對政府的談判，和平統一模式的擬定；北京政府和達賴喇嘛，以及西藏、新疆、內蒙等地區代表之間的協商；成立制憲籌備委員會；草擬多種模式的憲法草案；確定制憲會議議員產生辦法；選舉制憲會議議員；召集制憲會議。

香港中文大學的著名教授翁松燃，就「聯邦與邦聯制度下，邦與邦之間的關係」，結合香港政治制度的改革和前景，發表了非常精到的看法。在由翁松燃教授所主持的關於「聯邦制與少數民族自治地位」的圓桌討論中，在西藏國際救援中心擔任研究員的阿沛·晉美、原在新疆社會科學院研究民族問題的蒙古人權同盟的巴赫，以及嚴家其、黃默等一起就中國的國家結構與民族關係展開深入的交流。巴赫提出了「解決中國大陸蒙古問題的九點設想」，並對一九九三年夏威夷會議擬定的建議性憲法草案，採用「中華聯邦」的名稱提出異議。巴赫認爲該名稱容易令人聯想到孫中山提出的「振興中華，驅逐韃虜」，此「中華」僅指漢族，故不易爲藏、蒙、回、滿等民族所接受。阿沛·晉美則在會上轉達了達賴喇嘛對於聯邦中國憲法建議性草案的意見和關注。

一九九六年六月十八日，中國民運組織再次召開了關於民族問題的圓桌會議，這次圓桌會議就少數民族要求民族自決發布聲明說：解決民族和地區間的矛盾與糾紛，並沒有放諸四海皆準的靈丹妙藥，不過「以人民福祉爲原則」和「不訴諸武力的原則」這兩點，應爲各方的共識。

聲明中說：「是統一、是自治、還是獨立，要看是否符合各族人民的根本利益。不管理論上多麼好聽、多麼漂亮，只要違背人民大眾的根本利益，都必須予以反對。中共的一黨專制是一個罪惡的制度，也是造成中國各族人民苦難的根本原因，因此他們認爲解決少數民族以及兩岸分治問題的前提，是結束這一黨專政制度。」聲明還說：「我們希望全國各族人民能夠撇開民族偏見，認清共同的敵人，團結一致，爲爭取自己的民主權利而抗爭，早日在中國實現民主的社會，唯有如此，民族問題的眞正解決才有希望。」

這次會議上，民運組織沒有正面提出解決新疆、西藏問題的確切方案，只是發表了一些籠統的、模糊的看法，概括起來就是：共產黨是各方共敵，要解決民族問題，必須先聯合起來推翻中共專政，然後以和平方式解決民族問題，在符合人民根本利益的前提下決定自治還是自決。這裡指的「人民的根本利益」是什麼呢？沒有具體說明，也許他們是想說「中國人民維護祖國統一」的根本利益吧！

中共政權在崩解前夕，爲了轉移社會矛盾，舉出了「民族主義」與「愛國主義」的旗幟，以挽救自己的命運，甚至提出武力攻打台灣，統一中國，把台獨、疆獨、藏獨運動說成是分裂中國領土、出賣國家利益。海外某些政治異議人士支持台獨、藏獨、疆獨的言論，又被中共政權用來攻擊海外異議陣營，中共藉此把整個海外異議陣營都誣衊爲支持分裂國土的民族敗類，詈罵爲漢奸、賣國賊。很多中國人深受這種宣傳的影響，再加上他們不瞭解歷史眞相，還眞的相信共產黨的「新疆、西藏自古以來，就是中國不可分割的領土」這一歪曲歷史的謊言。另外，還有相當一部分民運人士心裡明明知道新疆、西藏的歷史實事，由於他們在心理上受大漢民族主義和中華大一統思想的支配，不願承認新疆、西藏不是中國的領土這一事實，不希望輕易放棄這些已經被佔爲已有的土地。

那些認爲新疆、西藏自古是中國領土的民運人士們，爲什麼不研究一下這些地方的歷史呢？爲什麼不願承認滿清帝國於十八世紀末侵佔這些國家的這一歷史事實呢？他們中的一部分人只要求漢族人得到自由和人權，企圖繼續維護中共對新疆、西藏的殖民統治，而不願意給新疆、西藏自己決定自己命運的基本人權呢！那正是他們頭腦裡的「中華大一統」思想在作怪！

很多民運人士都決絕咬定「新疆的漢族人口佔了多數」，「新疆佔中國領土的五分之一，有石油資源，決不能放棄」等觀點，赤裸裸地吐露出了殖民主義和沙文主義思想，他們肯定了中共的殖民政策並企圖在中共垮台後的民主中國，繼續維持中共的殖民統治和它的民族政策。持這種觀點的民主派華人也佔相當大的比例。將來在中共垮台後的中國，這種觀點一旦被統治者採用，將會把中國帶入一個長期的種族衝突和巨大的災難。

大部分民運組織和個人對這個問題發表看法時，不是以正義、公正、平等，以及自由、民主、人權作爲他們解決新疆問題的原則，而是以中華民族（漢族）的最高利益作爲首要前提。

某些海外異議陣營中的成員說：過去中共爲了奪取政權搞統一戰線，我們今天爲了擊倒中共政權爲什麼不可以也搞統一戰線？管它什麼台獨、藏獨、疆獨、蒙獨，都利用起來，一起打倒了中共再說。然而，這些海外異議人士對新疆、西藏等問題的解決方式卻避而不談。

首先，這些民運人士要搞清楚他們所爲之奮鬥的民主、自由和人權的含義，維吾爾人和藏族人民的民族自決權也是《人權宣言》裡的一個重要部分，《聯合國憲章》肯定了民族自決權的合法性。一九六〇年，聯大通過了著名的〈給予殖民地國家和人民獨立宣言〉，闡述了所有的人民都有自決權，依據它，廣大被殖民或外國統治下的人民享有完全的獨立和自由權利。在《獨立宣言》通過的第二天，聯合國大會對民族自決權的行使，規定了明確的限制與條件：被視爲擁有自決權的領土指的是其統治國不僅「在地理上與其分離，而且種族或文化上也與其不同的地域」。由此，就排除了殖民地以外地區的各種自決要求。新疆在地理上與中國本來是分離的，是在十八世紀才被武力併入中國版圖的，新疆的種族、語言、文化、宗教與漢人截然不同，完全符合這一條件。

有一些民運人士不僅不想放棄新疆、西藏，甚至還認爲清末《中俄伊犁條約》後被俄羅斯佔去的中亞大片土地[1]和外蒙古都屬於中國領土，應該要回來，還成立了所謂「中國收復失地同盟」。難道他們還不知道在十八世紀末到十九世紀末，中亞突厥斯坦被滿清和沙皇兩個帝國共同瓜分的歷史事實嗎？這些人的沙文主義思想比中共還要嚴重，還談什麼民主、自由、人權？我奉勸這些人多研究一下歷史再發表看法。

民運人士柏華先生在〈試論民主化進程中的國土分裂危機〉一文中，對海外關於獨統問題的看法總結得非常合理、透徹。他說：「蘇聯的解體，使所有致力於中國民主化人們，不得不回答大家長期以來一直在回避的問題：中國的民主化會不會導致國土分裂？人民和民主政府應該如何對待國土分裂？」

1 現今的哈薩克東南部和吉爾吉斯全境。

柏華總結說：

中國民主派的態度和看法，大致可以分爲以下幾類：

（一）民主優先論——持這種觀點的人士認爲，民族（或地區）分離主義在很大的程度上是被專制制度激化的，當務之急是要先建立民主制度，統獨之爭應該也可以留待大陸實現了民主化以後再解決。因此，這些人目前都儘量避免公開參入任何統獨之爭，對上述問題也持含糊態度，認爲現在分析國土分裂的可能性爲時過早。以捷克和斯洛伐克爲現實參考，這種論點或態度不無意義，其民主化進程中的國土分裂，目前確實沒有引發新的社會危機。

（二）聯邦救國論——持這種觀點的人士認爲，民族（或地區）衝突一定會在大陸實現民主化之前、專制削弱時爆發，爲了避免發生南斯拉夫式的戰亂局面，現在就不能回避統獨問題；民運各派與分離主義運動應儘早公布各自的「建國綱領」，以求通過民主協商和妥協形成共識，建設一個民主統一的新中國。因此，這些人目前都積極設計「聯邦制」和「地方自治」的方案，認爲它們是和平解決統獨之爭的最好出路，是救國救民的良方。以歷史經驗而言，美國聯邦制的建立，當初確曾起到緩解國土分裂危機的作用。

（三）統一至上論——持這種觀點的人士認爲，民主可以優先，聯邦制可以討論，但必須強調國家統一爲民主化的底線，不能給分離主義留下市場；如果分離主義運動不妥協，「民主優先」或「聯邦救國」都只不過是一廂情願。因此，這些人目前都鼓吹國家統一爲人民的最高利益，認爲民主政府必須制止任何形式的國土分裂。西方民主國家，如英國、西班牙、加拿大等，對待該國民族分離主義的態度，是此論點的主要依據。一部分「民主優先論」或「聯邦救國論」者，實質上也是贊成「統一至上論」的。上述不惜「投降共產黨」的著名民運人士就是主張「聯邦制」的。據筆者瞭解，類似這種統一情結深過民主理念的人士，在各派「民運組織」中爲數不少。

（四）和平解體論——持這種觀點的人士認爲，中國作爲多民族統一的國家，主要是歷史上各代專制政府暴力兼併的產物，現代中國的版圖基本上是前大清帝國的遺產，統治民族（目前是漢族）從未讓少數民族行使過民族自決權；一些民族（或地區）一直有分離傾向，長期以來都壓而不服，始終是動亂的因素；中國大而不當，統一就是統死，實在是中國經濟和政治落後的根源。因此，這些人目前都主張按民主理念來解決統獨之爭，以不使用武力爲底線，認爲最好像捷克斯洛伐克或蘇聯那樣和平解體，這樣既尊重了人民的自決權，又爲各方以後的良性競爭和合作創造了條件。

（五）必然統一論——持這種觀點的人士認爲，由於中國的漢族佔總人口的百分之九十以上，中國的少數民族問題不可能鬧得像前蘇聯和南斯拉夫那麼嚴重，在中國的民主化的進程中，國土分裂問題不會那麼危險；而隨著香港、澳門的回歸，民主在大陸的實現，與台灣的統一也指日可待；在民主統一的潮流下，分離主義不可能形成大氣候。因此，這些人目前都熱心宣傳祖國統一大業，對大中華一統的前景非常樂觀，認為討論「國土分裂危機」問題是杞人憂天。

他最後勸告民主人士們說：「中國人民在民主化的進程中，必須解開大中華一統的情結，反對『統一至上論』，堅持『自由、民主、法治』的原則，承認公民自決權（尤其少數民族自決權）是神聖不可侵犯的基本人權。統獨之爭只應該通過和平與民主的方法來解決，統獨各派必須接受要求分離地區的公民投票結果，無論如何都不允許首先使用武力。人權與和平高於一切。前捷克斯洛伐克和前蘇聯（尤其是俄羅斯）人民、政府、軍隊及其民主領袖哈維爾、戈巴契夫和葉爾辛對待該國解體的態度，應該作為中國（尤其是漢族）人民、政府、軍隊和民主派領袖的榜樣。只有這樣，中國才能消除民主化進程中的國土分裂危機，避免一場新的災難。」

二、中國民運組織必須要面對的幾個現實問題

根據民運組織和個人針對新疆問題發表的各種看法來分析，可以看出他們中的很多人對

東突缺乏實質性的瞭解，頭腦裡存在著不切實際的想法。譬如，認爲維吾爾族想要建立一個維吾爾人的國家來統治新疆境內其他民族，哈薩克、蒙古、柯爾克孜等民族是不會答應的；維吾爾族要求獨立的人是少數，大多數不希望獨立；維吾爾人試圖建立一個政教合一的伊斯蘭原教旨主義國家；新疆的漢族佔人口的一半，因此，他們足以應付維吾爾人的分離活動；兵團有二百五十萬人會保衛新疆，抵制分離等等。在此，我想提醒那些民運人士在對東突問題發表意見以前，要認清以下幾個事實：

首先，獨立是全東突厥斯坦人民的共同願望。維吾爾等新疆土著民族之九九％都渴望獨立，只有那些一％的中共傀儡官員，由於擔心自己會接受審判而不願獨立。如果有一天共產黨垮台，中國走向民主，那麼東突人民一定會以和平方式、在《聯合國憲章》和國際公約框架內，向中國民主政府索取民主制度賦予自己的權力——民族自決權。

請那些認爲這是分裂中國領土的人們搞清楚，東突人民不是要分裂中國的領土，而是要把中國人一百多年前佔領的自己的祖國要回來，恢復自己的主權國家。這是他們的正當權利！將來的中國民主政府承認東突的民族自決權不是一種恩惠和施捨，而是他們爲之奮鬥多年的自由、民主、人權的一個組成部分。中國人民必須承認「東突厥斯坦是十八世紀末被中國佔領的一個殖民地」這一歷史事實，放棄中華大一統思想，以民族自決方式解決新疆問題。這是避免類似車臣戰爭和科索沃內亂的唯一途徑。

其次，東突人民的伊斯蘭—突厥文化與共產主義觀點是水火不相容，與漢人的儒家文化也是截然不同的兩種文化。兩個民族在一起生活本來就很難，加上漢人的幾代政權之殘暴統治，給東突人帶來的巨大災難和造成的心理創傷，使東突人民不僅痛恨中共，同時也痛恨漢人。因爲在新疆（東突厥斯坦）的漢族移民長期以來仗著中共的統治、對當地人民的欺壓，造成了東突人民對（在新疆居住的）漢民族的仇恨情緒，新疆的漢族人以征服者的姿態高高居上，在中共的殖民統治過程中充當了幫兇的角色。中共的移民政策、兩族在生活水準和就業機會的不平等、漢人對維吾爾族長期以來的歧視和排擠，加深了兩個民族之間的隔閡與矛盾。更何況東突人民以教育水準落後的農村人口爲主，他們的文化水準普遍很低，過著與世隔絕的生活，農村居民更是不懂什麼共產主義、民主制度，他們只知道災難的根源就是漢人的佔領，不會輕易忘記對漢人的深仇大恨，所以民主中國政府將來必須承認中共的移民政策是錯誤的。既然是錯誤的，就要糾正，就要保證新疆（東突厥斯坦）的漢族移民順利返回自己的故鄉。兵團要徹底解散，把土地還給東突農民。如果這些問題解決不妥當，東突各民族和漢族之間將不可避免地出現對立和仇殺，從而導致長期的內戰，東突會變成第二個波士尼亞和科索沃。這是雙方都不希望看到的。

一些中國人認爲「新疆的漢族人口佔一半，如果發生民族衝突，中國不會失去新疆」，暗示新疆的漢族足夠應付當地人的反抗。我要在這裡提醒抱持這種看法的人：你們要知道，新疆一旦發生民族衝突，一年之內起碼要有一半以上的漢族人會倉皇地逃回內地。就像一九七九年中越戰爭期間，蘇聯揚言要從新疆攻打中國時，當時近三十%的漢族人匆忙賣掉了財產，狼狽地逃到了內地老家[2]。

「動亂會導致漢人大規模撤離新疆」這一觀點之理由有三：

第一，在新疆，維吾爾人民是被統治、被壓迫的民族，由於半個世紀的蹂躪和屠殺，維吾爾人民對中共和新疆的漢族充滿了仇恨，有強烈的復仇願望。一旦爆發民族衝突，他們會像火山一樣噴發，憤慨激昂的維吾爾群眾會凝聚成一股不可阻擋的熔岩烈火衝向殖民者，包括漢人移民。而目前以統治民族、一等民族自居的新疆漢族移民的心理狀況是：知道自己與當地民族積怨太深而惶惶不可終日，害怕哪一天維吾爾人向他們報復而作賊心虛，整天過著提心吊膽的生活。

第二，維吾爾人民是這片土地的主人，願意爲祖國獻出生命。一部分極端的伊斯蘭信徒更是視死如歸，會採取過激行動。而漢族移民是殖民民族，由於他們大多數是上世紀六〇年代逃荒來到新疆謀生的外來農民、移民，或者是八〇年代後入疆打工的民工，他們心裡非常明白他們生活的這塊土地不屬於自己。他們的家鄉是四川、河南、甘肅，而不是新疆。這群

2當然，這群漢族人後來又被全部招了回來。

人只是把新疆看作謀生的好地方，新疆稍有風吹草動，他們首先想到的是保命，而不是「保衛自己的家鄉」，都會紛紛跑回老家。現在，很多新疆的漢族人由於心裡清楚總有一天要放棄新疆，甚至不敢買房產，他們設法讓子女在內地讀大學，告誡他們畢業後不要回來。

第三，如果新疆陷入大規模民族衝突甚至內戰，自然會有大批難民逃離新疆。這種情況下，由於新疆在地理上與中亞和南亞鄰國之間有高山、荒漠隔絕，再加上邊防，根本沒有通往這些國家的路可以前往避難。維吾爾人無處可逃，而且也不會逃離自己的家鄉，而漢族移民都有自己的內地老家可逃。有火車、飛機、汽車等交通工具可以使他們安全地抵達甘肅，而維吾爾人是寧死不會去中國內地避難的。到了動亂發生，就算有一部分願意留下來對付東突人民的成年漢人，他們最起碼會安排家屬、老老少少返回內地老家。

中共垮台後，在新疆就算不發生種族衝突，大部分漢族移民也將會自願離開新疆而返回原籍。要求撤離新疆的第一批移民將是建設兵團的職工和家屬。佔新疆漢族人口的三分之一，即二百五十萬人口的新疆建設兵團是目前中共體制下，在新疆艱難維持的一種特殊準軍事編制。這些被中共誘騙來的漢族移民，基本上都不願繼續生活在新疆，他們曾多次要求政府妥善安排他們返回內地老家，但是中共連哄帶騙強迫他們繼續留在政府農場務農。他們都是在無奈的情況下勉強地生活在這塊土地，將來中共政權一旦崩潰，他們會立刻收拾行李，紛紛爬上前往內地的火車。

《動向》雜誌二〇〇五年八月號刊登了這樣一則消息：二〇〇五年六月中旬至七月中旬，新疆生產建設兵團持續發生大規模抗爭騷亂，高潮時達二十萬人。北京先後派出十二個工作組，用軍紀和金錢暫時平息了抗爭活動。這次騷亂的原因是阿克蘇、奎屯、石河子等地的建設兵團員工集會請願，要求返回內地原籍，但是遭到中共軍隊鎮壓，造成七人死亡，二百二十多人受傷。後來，中央軍委、國務院先後派中央書記處書記、中央軍委副主席徐才厚、國務院副總理曾培炎率領十二個工作組前去安撫。七月二十九日，黃菊帶著二十億元到新疆在石河子兵團總部與請願團代表達成協議。中央許諾：每年增撥八億六千萬元人民幣作爲兵團人員的崗位津貼費；每年有二十六天有薪休假；給予部隊軍官待遇；安家費從五萬元提升到十萬元。[3]由此可見，中共垮台之日，就是二百五十萬農墾大軍撤離新疆之時。

自願撤離新疆的第二批移民將是上世紀八〇年代後，從內地農村移民來到新疆的漢族民工。他們定居新疆最多才十幾年，有的只有幾年，現在這些盲流移民約有一百五十萬人。中共滅亡後，政府給他們承諾的支邊補貼費、安家費、免費使用土地權等中共的移民優惠政策將會自動失效。他們當時來新疆就是衝著這些誘惑才來的，目的是在新疆過一個比老家好一點的日子。沒有了這些優惠條件，加上他們心底裡本來就存在的擔心和害怕，中共一旦垮台，

---

3 所謂安家費就是答應終身安家在新疆，不得返回原籍。

他們也會收拾行李，賣掉家產，帶著多年的積蓄返回自己的老家。

不得不離開新疆的第三批移民，將是新疆的部分漢族國家公務員、國營企業的職工和他們的家屬。理由是：中共的民族歧視和就業不平等政策，造成了目前就業人口中漢族人佔了絕大多數的局面。中共垮台後，將來的民主政府不得不糾正中共的這一政策，保障維吾爾族土著民族在就業等問題上的平等權利，這就意味著已經佔據就業崗位的漢族公務員和企業職工裡，起碼要有四十%的人要把就業位置讓給維吾爾等民族。那麼，這些漢人下崗後去幹什麼呢？新政府如何安置他們呢？唯一的辦法是給他們合理的補償後，讓他們返回自己的原籍，將面臨這種命運的漢族公務員和職工連同家屬起碼有一百萬人。

目前，六〇年代來新疆定居的第一批漢族移民基本上已經年過六旬，退休在家，他們之中的相當多數都希望落葉歸根，回老家安度晚年。但是，新疆政府為了避免他們返鄉造成漢人人口流失，便採取了種種阻撓措施，其中包括每個月必須親自在戶口所在地領取退休金。這樣一來，這些人為了拿到這筆基金而不得不繼續留在新疆。將來一旦中共的這一強制性阻礙沒有了，這類漢人移民都將自願返回老家。另外，由於計畫生育政策，現在新疆生活的二十幾歲的年輕漢人都是獨生子女，基本上都生活在新疆的大城市，他們之中有相當一部分的人考上內地大學後，父母為了子女的前途而囑咐他們畢業後留在內地沿海發達地區尋找發展機會。結果，有一大批新疆籍漢族大學生在內地謀生，而他們的父母也不願意遠離子女在新疆雙雙孤獨度過晚年。這些青年在內地的生活一旦穩定下來，就會將自己的父母接過去撫養。但是，也是由於退休金的問題，有相當一部分父母暫時無法去內地與子女團聚。擔心漢族人口流失的中共新疆政府，爲了鼓勵在內地上大學的新疆籍漢族學生畢業後返回新疆而採取了種種優惠措施，其中包括承諾提供最好的就業機會。但是，還是有相當比例的漢族大學生選擇了內地經濟發達的沿海城市。將來，一旦中共政權瓦解，留在新疆的這些父母也將紛紛投奔已定居內地的兒女。

當然，會有一部分漢人可能不願離開新疆。他們是那些在新疆出生和長大的第二代和第三代漢人移民群體中的一部分，特別是烏魯木齊、石河子、奎屯、庫爾勒等發達城市裡的漢族居民。他們已經習慣了新疆的生活，生活水準也不錯，而且把新疆看作是自己的家鄉。但是，上述註定要離開新疆的兵團人口、八〇年代後的移疆民工，和離職下崗的漢族群體已經超過了新疆漢族人口的七十％。這些人撤離新疆後，那些堅持要留在新疆的漢族人口已經剩得寥寥無幾了。如果這些人願意放棄漢族沙文主義思想，以及中共時期給予他們的一等民族特惠權，在民主、平等的條件下和當地民族和平相處，並遵守獨立的東突政府或者聯邦政府的法律，那麼，他們也可以繼續留在新疆。

因此，民運人士要認識到移民問題的危險性，放棄不切實際的幻想。將來民主中國政府爲了防止一場大規模的流血衝突，必須果斷地採取措施，儘快把中共遷來的漢族移民有計畫地撤出新疆。

如果將來的中國民主政府不答應撤走新疆的漢人移民，東突人民將會以和平方式繼續爲此目的而鬥爭。但是，由於那時的東突地方政府將是一個剛剛成立的新政府，恐怕不可能有能力阻止那些局部的、少數激進分子以暴力形式驅趕漢人的過激行爲。那時候，東突厥斯坦很有可能會變成第二個科索沃。甚至，如果新疆問題不能以民族自決的方式得到公正解決，某些激進的東突組織很有可能爲了武裝獨立而發動民眾。如此一來，東突厥斯坦就會向車臣一樣捲入一場無休止的內戰，加上外國勢力的干涉，東突問題會變成中國民主政府最頭痛的問題。如果這一地區沒有穩定的社會環境，那麼未來的中國在經濟發展所需的石油等資源供應問題也會出現嚴重的危機。

東突（疆獨）組織也要做好對東突人民的宣傳，讓維吾爾人民知道共產黨才是萬惡的根源、是眞正的敵人，而漢族人民也是中共的受害者，他們當中大多數是無辜的，東突人民不能拿整個漢民族的老百姓出氣等道理。

現在，新疆（東突）的維吾爾族和漢族之間的民族隔閡的深刻程度，恐怕在全世界都找不到第二個例子，可以說勝過巴勒斯坦人和以色列人之間的民族仇恨。雖然五十多年來維吾爾族和漢族一起生活在這塊土地上，但是兩個民族卻是水火不相容的。除了在一些工作單位能看到漢族人和維族人在一起工作以外，日常生活中你根本看不到兩個民族之間的相互友好交往和融合。在街道上、在餐廳、在商場裡、在娛樂場所，你幾乎看不到維吾爾族和漢族人在一起。在維族人的婚禮，宴會大堂裡的幾百個客人裡，你卻看不到一個漢族來賓。新郎、新娘的工作單位裡的漢族同事，都不會被邀請參加。

在烏魯木齊，如果你注意觀察，你會發現維族人有自己的酒吧、網咖、舞廳等娛樂場所，你進去後看不到一個漢族人，而在漢族人的娛樂場所裡你也看不到維族人。維吾爾族的影音出版物銷售店或者家庭裡，你找不到一個漢族歌唱家的光碟；內地或港台最有名的歌手來新疆演唱，也不會有幾個維吾爾人去聽。維吾爾族青年可以說出土耳其、印度的一大批歌唱家的名字，卻不知道中國最著名的歌星是哪些人。維吾爾族知識分子儘管都懂中文，但是他們之間從來不用中文交談。他們更不會去漢族的餐廳吃飯，從來不會去漢族人家裡作客。甚至，維吾爾族在外購買物品都要專門去維吾爾族的超市、商店，哪怕價格更貴。維吾爾族購買房子首先要問問鄰居是不是漢人，因爲任何一個維吾爾族都不希望和漢族人作鄰居。

當地民族與新疆漢人的互不認同，一個典型的例子是在時間的使用上。新疆的地理位置和北京相差兩個時區，新疆人民代表大會曾爲此通過法令，在新疆實行烏魯木齊時間。然而去看當地人的錶就會發現，新疆漢人的錶一定都是北京時間，而當地民族的錶則一定都是烏魯木齊時間，所以在新疆約時間，一定要視對方的民族身分來認定約的是什麼時間。當地民族與漢人約時間，雙方也必須先說清到底是北京時間還是烏魯木齊時間。這種區別反映出雙方的取向：漢人更願意和北京保持一致，不把當地法令放在眼裡，當地民族則堅持強調自己與北京的不同。

兩個民族混居的地區裡，維漢之間通婚情況幾乎是萬分之一，屈指可數。在維族人的心目中，發生這種情況就是大逆不道，背叛本民族，從而會被驅逐出維吾爾人的社交圈，甚至與父母、親屬斷絕關係，死後沒有人給他們進行宗教儀式的葬禮。伊斯蘭教規定穆斯林女子不能嫁給非穆斯林男子，但是穆斯林男子可以娶非穆斯林女子。然而，在新疆，不僅維族女子不嫁漢族男子，甚至維吾爾族男子也絕不會娶漢族女子爲妻，可見這不是宗教原因，而是由於兩個民族之間的積怨和隔閡太深。這也是維吾爾族從內心裡產生的逆反心理，和防止漢化的一種本能反應。儘管中國統治東突厥斯坦約一百多年，漢族和維族混居約五十年之久，中共爲了消滅維吾爾文化並同化維吾爾族，也費盡了腦汁，但是每個維吾爾族都在本能地抵制著漢族文化的滲透。

在新疆，特別是在南疆地區，甚至出現漢族人的計程車不接待維族乘客，維族計程車司機見了漢人招手而不停車的情況。甚至連幾歲的維吾爾族兒童都是用仇恨的眼光怒視漢人，在漢人背後吐一口唾沫！可見生活在同一個地方的兩個民族之間隔閡之深刻，敵對情緒之嚴重。造成這個後果的原因值得中國人深思！然而，中共新疆政府爲了改變這種局面，在它的媒體上大肆宣傳什麼「漢族離不開少數民族，少數民族離不開漢族」的「兩個離不開」思想，年年召開民族團結表彰大會來獎勵那些所謂「民族團結的先進事蹟和人物」。可惜，這些舉措對民族對立局面沒有帶來任何改變。

相比之下，在前蘇聯國家，俄羅斯族和當地突厥民族的關係反而非常友好，兩個民族之間從來沒有矛盾和民族隔閡，這是爲什麼呢？原因很簡單，西突厥斯坦（中亞五國）和東突厥斯坦雖然都是十八世紀被沙皇俄國和滿清帝國同時佔領的，邊境兩邊的突厥民族分別經歷了沙皇和蘇聯共產黨政權、滿清和中共政權的殘暴統治。但是，俄羅斯族老百姓卻從來沒有欺壓過中亞突厥民族，沒有歧視和排擠過他們。在共產黨執政的七十年裡，蘇聯基本上沒有過大俄羅斯沙文主義，列寧和史達林都不是俄羅斯人，共產主義制度才是蘇聯所有民族的共同災難，境內包括俄羅斯人在內的所有民族都受到了同樣的政治迫害。但是，俄羅斯人不但沒有壓迫、剝削和歧視其他民族，反而給他們帶來了先進的教育、科學技術和西方文化。蘇聯政府在發展教育和經濟方面，在中亞突厥民族居住地區投入了巨額資金，原先較落後的中亞突厥民族的教育水準和地方經濟得到了飛快的發展。現在，這些國家的成、老年人口中，大學畢業生幾乎佔一半以上，博士、教授、醫生、工程師的比例不比俄羅斯民族少。而老百姓階層裡，俄羅斯和突厥民族幾十年來過著平等的、和睦相處的生活。生活在這些國家的俄羅斯人從來沒有把自己看作是統治民族、一等民族而欺壓、歧視當地人。因此，儘管現在的哈薩克、吉爾吉斯、塔塔爾聯邦等地的俄羅斯人幾乎佔總人口一半，但是俄羅斯人與當地突厥民族之間仍然得以友好相處。這些國家獨立已近十五年之久，但是至今沒有發生過兩個民族間的衝突。甚至，很多當地百姓都不贊成獨立，願意和俄羅斯合併。

中亞各族人民與維吾爾人都是同一個突厥民族，有著共同的歷史、文化、宗教背景，都遭受過共產黨的殘暴統治。那麼，爲什麼這些前蘇聯的突厥各族從來不仇視俄羅斯人，而維吾爾人卻如此痛恨漢人呢？總結起來有兩個原因：（一）俄羅斯人民沒有充當蘇聯共產政權的幫兇而歧視當地百姓，而新疆的漢人卻「狗仗人勢」地欺壓維吾爾族；（二）蘇聯幫助他們發展了本民族的經濟和教育，而中共在新疆只是進行了資源掠奪，沒有給當地民族分配到合理的經濟利益。在蘇聯只有過政治迫害，但沒有過民族壓迫，可是在中國，兩者都具備了。難道這個問題不值得中國人深思嗎？

我們再來看看香港，英國人對此地區進行了一個世紀的殖民統治，中國人稱之爲「百年國恥」，然而，絕大多數香港人卻不這麼認爲。他們不僅不痛恨英國人，反而對英國深表感激之情，因爲英國人不但沒有壓迫、歧視和奴役當地華人，沒有向這個地區遷移英國移民，相反地，給他們帶來了教育和發展，把一個海濱漁村變成了一個目前這個自由、民主的國際大都市。香港人認爲，如果中國是他們的親生母親，那麼，英國就是他們的養母，像撫養親生子女一樣把它撫養大後交給了中國。相比之下，中國是如何對待被殖民民族的呢？爲什麼維吾爾族會這麼痛恨漢人而要求獨立呢？這不値得中國人深思嗎？

著名作家王力雄先生在對新疆做了一番認眞考察後分析說：「在我看來，新疆的民族仇恨深入的程度，遠遠超過西藏。西藏的普通百姓，尤其是農牧區的百姓，對漢人沒有普遍的敵意，而在新疆，對漢人的仇視卻是無所不見。我將這種民族主義的充分動員和民族仇恨的廣泛延伸稱爲『巴勒斯坦化』，新疆目前正處於『巴勒斯坦化』的過程中，如同許多從量變到質變的事物一樣，存在著一個臨界點，沒有達到臨界點之前還有挽回的餘地，而一旦過了臨界點，就會落進巴勒斯坦與以色列那種既沒有出路也不知何時才能結束的民族戰爭。我無法準確地評估離那臨界點還有多遠，但在《七號文件》的路線上走下去，毫無疑問是越走越近……。今天的表面穩定正在爲未來的衝突埋設炸藥。尤其對新疆，未來的衝突可能會非常暴烈。宗教的不同使新疆當地民族與漢族的對立比西藏更爲激烈，繼續按照今日中共的道路把新疆民族關係向敵對方向推下去，用不了多久，就會徹底喪失掉重新轉爲良性互動的可能，只能惡性互動不斷激化矛盾，把雙方越推越遠，變成不可挽回。那樣一種危險的前景，目前已經在邊緣，而一旦進入那種不可逆的進程，新疆就可能成爲下一個中東或車臣。」

他還說「把一切不穩定的因素消滅在萌芽狀態」，眼前看上去是有效的，騷亂不再出現，恐怖活動可以推給國際恐怖主義，只要穩定能夠保持，就是新疆主政者的「政績」。然而，當人們請願、抗議甚至鬧事的時候，說明人們對問題獲得解決是抱著希望的，當他們什麼都不再說和做的時候，那意味的不是穩定，而是絕望。鄧小平所說的「最可怕的是人民群眾的鴉雀無聲」，乃是至理名言，遺憾的是鄧小平的後人誰也沒有眞正領會他的教導。今天的當權者甚至爲此得意，維吾爾人被管得服服貼貼，誰要敢流露出一絲不滿，就會立刻遭到迎頭痛擊。但是，這種處處置人於死地的作法，雖然能夠震懾一時，長遠來看卻在醞釀更大的爆發。把所有矛盾「消滅在萌芽狀態」絕不是一個好的方法，因爲萌芽狀態並不能眞實地顯露矛盾的性質，很可能許多積極因素同時也被消滅掉，而且矛盾若能得到釋放也就可以得到消除。所謂「消滅在萌芽狀態」並不是眞的消滅了矛盾，矛盾仍然存在著，只是被壓抑，同時在加深，和其他被壓抑的矛盾一同形成積累，早晚是要被一些無法預料的突發事件所引發，而終要進行釋放的。因此，當人民群眾鴉雀無聲的時候，其實是隨時都可能聽到驚雷從無聲中響起的。

可見，維、漢兩個民族相互之間仇恨和隔閡何等的深刻，指望他們以後能繼續和睦相處是非常不現實的。因此，民主制度後，爲了避免類似波赫（波士尼亞與赫塞哥維納）的民族仇殺，漢人撤離新疆是唯一可取的方法。正如王力雄先生所說：「新疆漢人佔總人口比例將近四成，很多人都是以『非我族類，其心必異』的心態把自己擺在統治民族地位，政府也把漢人當作制約當地民族的力量。不同民族之間所受的信任和待遇明顯不同，因此對當地民族而言就構成民族壓迫。民族問題從政治壓迫變成民族壓迫，是一種危險的變化。因爲如果面對的是政治壓迫，只要對政治進行改變，壓迫就可以解除，各民族團結建設共同的新社會也有可能。而如果少數民族認爲他們不僅是受專制權力的政治壓迫，而且是在受整個漢民族的壓迫，政治的改變就不會讓他們認爲能解決問題，他們對出路的選擇只能是民族獨立，與漢族徹底分開，壓迫才能最終解除。這對中國未來的社會轉型是非常不利的，因爲即使中國改變了政治制度，維吾爾族仍然不要留在中國，反而會藉轉型期國家控制力的衰弱加緊獨立，那一方面會在中國縮小民主力量的發言權和生存空間，提供滋生法西斯主義和民族沙文主義的土壤；另一方面勢必造成漢民族與少數民族之間的惡性互動，最終演化出暴力衝突和民族仇殺。」

民運人士還必須瞭解的另外三個重要問題是：

（一）東突人民的共同願望和絕大多數東突組織的宗旨是以和平、非暴力方式，通過民族自決達到獨立建國的目標，而不是有些民運人士認爲的「主張暴力建國」。

（二）東突人民是要建立一個維吾爾、哈薩克、柯爾克孜、蒙古等土著民族的共同家園——東突厥斯坦，而不是一部分民運人士所說的建立一個「維吾爾人的國家」來統治其他民族。一九四四年的獨立運動和成立的東突厥斯坦共和國就證明了新疆各突厥民族和其他原住民族，希望與維吾爾人一起擺脫中國的統治，建立一個各民族共同的祖國——東突厥斯坦這麼一個事實。

（三）東突厥斯坦將是一個各民族平等的、政教分離的、尊重人權的、自由民主的共和國，而不是一些民運人士聲稱的什麼「伊斯蘭原教旨國家」。

東突組織如果無法在民族自決的問題上與民運組織，以及將來的民主政府達成一致，我認為他們會願意探討邦聯、聯邦或者高度自治的可能性。但前提條件是，中國民運組織首先要對下面幾個問題做出明確的表態和承諾，這樣才有可能說服東突（疆獨）組織，以及東突人民放棄獨立要求，接受聯邦、邦聯或者高度自治的主張：

（一）中國對新疆的統治之合法性問題

也就是新疆到底是不是中國的領土？它是何時併入中國版圖的？它到底是不是中國的殖民地？歷史事實已經給了我們準確的答案，看民主中國政府是否願意接受這個事實。民運組織對此要有明確表態，也就是說要承認「東突厥斯坦自古以來就是獨立的主權國家，它是在十八世紀末被滿清侵佔，一八八四年正式被納入中國版圖的，是中國的殖民地」這一歷史事實。如果不贊同肯認這一觀點，那就召集這方面的第三方歷史專家，拿出歷史事實依據來證明「新疆自古以來是中國的領土」這一主張。

（二）漢族移民的撤離問題

無論是用聯邦制、邦聯制還是高度自治來解決新疆問題，首先最重要的一件事就是要解決中共殖民政策帶來的移民問題，也就是說要撤回上世紀五〇年代後移民到新疆的絕大多數漢族人。這一點如果不能保證，那麼如同上述推斷，新疆會出現長期的民族衝突和社會動亂。

（三）自治程度問題

所謂高度自治或者聯邦制是指除了外交和國防屬於中央政府統管之外，聯邦（或自治）地區在經濟、文化、教育、司法、財政、宗教等方面完全獨立，中央政府無權干涉。自治權的範圍和自治程度起碼要和目前香港特區一樣。譬如，聯邦（或自治）政府通過選舉成立自己的議會和政府，起草和通過聯邦（自治）地方憲法，在聯邦法（或自治法）中，要明確規定東突厥斯坦地方政府有權建立自己獨立的員警系統；自主發展自治地方的經濟；自主制定教學制度和教學內容；自主發展本民族的語言、文化和宗教；自主制定司法制度；財政獨立；有權和其他國家進行正常的經濟貿易往來和文化、教育、宗教等方面的交流等內容。

（四）地下資源歸屬問題

新疆的石油等地下資源的所屬權和開採權必須屬於地方聯邦（自治）政府，中央政府可以通過和地方政府友好協商共同開發與利用。中共花鉅資修建的石油運輸管道和天然氣管道，以後將是東突石油、天然氣外銷和出口的最重要管道，而東突的石油等資源對未來中國的經濟發展極爲重要。將來的東突政府和中央民主政府必須通過談判、協商，以平等互利爲原則，在對東突厥斯坦石油的開採、銷售方面的雙方合作問題上達成協議，使雙方都能從東突石油資源中受益。

（五）審判中共官員的問題

民主中國成立後，新成立的東突地方聯邦（自治）政府要設立獨立的法庭，對那些在中共統治時期犯下嚴重踐踏人權的罪行之中共官員，包括維吾爾族等土著民族官員進行公平的審判。中國民主政府要保證把逃回內地省分的中共罪犯引渡給東突政府。

（六）新疆的名稱問題

必須承認新疆的名稱是「東突厥斯坦」；將來如果是以聯邦或邦聯形式加入中國，它的名稱將是「東突厥斯坦共和國」；如果是高度自治，它的名稱也是「東突厥斯坦自治區」。

四、海外的東突（疆獨）組織與中國民運組織的接觸和對話

海外的民運組織和東突組織之間的接觸和對話幾乎很少進行，民運、疆獨、藏獨、蒙獨、

台獨等各方組織之間私下非正式的交流經常會發生，但是正式的對話活動主要有以下幾次：

一九九七年十月二日至五日，西藏、新疆、內蒙古組織和中國民主運動組織的代表們，在德國舉行了首次接觸，來自十六個組織的代表參加了這次爲期四天的對話。「民陣」總部副主席齊墨、達賴喇嘛流亡政府歐洲辦事處主任 Nangang Drakmargypon、「歐洲東突厥斯坦聯盟」主席艾爾肯·阿利普特肯和「內蒙古人權保障同盟」主席席海明，分別率領代表團出席會議。會議在友好而激烈的氣氛中，就中國境內各個民族之間的問題廣泛交換了意見，並在某些方面達成了共識，發表了一個新聞公報。德國的「民陣民聯」組織與西藏、蒙古、新疆的流亡者之間有很多的聯繫和討論，而德國支援西藏的人權組織也積極支援漢族與其他民族之間的對話。在以往多年的交往基礎上，今年又在德國首次舉辦了這次由漢、藏、蒙、維和德國人參加的對話會議。會議的舉辦者爲「德國受威脅民族協會」和「德國西藏協會」。會議的宗旨是，在前幾次漢藏對話會議的基礎上，加深漢族和西藏、新疆和蒙古人之間的瞭解，減少偏見，消除對抗，爲在中國實現民主人權的前提下，和平地解決民族問題創造條件。

在長達四天的對話會議上，來自十六個組織的二十五名代表共同譴責中國在西藏、新疆和內蒙古土著民族地區嚴重侵犯人權，破壞傳統文化、宗教和語言。要求中國政府迅速將憲法中規定的有關土著民族自治，和維護土著民族文化法條眞正地付諸實施，立即停止侵犯土著民族的人權，和平地解決民族問題。

在提到漢人與其他民族對話的困難和隔閡時，民運人士認爲，漢人中大多數人不瞭解中共在其他民族地區的殘暴統治，同時由於他們把獨立放在第一位，無法與漢人進一步溝通。因此，民運方面的建議是：要首先將人權問題放在第一位，在這方面漢人與其他民族一樣有自己的經歷，很能理解他們的遭遇。

「民陣民聯」方面參加這次對話會的還有：「民陣民聯」德國分部理事、《自由魂》編輯沈佳華和《自由魂》經理凌湘懷等。爲加深此次卓有成效的對話，「民主中國陣線」、「內蒙古人權保障同盟」、「歐洲東突厥斯坦聯盟」和「旅歐西藏流亡者」決定，今後將定期繼續對話。

一九九八年二月二十六日至二十八日，台獨、疆獨、藏獨、蒙獨等組織在台灣的台南召開了聯合會議，通過和發表了〈台灣、西藏、內蒙、東突厥斯坦獨立運動共同宣言〉。宣言中公開提出：唯有擺脫中國的陰影，建立獨立自主的現代化國家，才是子孫千秋萬世之福。

一九九九年二月二十二日，魏京生在德國慕尼黑發表自己的新書《不屈服的人》德文版時，接受「東突厥斯坦信息中心」訪問，就新疆當前局勢發表了看法。魏京生建議新疆反中共暴政的力量，應與西藏及內蒙等地反中共勢力建立和諧與合作的關係，共同推翻中共政權。也唯有在中共政權垮台後，中國大陸才會出現民主，包括新疆維吾爾人等所有的民族，也才能實現自己的願望。魏京生強調，在民主與自由的環境下，民族自決是所有民族的基本權利。

一九九九年五月六日，海外最大民運雜誌《北京之春》在土耳其伊斯坦堡與旅居土耳其的新疆異議組織「東突厥斯坦民族中心」簽署合作協定，就所謂「共同促進中國大陸民主化早日實現目標」成立聯合陣線。「東突厥斯坦民族中心」主席貝肯將軍與副主席塔藍奇等重要核心成員，在「東突厥斯坦民族中心」駐伊斯坦堡總部，與來自紐約的《北京之春》代表薛偉進行了友好及誠摯的會談。

二〇〇〇年十二月九日，中國民運海外聯席會議第三屆年會在德國波昂的一家酒店隆重舉行，來自二十個國家的民運人士前來與會。「民陣」主席齊墨先生主持，魏京生致開幕詞。「東突厥斯坦民族大會」組織領袖艾爾肯．阿利普特肯先生、「德國西藏協會」主席Ngodop先生、西藏流亡政府代表達瓦才仁參加了這場會議，會後發表了一個聯合新聞公報。

大會第一天下午就進入了一個十分敏感的題目：中國民主化與民族關係問題。「二十一世紀中國基金會」主席楊建利先生表示中國民主運動有兩個階段性的任務，第一個是瓦解中共一黨專制的制度；第二個就是在中共瓦解後，在中國建立起民主制度。第二個任務並不比第一個任務簡單。在此期間，民族衝突、民族獨立問題將是最複雜的難題之一。然後，楊建利從民主化的代價、如何認識民族自決的價值、未來如何在憲政民主體制中規劃民族，以及地區之間的關係和民運的策略等四個層面論述了這個問題。他的結論是中國不民主，民族問題不可能得到合理的解決，因此，推動中國民主化是各民族的共同事業，我們承認和尊重民族自決權，但是由於這個權利的承載者是集體不是個人，因此不能把它絕對化，特別是需要高度的政治智慧，決定在什麼樣的條件下實施，無論如何不能成爲現在中共政權，以及未來維護專制的力量、調動中國人大民族主義的資源，帶有邦聯性質的聯邦法制是規化民主制度下各民族、各地區之間關係的最好選擇，民運必須建立各民族參與的民主統一陣線。

維吾爾代表迪里夏提發言表達了維吾爾青年人強烈要求獨立復國的願望，並表達他們將爭取各國人民和中國人民的同情和支持，力爭在較短的時間內將東突問題國際化，最終以和平、民主、自決的方式完成獨立的大業。他表示，推翻中共的法西斯暴政是各民族人民共同的目標。他同時就中國民主運動和維吾爾族之間獨立運動的合作提出了幾點建議和希望：（一）平等及互相尊重；（二）尊重民族自決權；（三）民運有義務促進中共尊重《聯合國憲章》有關民族自決的條文，有義務向漢人揭露中共鎮壓、殺戮維吾爾人的眞相，以及宣傳民族自決權的思想。

蒙古族的代表席海明先生也發表了他的觀點。席海明認爲：內蒙的前途應由內蒙人民決定，大量漢人移民內蒙的事實並不能改變這一原則。如果漢人覺得蒙古土地太大，可以割讓一部分給漢人，但是這一切都必須在平等尊嚴的基礎上進行。

針對是否可以信任民運人士的許諾的問題，盛雪女士回應說：民運人士所致力推動的是要在中國建立一個可信賴的民主制度，現在誰許諾都是不可信的，都會像當年曾經向蒙、維、藏等民族許諾而又失信的國民黨和共產黨一樣，因爲沒有一個可信任的制度的保障，一切許諾都是空的，所以民族問題只有在民主制度下才有解決的可能。盛雪女士認爲，目前各民族爭取人權的運動應該和中國人民爭取民主運動首先結合，共創光明的未來。

在會議中，蒙古族學者巴赫認爲，中國人的「大中國」情結很深，一聽到少數民族暴動，第一反應是指摘他們分裂中國，而從不去認眞瞭解一下：爲什麼藏人、蒙古人、維吾爾人和哈薩克人等不願意和中國人生活在一起？巴赫贊成有些中國異議人士提出的聯邦制設想，他舉例說，當今世界上六個主要國家，五個是聯邦制，因此聯邦制比較適用於大國。他質問到，香港幾乎全是漢人，可以實行「一國兩制」、「港人治港」，爲什麼不可以在新疆、內蒙和西藏也這樣做，讓「藏人治藏」、「新疆人治疆」、「蒙古人治蒙」？

二〇〇四年二月一日至四日世界民主運動第三次會議在南非德爾班舉行，來自世界上一百多個國家的六百多名與會者參加了本次會議。第一次會議於一九九九年在印度的新德里舉行；第二次會議於二〇〇〇年在巴西的聖保羅舉行。美國的「國家民主基金會」爲此次會議提供了部分資助和主要的組織工作。與會者主要是：來自加拿大的關卓中、台灣的黃默和法國的侯芷明三位中國人權的理事，「東突厥斯坦民族大會」副主席安瓦爾江（Enver Jan）爲首的東突代表團，由達賴喇嘛的特使 Lodi Gyari 帶隊的西藏代表團和一個台灣代表團。各方人士濟濟一堂，共同對中國的民主進程展開討論。這次討論結果，東突組織和民運組織對新疆問題的看法，基本上和上述研討會大同小異。

二〇〇四年十一月十四日，《北京之春》雜誌社和「美國維吾爾協會」共同在紐約法拉盛喜來登酒店，舉辦了由海外中國民運人士和新疆維吾爾人參加的首次「維吾爾人權研討會」。來自亞洲、歐洲、加拿大及全美各地的近百名研究維吾爾人權方面的專家、學者及民主人士與會。胡平、吾爾開希等十五位演講者就維吾爾族的人權現狀、民族獨立與民主運動的關係等問題進行了探討。

演講者一致認爲中共的專政統治是造成民族衝突的根源，而民主化是解決問題的最佳途徑。儘管一些民運人士和維吾爾人士在某些問題上存在著分歧，但是該討論會將有助於增進雙方的瞭解。大約三十多位海外民運人士和二十多位維吾爾人出席了爲時一天的研討會。這是民運人士與維吾爾人士首次召開討論民族關係問題的會議。《北京之春》發行人于大海和「美國維吾爾協會」秘書長努里．吐爾克共同主持了長達七小時的會議。

專程從台灣來與會的學運領袖吾爾開希，在他演講題目爲〈漢族在新疆是什麼人——殖民、仇恨、正義及最終和諧〉的發言中說：中共對新疆維吾爾人的統治是殖民統治，佔有資源、蔑視當地的文化、鎮壓反抗、完全符合了歷史上所有殖民統治的特徵。因此，維吾爾人的仇恨是非常可以理解的。但是，仇恨不能解決問題，只有追求正義才是解決問題的方法。

吾爾開希說：這是一個民族與民族之間的關係，它的始作俑者可能是共產黨專制統治集團，是全中國人民在追求自由民主的過程中的共同的敵人，但在我們今天討論的維吾爾人權這樣的話題上，這是一個民族問題，這是一個民族對一個民族的殖民統治的問題。吾爾開希說，共產黨在新疆實行的是殖民統治，而新疆的漢人在當地的角色是助紂爲虐。

這次會議的目的是增進相互瞭解、尋求雙方合作，對一些問題的探討僅僅是開始，與會者主張以後繼續交流。民運人士倪育賢、徐文立、劉國凱、項小吉、陳破空、《北京之春》主編胡平、中共黨史專家司馬璐、大陸學者高寒、加拿大學者杜智富、台灣學者洪哲勝、吉爾吉斯的人權活動家圖爾遜・伊斯拉木、耶魯大學土耳其學講師卡哈爾・巴拉特、比較土耳其語講師埃爾肯・艾買特、美國學者裴克林等發表演講。

土耳其哈塞特匹大學中亞政治學的維吾爾族學者埃爾肯・艾克拉木博士的演講題目是〈維吾爾人眞的是恐怖分子嗎？維吾爾人對中國共產黨政策反抗之分析比較〉。他認爲在中東地區，恐怖主義受到某些國家的支持，在一些些國家，恐怖主義又與民族解放運動密切相關。我們認爲中國在新疆（東突）實行的確實是殖民統治。聯合國在一九六〇年十二月十四日通過的「一五一四號決議」支持殖民地人民獨立的宣言，其第四段明確指出，殖民地人民有權拿起武器來對抗殖民當局的壓迫。但中國政府反其道而行之，誣衊反抗中共殖民統治的東突解放運動爲恐怖組織。

「中國人權」駐香港辦事處主任、研究新疆問題的專家、美國學者尼古拉斯在他題爲〈歷史與現實〉的演講中，針對東突和民族問題表示：從中共的政策和在新疆的侵犯人權這兩個角度來分析，不難看到是專政制度造成的。如果中國是民主國家，就不會有這麼突出的民族矛盾。

《北京之春》主編胡平在題爲〈從可行性角度談非暴力抗爭〉的發言中認爲，應該以「將心比心」的心態看待維吾爾族的人權問題，支持東突民族自決。他舉例說：我們翻譯美國的 state 是「州」，其實美國是五十個國家組成的，而且是高度自治的國家。

其他還有七位專家學者進行了專題演講，其中包括哥倫比亞大學學者陳破空先生的〈民主化是解決民族衝突的最佳途徑〉、大陸學者高寒的〈對中國民主轉型期間的「民族主義」問題之若干務虛思路〉、加拿大學者杜智富的〈學習加拿大聯邦經驗看中國之未來〉。

台灣學者洪哲勝的〈給維吾爾自治問題的幾點建議〉一文的主要觀點是：中共政權超過半個多世紀的統治，所蹂躪的不僅僅是維吾爾族人、藏人和內蒙古人，漢人亦是他們欺凌的對象。他說，在天安門被坦克車衝撞、被機槍掃射的學生，被打、被關、被強迫洗腦、被送進精神病醫院的法輪功學員難道大多數不是漢人嗎？洪哲勝說道，中共是人民的公敵，單打獨鬥不是辦法，要將其發展成一場被國際社會所關懷的爭取人類文化、人權和自決的鬥爭。

旅居土耳其的維吾爾族學者埃爾肯·艾買特博士的演講題目爲〈漢族—維吾爾族矛盾衝突之原因分析〉，則分析了漢族—維吾爾族矛盾衝突之原因。他以各種各樣的統計資料說明中國政府從文化教育入手，推行讓人民走向無知的政策。

薛偉先生提出了這樣的三點原則：第一是民主的原則，就是尊重民意，承認民族自決的權利，任何地區的人民有權決定自己的命運；第二是和平的原則，通過談判來解決，不要訴諸武力。談不攏也要談下去，儘量想辦法談攏；第三是過渡的原則，目前的情況是建立民主制度以後，中國大陸變了，台灣、內蒙、西藏、新疆這些國家說不定還是不願意統一，如果當時的民主政府不同意各民族獨立，那就保持現狀，以高度自治來加強雙方的交流，允許有一個長期的過渡期。

中國自由民主黨主席倪育賢先生在題爲〈民族獨立與民主運動的關係〉的發言中說：民族問題是最複雜的問題。將來中國解決了專制制度問題，民族問題還是會成爲一個問題，造成嚴重的衝突。民族問題如何處理，中共的一切標準就是有利共產黨統治，在民族問題上，一步也不能讓——不能影響它的統治，所以絕對不允許少數民族擴大自主權，任何的鬆動都不可能，怕一鬆動會引起連鎖反應。我們反對中共統治，我們對民族問題選擇，看它是否有利於建立中國民主制度。在這個條件下，應該是民主問題首先解決，然後再考慮解決民族問題。如果現在搞民運，公開以整個組織或流亡個人的名義，主張民族自決、民族分離，對民主運動前途是正面的還是負面的？我自己都很難判斷，譬如我是共產黨，是江澤民，是希望你們這些反對派主張民族獨立呢？還是不主張民族獨立？我猜想他可能還是希望我們這些人拚命支持民族獨立，如果我們一旦主張內蒙、新疆、西藏這三個中國周邊的地區分離出去的話，並將此公諸於中國大陸約九五％的漢族人民面前，那民主運動成功的可能就很小。這是一個現實問題。

八九民運學生領袖項小吉先生的〈維吾爾族人民的權利與目標〉一文中說：半個多世紀以來，維吾爾族人民蒙受著中共的專制迫害與民族迫害。從獨裁暴政的屠殺到核子試驗場的污染，從經濟資源的掠奪到文化移民的侵入，中共在東突推行的殖民主義政策比歷史上任何時期都更陰險殘酷，維吾爾族人民的反抗自然也越演越烈。中共的雙重迫害導致維吾爾族人民的反抗運動具有雙重目標：民主自由與民族獨立。前者是維吾爾族人民的基本人權，後者是維吾爾族人民的民族自決權，對此，中國的民運團體和人權鬥士都應該理解和支持，而不是持雙重標準：抗議中共對自己的政治迫害，默許中共對他人的民族迫害，甚至替中共辯解。

他還指出：在維族人看來，他們所受的迫害主要是民族迫害。設身處地這不難理解，也不是維族人政治過敏。被殖民、被佔領地區的人民很自然地把異族侵入，看成是民族迫害。就像中國人當年抗日，中國人把日本人的侵略視爲民族迫害、領土佔領，而不僅是法西斯專制迫害。在侵略的前提下，即使是「大東亞共榮」，中國人也不會接受。其實，今天的「亞太經合會」不就是當年的「大東亞共榮」嗎？不同的是，今天大家是平等自願的。對獨立還是自治，恐怕在維、漢兩族的異議人士當中都有分歧。有的主張徹底的民族獨立，有的主張高度的區域自治，有的認爲只有中國實現民主，東突才有可能獨立或自治。從理論上講，「分」只需己方的意願，「合」需要各方的意願，但操作過程遠沒這麼簡單。這裡有理想中的是否應該，更有現實中的是否可能；有近期的策略考慮，更有長遠的利益盤算。他認爲，所謂「民主第一，民族第二」這種提法是似是而非的，應該是先有個人的權利、民族的權利，然後才有國家的民主制。民主是權利平等的結果，而不是相反。民主反映權利，並不帶來權利。中國實行民主制可能是東突實現獨立或自治的一種機會，但並無必然聯繫。車臣就是現成的例子。蘇聯解體，俄羅斯民主化，車臣並沒有當然獲得獨立。相反地，如果中國由於專制而引起革命或內亂，東突獨立的機會更大。還是蘇聯的例子，所有獨立的加盟共和國都是趁亂獨立的。民主制固然好，但它不是萬能的，尤其在民族問題上、在外交問題上。簡單地說，民主制解決的是對內的問題。

他最後說，即使中國實現民主制，相當一部分漢族人也很難接受東突獨立；因此設立民族自治區不如建立聯邦制，在聯邦制的基礎上，民族自治區應改爲民族保護區，享有更多的福利和權利，以補償歷史上的損傷。

中共黨史專家司馬璐演講的題目是〈民族與國籍的自由認同〉。他的觀點是，贊成民族有自決權，一切民族的地位應該都是平等的，人民的權力高於國家，有獨立組織自己的國家的自由，有選擇國籍的自由。民族與民族之間，根據民主的原則有自由結合、自由分離的權利，任何一個大民族沒有對小民族世世代代的宗主權。

在該研討會上，耶魯大學的維吾爾族講師卡哈爾・巴拉特博士的發言〈維吾爾族教育之埋葬〉介紹了東突的教育狀況，特別提到了中共的漢化教育政策。吉爾吉斯的維吾爾人權活動家、律師圖爾遜・伊斯拉木發言介紹了東突的人權問題，特別是「上海五國合作組織」成立以後，東突人權狀況的惡化情況。

這次研討會是海外民運人士和東突（疆獨）人士之間的一次重要對話，是歷史性的突破。這種研討會應該經常召開，直到達成共識。特別是要邀請專家、歷史學家針對新疆的歷史問題展開論證，用歷史事實來證明中國是何時佔領新疆的，它是不是中國的殖民地等問題。

二〇〇四年十一月七日至十日，由「二十一世紀中國基金會」主辦、哈佛大學燕京學社協辦的第三屆各族群青年領袖研習營在波士頓召開，這次會議與會的三十多名代表，來自中國大陸、台灣、香港、西藏和新疆等地，會議討論了西藏精神領袖達賴喇嘛提出的「中間道路」，以及台灣總統陳水扁提出的「新中間路線」。

達賴喇嘛在一九八八年史特拉斯堡歐洲議會上的講話，就提出不追求西藏獨立，只要求名副其實的自治。一九九三年以後，達賴喇嘛在他的一些講話中，把他的想法歸納爲「中間道路」。會議認爲這一提法既反映了時代發展的趨勢，也極可能成爲解決族群衝突的可取之道。

二〇〇四年六月五日、六日，由《中國之春》和澳門民主發展聯委會聯合舉辦的「『一國兩制』國際研討會」在澳門召開。來自世界各地的二十多名與會者就「一國兩制」問題展開了熱烈的討論。法學家于浩成在「邦聯、聯邦，還是一國兩制」的發言中指出，經鄧小平提出「一國兩制」構想至今已有二十年，二十年來的歷程說明「一國兩制」的構想僅僅是中共的一廂情願，事實上是行不通的；而邦聯或聯邦制不但是解決台灣問題，實現中國統一的最佳方案，也是一勞永逸地解決西藏、內蒙、新疆等各少數民族要求高度自治權，甚至獨立問題的最爲可取的方案。

二〇〇四年六月二十一日至二十二日，第三屆「漢維藏蒙對話」國際研討會在聯邦德國藝術和展覽大廳舉行。除了中國各大民運組織代表以外，還有西藏「流亡議會」議長、「青年大會黨」主席、「內蒙古人權保障同盟」主席席海明、「歐洲東突厥斯坦聯盟」主席艾爾肯．阿利普特肯和西方各國支援西藏組織的代表、德國議會議員等一百五十多人出席了會議。

各方會談中，重點討論了新疆、西藏、內蒙問題的解決辦法，代表們紛紛提出了自己的看法和主張，有的代表堅持民族自決權，也有的代表認爲實行聯邦制是各方最佳選擇，有必要召開各黨派、各民族、各界人士和海外華僑、流亡人士代表參加的新的立憲會議，討論並通過新的中華聯邦憲法。

第十章

中國人根深柢固的漢民族主義思想和「中華大一統」意識

幾乎所有生活在大陸的中國人都深深相信：「新疆、西藏、蒙古等地自古歷來就是祖國領土，絕不允許祖國領土的分裂」這一論點。這一點容易理解，因爲中共的歷史教科書就是這樣編寫的。他們從小就是被中共這樣灌輸，而沒有機會接觸眞正的歷史知識。而生活在自由世界的包括民運人士在內的海外華人們，雖然贊同中國民主化，卻反對新疆、西藏、內蒙古的分離，這就說不過去了。也許其中有些人是在中國接受過中共的「歷史教育」的薰陶之後出國的，到了國外根本就沒有接觸這方面的歷史介紹，還眞的相信中共的歷史觀點；也或許他們對歷史事實心知肚明，而不想承認這個事實，擔心現有的中國領土發生分裂。

大部分中國人往往不能擺脫骨子裡固有、在頭腦裡已經根深柢固的這種大漢族主義和中華大一統思想，一談到新疆獨立，馬上就出現一種本能的反應：「怎麼可以允許佔中國的五分之一的領土，就這樣分裂出去呢？……我們絕不會做中華民族的歷史罪人和賣國賊！」

請中國人冷靜地思考一下：何爲「中國」？何爲「中華民族」？何爲「中國的領土」？這個所謂的「中國領土」是怎麼形成的？何時形成的？現在的「中國地圖」是上帝自古以來就劃給漢人的嗎？如果說「中國人的領土」是指漢族人的領土，那麼，中國領土應該是長城以南、玉門關以東的中原地區，不包括新疆、西藏和內蒙古。這些地區是在十八世紀清朝末期，被滿族人用武力併入滿清勢力範圍的藩屬（殖民地），在此之前它們都是獨立的主權國家。如果你們所指的「中國領土」是指中國境內各民族的共同領土，那麼這些民族應該是自願結合，各民族之間相互平等和相互尊重的，而不是漢民族對其他民族的武力征服、屠殺和壓迫，甚至種族滅絕。新疆、西藏、內蒙的原住民族如果對這種已成現實的被迫結合表示不滿意，要求通過民族自決權尋求獨立建國，那不叫「分裂中國領土」，那是指：這些民族要求把屬於他們自己的領土，從這個「中國公共領土」中分離出去。這有什麼不合理呢？難道你要強迫他們和漢族共處，來維護這個「中國領土」不可嗎？

「中國」、「中華民族」只不過是一個短命的概念，民國之前並無「中華民族」的說法，也沒有現在意義上的「中國」概念。民族本非一體，地域本非一統，文化更非一脈單傳。誰都知道，從古到今，沒有任何一個朝代的正式國名稱作「中國」。「中國」一詞是滿清被推翻後，才被漢族統治者用來作爲國家名稱的。歷史證明，華夏民族和炎黃子孫並不包括當年的夷狄五胡，也就是說今天的中國境內的大多數少數民族，特別是維吾爾人、蒙古人、藏族人的祖先，在人種方面與華夏民族風馬牛不相及。現在，這些民族與漢族在語言、文化、宗教信仰等方面，也截然不同。

從歷史民族學的意義上去分析，並不存在什麼「中華民族」，這只是一個被民國和中共時期的漢族統治者「創造」出來的名詞，硬是把來自不同種族、不同宗教、不同語言文化的幾個民族湊在一起，確定爲「中華民族」，其目的是爲了保全中國的殖民地，爲中國人（漢人）對其他民族的統治尋找合法理論依據。

滿清國於十七世紀佔領中國（明朝），十八世紀末侵佔了周邊的蒙古、西藏、東突厥斯坦等主權國家。一九一一年，當這個滿洲帝國被推翻時，作爲它的殖民地的中國、西藏、蒙古和東突厥斯坦理應同時獲得獨立，但是中國卻獨自繼承了滿清疆土和對其他被殖民國家的宗主權，繼續奴役著其他幾個國家。民國和中共政權爲了使之合法化，便稱之爲在「中國的領土」上發生的「中華民族」內部之間的統治權力更替。

孫中山最初要「驅逐韃虜、恢復中華」，擺脫滿清殖民統治，爭取中國的獨立，但是革命成功後他又改口要「五族共和」，提出了「中華民族」的概念。孫中山在一九二一年三月六日的演說中指出：「滿族追隨日本，蒙族、回（維吾爾）族追隨蘇聯，藏族追隨英國，滿、蒙、回、藏四族沒有自衛的能力，所以要以漢族爲中心來同化國內各民族。同時以美國民族爲榜樣，改『漢族』爲『中華民族』，創造一個完全的民族國家，與美國成爲東西兩半球的兩大民族國家。」[1]他還在一九二三年十一月十六日寫給犬養毅的書簡中，甚至毫不掩飾其殖民統治者的思想，自傲自誇、一廂情願地吹噓：「中國如果革命成功，越南、緬甸、尼泊爾、不丹等國必定自動歸附中國，成爲屏藩。」

可見「中華民族」一詞，也是一個民國時期被漢族統治者人爲地創造出來的名稱，是漢族沙文主義和中華大一統思想的一種具體表現。

中國幾代人被中共的教科書和歪曲宣傳所長期灌輸和洗腦，不由自主地接受了「新疆、西藏自古以來，就是中國領土不可分割的一部分」這一歷史謊言。再加上中共狂熱的「愛國主義」、「民族主義」教育，使中國內外的漢人很難接受新疆、西藏等地的獨立。他們頑固地認為「中華民族」是個擁有五千年文明歷史的優秀民族，中國是個大國，周邊那些被滿清征服的民族，自古以來就是中國的屬民，漢族人統治他們是理所當然的、合乎情理的，中國的領土完整是不容分離的。

一直以來，中國官方在對國內的宣傳中都離不開諸如「四大文明古國之一」、「五千年文明歷史」、「四大發明」等等民族主義思想。以此作為愚民教育的重要組成部分。這些可笑的論調還流傳頗廣，深入人心，使中國人無不感到自豪和驕傲！其實，只要稍有一點世界史常識的人都知道，這些只是一種荒唐可笑的提法。上述三個觀點從來沒有被國際學術界承認。

最可笑的是，中國官方在對國內的宣傳中就用「五千年文明」來愚弄國人，但是在國際上，為了不鬧笑話，還是老老實實地承認中國歷史是從商文明開始的，前後只有三千五百年的歷史。如外研社出版的英文版《中國通史》，就將所謂的「夏王朝」與黃帝的傳說等，乖乖地歸入「神話傳說時代」目錄下。就算從所謂「夏王朝」算起，西元前二〇〇〇年到西元

---

1 參見《孫中山文集》，第五卷，頁四四。

二〇〇〇年，也才四千年。哪來的「五千年文明歷史」？這只是自吹自擂，滿足本民族的虛榮心而已。

實際上，維吾爾族的祖先創造的文明比中國人更早！早在二千一百多年前就已見諸文字的古樓蘭王國，在絲綢之路上作爲中國、波斯、印度、敘利亞和羅馬帝國之間的中轉貿易站，當時曾是世界上最開放、最繁華的「大都市」之一。一九七九年在新疆出土的古樓蘭女屍，以及陪葬的裝飾品和服裝，被專家認定是六千年前的文明，這對大漢族主義者簡直就是甩了一個重重的耳光！

樓蘭女屍出土後，新疆考古所先後請國內多家權威研究機構，共做了十組碳十四測定。後來將樓蘭女屍送往上海展覽，第二天的上海《解放日報》搶先發表了樓蘭女屍有六千年屍齡的報導，引起了世界的轟動。過了幾天，中國的考古專家們卻改口說：「對不起，我們搞錯了，其實只有四千年。」這也難怪！號稱擁有「五千年文明史」的炎黃子孫們，怎麼能容忍中國境內其他民族有六千年的文明史呢？

一九八二年樓蘭女屍在日本展出，日本專家也鑑定爲六千年，這使中國政府惱羞成怒，乾脆把女屍藏在博物館，從此不再對外展出。

我勸那些堅持「中華民族優秀論」的中國人，認眞閱讀以下幾篇文章：〈全面解析所謂「四大發明」神話的謊言〉、〈所謂四大發明的無稽之談〉、〈再談四大發明的神話完全是一種虛假宣傳〉、〈從頭審視所謂四大發明等說法的種種謬誤〉、〈所謂「五千年文明古國」的無稽之談〉。[2]

中國的大漢族沙文主義絕不是在現代的民國和共產中國時期才出現的，它自古就有。歷史上中國從來不曾有過「民族國家」的觀念。在古代中國人眼中，中國就是「天下」，就是世界的中心，其他地方的民族都是「蠻夷」和「胡賊」，他們生活在中國周圍，理當向中國朝貢的。他們認爲中國的皇帝就是天子，即上帝的兒子，是整個人類的統治著，因此，生活在漢族周邊的其他民族也必須臣服於他。

如果仔細讀中國的歷史教科書，你會發現，不管是哪一個朝代，如果哪一個鄰國派使團來中國訪問，以及禮節性地給中國皇帝獻禮物，在中國史書上就變成了「某某國派使節向中國皇帝『進貢』，中國皇帝冊封他們的國王爲某某王」，甚至還說成是「這些國家向中國『俯首稱臣』」。譬如，日本、朝鮮、越南、西藏、西域各國、阿拉伯、波斯等國派來訪華的使團，都是如此記載的。如果有鄰國向中國求助或者要求結盟，就被說成是「要求歸屬」。

中國古人云：「非我族類，其心必異」、「唯我獨尊」。孔子在針對非華夏民族主張：「夷狄之有君，不如諸夏之亡也」、「德以柔中國，刑以威四夷」，亦即「不使夷狄之民加乎中

2 參見《百家爭鳴飛虎隊文集》，http://www.boxun.com/hero/feihuduiwenji

國之君」、「不以中國從夷狄」、「不與夷狄之執中國」。這種思想和觀念於今氾濫不盡，並爲中國民族主義者奉爲法寶。主張漢族爲世界中心的歷史觀，還有舜自爲詩曰：「普天之下，莫非王土；率土之濱，莫非王臣。」[3]；李斯說：「地無四方，民無異國。」古代漢人對周邊民族採取壓迫和剝削的方式，即以「要服」上貢天子，以「荒服」伏認天子；不服從則以「修刑」處理。

中國古人在翻譯外族名稱時，常用「虫」或「犬」等字眼而貶之。史書上記載，古代中原漢人稱生活在他們東方浙、閩一代的民族爲「夷」；南方雲南、廣東、廣西、貴州一帶的民族爲「蠻」；西藏、青海、甘肅的民族爲「戎」；長城以北的北方草原民族爲「狄」。這些詞語，都有侮辱之意。

中國最古老的字典《說文解字》，將四周的民族解說爲「西戎是羊種、南蠻是蛇、北狄是犬、東夷是貂」。中國人向來將四周的「非我族類」看成禽獸也是史實。到了中唐韓愈的時代，在他的〈原人〉一文中，雖也將夷狄歸類於禽獸，與人有所區分，但夷狄已勉強成爲「半人半獸」。古代漢人自古認爲漢人先天文化優越，夷狄則族性低劣，因此漢人能當統治者，狄夷則只能被統治。漢人生於中原而資質高，夷狄生於邊境而資質低，因此漢人理應征服異族。

雍正時代的呂留良、曾靜兩人的排外思想更加偏激。呂留良認爲，中華之外，四方皆夷狄，近中土者，還有幾分人樣，離中土愈遠，則愈近乎禽獸。甚至，現在還有一些中國人自豪地說：「人是由猿猴演變而來，我們中國人的演變已徹底完善，所以身上沒有毛，而外國人還沒有完全演變成人，所以滿身是毛鬚。因此，我們是人類中最優秀的民族。」

這一切說明不僅是在中共統治時期，中國的儒家思想裡本身就有漢族沙文主義思想和歧視周邊民族的傳統，而且已經在大部分中國人的頭腦裡變成了「天理」。海外的中國人儘管在相當程度上接受了西方文化的薰陶，但還是不能輕易擺脫這種傳統思想的約束。

「炎黃子孫」是一個謊言，是直接用以貫徹「家天下」政治觀的歷史法理依據。現在的「黨天下」也仍然用這一套來作爲證明自己統治合法性，和加強統治穩定性的工具。「黨天下」在本質上，也仍然是「家天下」政治觀的延續。許多外國學者在談及中國之所以存在分裂主義思想和運動時，都將其歸罪於所謂根深柢固、至今仍在作怪的「華夷思想」（sinocentrism），即漢民族歧視周邊民族的思想。

在漢民族主義意識下，中國專制政權的統治者塑造了一批節烈的民族英雄，例如，岳飛、韓世忠、文天祥、左宗棠、曾國藩、王震等人。由於他們爲了維護或擴張漢族利益，奉獻心力或犧牲生命，因此他們成爲漢族人民心目中的英雄。〈滿江紅〉詞中「壯志饑餐胡虜肉，

3 參見《詩經．小雅．谷風之什．北山》。

笑談渴飲匈奴血」，成爲中國民族主義者的膾炙人口的詩篇。而抗擊漢族入侵，爭取民族獨立的少數民族英雄，卻被定性爲叛亂分子、叛徒、賣國賊！譬如，維吾爾人的大小和卓、阿古柏、艾沙．玉素福等民族英雄。左宗棠屠殺了數百萬維吾爾族、回族和漢族反清起義人民，是滿清帝國忠實的走狗，也是漢族人的敗類，但是，由於他侵佔了新疆，就變成了愛國主義民族英雄！

漢族民族主義和中華大一統思想是相互統一，同時又是相互矛盾的兩種意識。中國人（漢人）在評價曾統治過中國的北魏國、遼國、金國、蒙古元帝國、滿清帝國，以及當時的歷史人物時就出現了某種矛盾心態。這些國家曾經侵略和蹂躪過中國，按照常理，拓跋珪、成吉思汗、忽必烈、努爾哈赤、康熙等人應該被中國人視爲敵人。反抗外國入侵的中國將領應該是中國人的民族英雄，投靠和協助滿洲入侵者的吳三桂、左宗棠等漢族將領，應該被視爲漢奸、賣國賊。但是，中國人爲了維護「中華大一統」，硬是把歷史上曾在中國周邊獨立存在的，後來被滿清佔領的所有民族（或國家）都說成是中國的少數民族，都同屬一個中華民族。於是，在歷史教科書中，曾經屠殺和奴役中國人的元帝國和滿清統治者們被美化了。中共意識到，爲了維護「中華大一統」，必須犧牲漢族民族主義，因此，要多提元、清的功績，少提漢族人悲慘的亡國奴生活。電視螢幕上播放的，都是在歌頌滿清皇帝的「統一中國」的豐功偉績。中國人在觀看成吉思汗和康熙皇帝的電視劇中，卻忘記了元代、清代的亡國奴生活。

明朝將領吳三桂引來滿洲軍隊佔領了漢族人的國家，由於他的叛逆，中國人經受了二百六十年的滿清統治。他本來是漢族人的叛徒、賣國賊，但是由於「中華大一統」宣傳上的需要，所以也不能這麼說。漢族愛國將領鄭成功趕走了台灣的荷蘭入侵者，在中國人的大明江山被滿清帝國侵佔之時，他在台灣建立了漢人的政權。其子鄭經和他的繼承者爲了保衛台灣這個當時漢族人唯一剩下的領土而抵抗清軍，最終被滿人征服。但是，這起歷史事件，在中共的史書和宣傳工具中卻變成了以鄭成功爲首的台獨分子分裂國家和反對祖國統一的叛逆行爲，眞是荒唐透頂！

滿清是不是中國？這個問題到中共建國初期由總理周恩來定案肯定，理由是中國的版圖是由滿清奠定的，他們還帶來了東北大片領土，由此還編造了中華民族形成的歷史。而魯迅從來沒有承認滿清是中國，孫中山最初也宣稱滿清是異國侵略者。

中國空軍副政委、前國家主席李先念之女婿劉亞洲中將，在他關於滿清入關的文章〈甲申再祭〉中說：「多爾袞就是振興中華的功臣，多爾袞是中華民族的驕傲」，「滿清入主中原，從某種意義上來講是拯救了中華民族」。當談到滿人滅了大明朝建立了滿清王朝時說：「我爲中華民族的幸運而歡呼。」他還說：「爲什麼中華文明能延續至今？恰恰是少數民族一次一次給漢族輸入新鮮血液。」「在朱元璋家族手裡，漢民族已經爛透了。」「滿人本來是很優秀的，就因爲沾上了中國文化才失敗的，不幸的是，鴉片戰爭偏偏發生在滿族已經被漢文化徹底同化之後。滿族最後全盤吸取了和繼承了中華文化，因此結局也最糟。」從他的文章裡可以看出，他是一個完全犧牲漢族民族主義的「中華民族論」和「中華大一統」的鼓吹者。

還有漢人說：「蒙元滿清等新同胞來了，壯大了我偉大中華民族。蒙元的體制，雖然曾把人口分爲四等，居於最下等和倒數第二等的才是漢人，那又如何？我們到底還是把它同化掉了呀。滿清這個外族，被同化的更順當，雖然我們跪拜稱頌了二百多年的萬歲聖上，有多少人在乎？當然，也曾有些小小的不愉快，揚州十日、嘉定三屠，殺了八十多萬漢人，可漢人的基數本來就大呀，再殺八十萬也不多。」[4]

也有漢族學者認爲：「中國版圖大擴張的兩個朝代，元朝和清朝都不是漢人的朝代。滿清帝國通過武功奠定了現代中國疆域的基礎，對中華民族有莫大的貢獻。當現代漢人史學家批評懦弱的滿清政府丟失了大片東北和新疆的土地給俄國時，不要忘記這些土地本來就是他們帶進中華民族大家庭的。」[5]

柏楊在《中國人史綱》中說：「當中國強大如漢王朝、唐王朝、清王朝時，我們固當以一個王朝人爲榮。當中國衰弱如南北朝五代、宋王朝、明王朝，以及清王朝末年時，我們仍以當一個中國人爲榮。中國——我們的母親，是我們唯一的立足點。」

「聯合早報論網壇」於二〇〇四年九月十六日發表的〈成吉思汗是中國人嗎？〉一文裡，作者承認說：「對於佔領軍，不管他們佔領的時間是長還是短，都很難被叫作被佔領國人。

例如，英國佔領印度，納粹德國佔領西歐，誰也不會說查理一世也是印度人，或說希特勒也是法國人。日本鬼子佔領中國許多年，沒有人認爲明治天皇也是中國人。所以說，中國有一個特色，似乎也曾被魯迅先生所諷，即中國可以以自己高超的文化來『同化』外來的侵略者。雖然匈奴、蒙古人沒有被『同化』，但是滿清確實被『同化』了。雖然後來漢族男人們都拖了辮子、穿了馬褂，女人穿了旗袍，可是文字還是用了漢字，這是中國人所感到欣慰的。假若當年沒有世界反法西斯聯盟的形成，假若兇惡已極的希特勒獲勝，假若殘暴已極的日本人在中國長期統治下去，那麼，一段時間以後，法國人是否會像我們讚美成吉思汗一樣，把希特勒說成是法國英雄呢？明治天皇是否會成爲中國另一個成吉思汗？而昭和天皇成了另一個忽必烈呢？或者他們成了努爾哈赤和『康熙大帝』呢？我想，任何一個現代人都會回答我說：這樣的事是不可能的。爲什麼？因爲人們都知道、都記得、都不會忘記希特勒恐怖已極的『歐洲新秩序』和日本人恐怖已極的『南京大屠殺』。那麼我要問，爲什麼成吉思汗的大屠殺就被忘掉了呢？他在現代中國人的心目中，就可以成爲『一代天驕』呢？我認爲，就是因爲時間已經隔得太久遠了。」

4 此段論述參引自某海外中文網壇。

5 參見夜食鷹，〈中國近代史的「百年恥辱」與「尚武精神」〉。

請問，按照「大一統」邏輯，假如說二戰後日本人勝利了，日本人統治中國一百年後，中國歷史將怎麼寫？那時候如果日本人漢化了，還帶來了東南亞的大片領土，「大東亞共榮圈」的主要民族還是漢族，那麼，那個時候的中國人會不會很自豪地說：我們大日本帝國奠定了中國的版圖，因此，日本人也是我們中華民族的一部分，從而歌頌日本帝國統一江山的豐功偉績而不提南京大屠殺？那時，是不是要把中國人的抗日戰爭定性爲反抗「大東亞共榮圈」中央政府和反對祖國統一的叛亂活動？當時的滿清入侵中國，不也是這麼一回事嗎？

趙無眠的〈如果日本戰勝了中國〉[6]贊同上述觀點，他說：「比較中國歷史上各主要入侵者，日本與中國的文化最爲接近。從文化脈絡上說，它應該最容易融入中華民族。日本文字是漢字，字義基本同於中文原意。日本長久爲農耕民族，不像以游牧或漁獵爲主的匈奴、鮮卑、契丹、女真、蒙古和滿洲人，無須對生活習俗做較大改變即能完成漢化。日本的文物典章多仿襲中國，就連宗教、服飾、習俗及民族特性、價值倫理也都受中國影響甚久甚鉅，超過任何一個『加入』中國前的其他民族。就是在今天，日本人也比藏人、蒙古人、回人、維吾爾人更像『中國人』。中國人不是一個民族主義觀念強烈的族群，這樣才有歷代侵略者與亡國奴共建『中國』的傳統。成吉思汗生前是中國的侵略者，死後才成爲『中國人』。蒙古人奉行的種族滅絕政策，所到之處殺人如麻，納粹德國和日本軍國主義皆不能望其項背。然而，成吉思汗卻以『偉大的民族英雄』載入中國史冊，與秦皇漢武、唐宗宋祖並列，受人尊崇。日本軍隊相對的文明，緣於對中國文化的尊重與認同。如果日本人贏了，也就沒有人把他們當作戰犯，他們的戰爭罪行也就會爲『偉績』所掩蓋，他們的亡靈也就會被供奉在比『靖國神社』闊綽、輝煌和神氣得多的紀念堂中受後人祭祀。」

趙無眠還說：「如果日本戰勝了中國，根據歷史的經驗可以推斷，結果顯然是：日本將成爲中國的一部分，還要加上朝鮮這個自古跟中國關係密切的屬國。中國的疆域將第一次越過日本海，囊括忽必烈當年兩次都未曾征服的東瀛島國。日本一旦加入中國，不論它是以什麼方式，想再退出中國，就不那麼容易了，那就是分裂祖國，就是極端民族主義，全體『中國人民』堅決不能同意。」

他還舉例說：「當年金朝（滿族人）於西元一一二六年底攻佔北宋汴京，到一二三四年初亡於蒙古，一百零七年後融入中國。日本自一九三七年攻佔中華民國首都，製造南京大屠殺，到一九四五年向同盟國投降，只有八年。金朝先是扶持建立張邦昌、劉豫僞政權，後乾脆自己來幹，成了代表『中國』的兩個『合法』政府之一。日本也扶持建立了僞滿洲國和汪精衛政府，但來不及『自己幹』，來不及『合法』就投降了。這樣短的時間，使它終於沒有能夠融入中國，被『漢化』成『中華民族』的一員。如果時間足夠長，日本人也一定被同化，

6參見《軍事文摘》二〇〇三年六月五日轉載自《中國報導週刊》。

與滿清會是一個結局的。滿洲人的清朝佔領和統治整個中國，而最終也被整個中國所吞沒。如果是這樣一個結果，我以爲即使日本贏得戰爭的勝利，對中國而言未見得就一定是壞事。可以推斷，中國征服和統一日本，與日本征服和統一中國，最終結果是完全一樣的。那就是：只有一個中國。一個日本這樣的國家，和一個中國這樣的國家，都不足以眞正令西方人畏懼；而一個日本那樣發達的中國，或一個中國那樣龐大的日本，卻足以使所有的國家不敢小覷。」

可悲！可憐！漢族人的這種觀點太可悲了！這些漢人爲了維護「大一統」，寧可犧牲本民族的尊嚴和氣節，寧願葬送國家的主權和民族自由！漢人不僅不爲自己的亡國史，以及被外國人殺戮、被奴役的歷史事實感到羞恥，反而爲此引以自豪！這對世界上任何民族來說都是不可思議的。

漢民族主義心態和「大一統」思想往往在中國人頭腦裡處於矛盾狀態，漢族人爲本民族的歷史文化感到自豪的同時，在遇到維護殖民地的統治和國家最高利益時，立刻擺出中華大一統觀點，而犧牲自己的民族自尊，把入侵中國、屠殺漢人的外國人說成是自己同胞、中華民族的一員。因爲這樣說就可以把這些入侵者的國土，也說成是自己的領土。

成吉思汗橫掃歐亞大陸，滅國四十餘個，也包括中國，而蒙古後來成了「中國的蒙古族」。清兵入關佔領中國，也使滿族成爲「中國的滿族」。中國人習慣將外國入侵者說成是「外族」。什麼叫「外族」？說直白了就是外國民族。不然，怎麼不以「外族」去稱呼今天中國的少數民族？

為了中華大一統的需要，中國從來都把外國入侵說成是「外族入侵」；把匈奴、突厥、契丹、蒙古、藏族、滿族等民族建立的國家，說成是「中國的少數民族地方政權」；把中國人攻打和侵略這些外國，說成是「征伐」、「平定」、「討逐」、「統一中國」；把這些國家攻打中國，說成「侵擾」、「犯邊」、「反抗中央政權」。

〈侵略者與亡國奴共建的中國〉[7]一文中承認說：「中國人歷來就有這個本事，做了亡國奴就去同化征服者，美其名曰『文化征服』，沒有辦法的辦法。美國有種觀念：打不過人家，就加入人家。而中國人的理論與實踐則是：打不過人家，就漢化人家，再把人家算作自己人，好在還算成功……。秦滅六國，五胡亂華，金滅北宋，蒙古征服中國，清朝入關……，無不如此。日本也差一點成了『中國人』，如果它打贏了必將如此。」

該文章指出：「中國至有今日版圖之龐大，中國人和中國的民族至有今日之眾多，沒有侵略者的加入是不可想像的。照道理，以中華文明領先世界的優勢，應該是中國對外征服為主。事實並不如此。由中國發動的領土擴張，從來都費力不討好，勞民傷財又功效甚微。反而是外族入侵，往往大建奇功。中國每一次被大規模侵佔和征服的結果，都擴展了中國的版

7參見「澳紐華程網」，二〇〇五年十二月九日。

圖，同時給中華民族注入了新鮮血液。中國被侵略的規模越大，征服得越徹底，中國的擴展就越迅速、越遼闊。這麼說太不好聽了，卻是事實。清朝是外來侵略者建立的朝代，它強行把九百多萬平方公里（略小於今日中國的面積）的土地，帶給了當時不足四百萬平方公里的中國。它在被漢人當作『韃虜』驅逐出歷史舞台之際，交出的是一個淨收入仍有七百多萬平方公里、基本完整的大中國。」

在中國的歷史上，第一個大力宣導「大一統」思想的人是孔子。面對周朝的衰落，群雄割據、社會動盪的局面，試圖恢復周禮挽救頹勢，重整周朝的一統山河。他重編《春秋》，闡述了大一統的思想。後來，孟子繼承了孔子「大一統」的思想，以實現「大一統」爲己任。但是，當時的「大一統」是指華夏國土的統一，孫中山提出的「中華民族」統一論才是現代「中華大一統」思想的奠基。

在「中華大一統」觀念之下，很多漢族人堅信漢族是人類的正統、中國是世界的中心，漢族史是正史，其他民族則被列於正史之外，鄙爲蠻夷。這樣，文化來源不同的三家夏、商、周被「串」在一起，成爲漢人一脈相承的更朝換代；黃河流域成爲所謂中華文明的搖籃，中華文化先在中原發展起來，再影響落後的四周地區文化，夏不斷同化夷等等。這種大一統觀念在秦、漢時期就在中國人的腦子裡扎下了根，所謂「大一統」，就是試圖把所有的東西都統一成一個整體，中國幾千年來，無論是在地域還是思想上，都把大一統看作是最高目標。

對於漢民族的形成，專家的權威解釋是：「在周民族形成以前，中國中原地區分別形成了夏民族、商民族，以及蠻、夷、戎、狄等族；周民族形成後，在春秋民族大融合時期形成爲華夏民族，秦統一全國時，才形成統一的華夏民族；西漢時華夏民族又發展、轉化爲漢民族。」

經過幾千年的歷史演變，古代生活在漢族周邊的少數民族，幾乎全部被漢族同化。現在的雲南、廣東、廣西、貴州一帶的漢人，其實就是古代南蠻後裔；四川、甘肅一帶的漢人是西戎之後；福建、浙江、江西一帶的漢人是漢代所稱的東夷後代；黃河流域、西北、華北地區的漢人裡，有一半血統屬於被稱爲北狄的匈奴、突厥、鮮卑、女眞、党項、契丹、蒙古、滿族。隋朝的建立者楊堅，以及唐朝的建立者李淵、李世民父子，都是漢化的鮮卑突厥人；明朝的創立人朱元璋也是被漢化的色目人（中亞突厥人），所以他們執政時期就沒有履行優待華人，歧視外族的政策。唐太宗說：「自古皆貴中華，賤夷狄，朕獨愛之如一。」朱元璋說：「朕既爲天下主，華夷無間，姓氏雖異，撫字如一。」現在從漢族人的方言區別之大，就可以看出漢民族的血統的複雜性。象形漢文字是把他們在「漢族」這個民族名稱之下，聯繫在一起的唯一繩索。

從漢人同化周邊民族的歷史中可以看出，大部分被漢化的北方民族都是作爲對中國的征服者和統治者，而主動地、一廂情願地或者不由自主地融入了中國文化之中，並不是被迫漢化的。譬如，四世紀，南匈奴拓跋部落越過長城侵入黃河流域建立北魏等國後，在對漢人的三百年統治過程中，自願接受漢族文化，最後導致完全漢化和融入漢民族；十世紀唐末五代時期，突厥沙陀部侵佔中原建立政權，歷經半個世紀後也被漢化；十二世紀金、遼、西夏統治北方中國一百多年後，大部分也融化在漢族人當中；十三世紀，蒙古人統治中國一個世紀，其一部分被同化，另一部分被趕回了蒙古草原；十七世紀起，滿族人統治中國二百六十年後，也在漢族人海中淹沒。這些民族都是在征服和統治漢族人的過程中被漢化的，並成爲現代漢人的一個組成部分。

然而，曾生活在中國東部、南部和西南部的，古代被稱爲東夷、南蠻、西戎的眾多民族則正相反，他們是在漢人的佔領和漢族不斷南遷的過程中，融入漢民族的。雲南在元朝以前是獨立的大理國，當時這裡沒有漢族居民，明朝以後，由於漢人的大量遷入，同化了當地居民，使這裡變成了一個以漢人爲主的省分。現在，在中國南方，除了在深山老林裡保留下來一部分人口極少的少數民族以外，絕大部分已經同化。剩下的現代南方少數民族，目前仍然面臨著被完全同化的危險。可以說，生活在城市裡的南方少數民族已經被漢化了。

從人口發展情況來分析，可以看出外族融入後漢民族的人口變化。秦漢之時，漢民族約有三千二百萬人，發展到漢平帝元始二年（西元二年）時，也僅達五千九百萬人，但歷經魏晉南北朝時期的北方外族融合，到唐代前期人口已達八千萬到九千萬之間；又經唐末五代，到北宋大觀三年（一一〇九年），漢族人口突破一億，再經宋、遼、西夏、金、元時期的又一次外族融入，到明萬曆二十八年（一六〇〇年）人口達一億五千萬，及至清道光三十年（一八五〇年）人口已達四億以上。從上述漢族人口的發展中可以看出，每每歷經外族佔領和統治漢族人的國家，漢族人口不是銳減而是激增，這是什麼原因呢？這是所謂征服中國的外國民族「漢化」的結果。同時，又因爲漢族南移，漢化了南方大部分少數民族，從而使漢族人口不斷發展壯大。今天的漢族人誰也說不清楚自己是不是炎黃子孫和龍的傳人。

目前，仍然維護著自己的傳統文化、語言文字和宗教信仰，並有著獨立願望的民族地區只有西藏、東突（新疆）和內蒙古。這些民族不承認自己是中華民族，而且要求獨立。中國的五十六個民族中的其他民族都沒有獨立訴求，他們如果願意作爲「中華民族」而接受漢族文化，願意融入漢民族，那是他們的事，是他們自己的選擇。

回顧中國歷史就可以發現，漢民族的歷史其實就是亡國奴史，〈侵略者與亡國奴共建的中國〉一文寫得非常正確，的確反映了這一事實。縱觀中國歷史，看看有幾個朝代是漢人的政權？有幾個漢人政權建立過統一的中國？他們執政才多久？佔整個中國歷史長河的幾成？中國最後二千年的歷史中，外族（外國人）統治中國全境或一半領土的階段大概有一千年，佔五十%。値得漢人自豪的除了漢、唐盛世以外，還有哪個時代？難道是匈奴帝國征服歐洲？難道是成吉思汗征服天下？難道是滿清康乾盛世？還是自吹自擂的「四大發明」、「五千年文明」？難道是由於自己的軟弱無能，爲了防禦外國入侵而修建的萬里長城？

漢人爲什麼從來不提及維吾爾人等突厥民族在西域創造的古絲綢之路的燦爛文明、敦煌文明，以及喀喇汗、察合台汗國時期的中亞突厥—伊斯蘭文明？有多少漢人知道伊本．西那、花拉子米、比魯尼、法拉比等中亞突厥人，對人類科學史的巨大貢獻？在教科書上爲何不提這些舉世聞名的偉人，而大談那些根本沒有被世界承認的所謂漢人的「四大發明」和「四大名著」？漢人爲什麼不願承認他們的很多文明，就是通過絲綢之路從維吾爾族學來的？漢族人的二胡（二弦胡琴）、琵琶（五弦胡琴）、洋琴、笛子（胡笛）等主要樂器是從哪裡學來的？有幾個中國人知道維吾爾人使用印刷技術，比中國人要早幾百年？有多少中國人瞭解維吾爾族的眞正歷史和燦爛文化？爲什麼漢人一提及新疆，就只想到維吾爾族的歌舞、哈密瓜、葡萄乾和羊肉串？

在現在漢族人的眼裡，少數民族就是落後文化的象徵，看到少數民族的風土人情和穿著打扮，就把他們和印第安人，以及非洲深林裡原始土著居民相比較。在節日盛會，漢族政府官員會要求少數民族穿上本民族服裝在台上唱歌跳舞，自己卻穿著西裝革履在台下觀看欣賞！共產黨還假惺惺地做出「幫助」和「照顧」少數民族的樣子，好像這些民族必須有了漢人和共產黨才能生存！漢人為什麼不深思一下，現在少數民族地區落後的原因到底是什麼？

漢族人如果是要建立一個統一的華夏民族之中國，實現炎黃子孫的大一統，那是理所當然、無可厚非的。然而，漢人有何理由把那些與漢民族毫無血緣關係的西藏、新疆、蒙古民族，也列入大一統的範圍內？為何要把「中華民族」的帽子強加在他們頭上呢？說穿了就是為了維護漢人對這幾個民族的殖民統治，而尋找理論依據。

羊肉串與葡萄乾是漢族人對維吾爾族人僅有的認識。漢人教科書不會提及維吾爾等突厥民族在中亞地區創造的文明與科學上的貢獻。

總之，大部分的中國人都是接受被中共意識綁架的教育而長大的，依然信仰中華大一統思想。中國要實現民主化，就是要破除「炎黃子孫」、「中華民族」、「五千年文明」、「大一統」之類的迷思。因爲這些東西，不僅不符合歷史眞實，而且只是殖民統治者用來證明自己統治合法性的工具。

結語

「新疆胡楊三千年，長著不死一千年，死後不倒一千年，倒地不爛一千年。」——這正是維吾爾人民頑強生命力之寫照。

維吾爾人民經歷了滿清、民國、中共三代政權近三百年的血腥統治和屠殺，現在他們仍然遭受著共產黨法西斯的種族滅絕政策。但是，維吾爾人民就像胡楊一樣頑強，絕不會屈服，永遠不會放棄自己的信仰、自己的民族文化和民族尊嚴。他們爲了爭取民族自由，將鬥爭到底。

一個國家裡的各民族之間相互平等、相互尊重、和睦相處，是每個民族的共同願望，是國家保持統一的前提。瑞士是一個由法國人、義大利人、德國人三個民族組成的國家，比利時、荷蘭等國也是由幾個不同的民族組成的國家。他們不但不分離，反而開始在歐盟的旗幟下，走向更大的聯盟，爲什麼呢？因爲這些國家各民族之間是相互平等、相互尊重的。

而在中國呢？五十五個民族大多數已被漢族同化，只有維、藏、蒙三個比較大的、要求獨立的民族，在頑強地保護著本民族的身分。他們何嘗不願意與漢族和平相處？但是，一個多世紀以來，他們經歷了滿清政府的血腥屠殺、軍閥和民國政府的欺詐和壓迫，以及中共獨裁政府史無前例的、滅絕人性的殘暴統治。他們起來反抗，挽救民族的滅亡、爭取恢復自己的祖國獨立，難道這不是正義的事業嗎？

漢族兄弟姐妹們！請你們把自己放在這些民族的位置上認眞反思一下：如果你是一個維

吾爾族，你會有何感受？你會怎麼辦？想一想滿清入侵中國時對漢人的大屠殺，華人當時「反清復明」的願望！想一想日本人佔領中國時，華人成爲亡國奴的感受！想一想當年日本人呑併中國搞「大東亞共榮圈」，中國人爲什麼不答應？滿清、民國和中共對東突厥斯坦的殖民統治不就是這麼一回事嗎？各民族生活在一個國家需要的是兩廂情願、相互尊重、相互平等，而不是一個大民族用屠殺、掠奪、壓迫、同化，甚至種族滅絕等殘暴手段，強迫其他小民族服從自己的統治。

當然，民運人士會說：「中共的暴政是造成民族仇恨的根源，共產黨確實給你們帶來了巨大的災難，但是在以後的民主中國，我們給你們平等的權利，那時候我們可以和平相處。」說起來很容易，飽受苦難的東突人民不會輕易忘記過去，中共給他們留下的心靈創傷太深！東突人民不會忘記對中共的深仇大恨[1]，兩個民族已經不可能在一起和平相處了。何況，國民黨在奪取政權以前，曾用「五族共和」欺騙過東突人民；共產黨打天下時，又以「民族自決」和「民族自治」的空口許諾，再一次使東突人民掉入了苦難的深淵。東突人民已經心寒！對漢人失去了信任！很難說服東突人民與漢族繼續一起相處。東突人民怎麼能輕易相信民運人士的「民族自決」、「民族自治」、「民族聯邦」的許諾呢？

---

1 這在維吾爾族老百姓的眼裡，是對漢族的深仇大恨。

試想一下，由於二戰期間日本佔領中國，屠殺了中國無數百姓，結果半個世紀過去了，大部分中國人仍然對此懷恨在心，對日本人還是充滿了敵對情緒，這是很正常的心理現象。因此，在以後的民主中國，指望維吾爾族與漢族繼續一起生活，是一種很不切實際的幻想。

請看看其他國家：捷克斯洛伐克的兩大民族通過和平協商，分離成為捷克與斯洛伐克兩個國家；南斯拉夫的各民族也以民族自決的方式自願解散，分別成立了斯洛維尼亞、塞爾維亞、馬其頓、波士尼亞和克羅埃西亞共和國，後來由於塞爾維亞民族主義者試圖把波士尼亞佔為己有而發動了戰爭，結果由於美國和歐洲的干涉，結束了長達四年的民族衝突。

蘇聯的十五個加盟共和國也於一九九〇年以民族自決的方式，獲得了獨立，與東突厥斯坦同時被沙俄侵佔的中亞五個突厥國家，因此也完成了獨立建國的夢想。上世紀末，英國和葡萄牙也先後放棄了對香港和澳門的殖民統治；印尼殖民地東帝汶也以民族自決的方式獲得了獨立。

二十一世紀的世界將是一個沒有殖民地的，民主、自由的，人權高於主權的世界。在這樣一個環境下，中國走向民主後，為什麼不能給東突厥斯坦人民一個民族自決的權利呢？由於中共的法西斯統治，以及新疆的漢族移民對維吾爾人民長期以來的欺壓，維吾爾族已經不可能與漢族和睦相處了。更何況，維吾爾人在人種、語言、文化、宗教信仰等方面，與漢人沒有任何關係，將來的民主中國不應該強行維持這種宗主權和殖民統治，而應該承認東突人民的民族自決權，讓他們自己決定自己的命運。中國人不是相信「分久必合，合久必分」嗎？現在，到了該分的時候了！就算東突厥斯坦獨立了，由於地理、軍事、經濟等方面互相依賴等原因，兩國完全有可能像獨立國協那樣結成一個聯盟，建立友好合作關係。當然，中共垮台後，如果在獨立問題上雙方不能達成一致，那麼聯邦制（高度自治）也是另外一個選擇方式，但是需要民運組織和東突組織從現在就開始協商。

最後，我呼籲海外中國民運組織和東突組織，本著眞誠、平等、尊重的原則，加強相互間的對話，增加相互間的瞭解，在未來東突厥斯坦的「高度自治」，還是「民族自決」的定位問題上達成共識，並在國際組織的監督下，面對世界媒體宣布一份「共同宣言」。同時，要儘快成立一個各方代表組成的漢、維、藏、蒙聯合委員會，定期召開聯合會議，在制定新聯邦憲法等事宜上保證各方的參與，對持不同意見的各方組織和人民進行認眞解釋、宣傳。這些舉措可以避免中共垮台後，將發生的一場大規模流血衝突和長期的內亂。

讓我們爲了早日結束共產黨的法西斯暴政，爲了共同迎接一個自由、民主、人權的新時代的到來而攜手努力。

國家圖書館出版品預行編目（CIP）資料

東突厥斯坦：維吾爾人的真實世界 / 霍爾．唐日塔格作 -- 初版 -- 台北市：前衛，2016.09
416 面；21 x 14.8 公分

ISBN 978-957-801-807-5(平裝)

1. 民族獨立運動 2. 新疆維吾爾自治區

676.1　　　105015428

東突厥斯坦：維吾爾人的真實世界

作　　者　霍爾．唐日塔格（HÜR TANGRITAGH）
主　　編　鄭清鴻
責任編輯　許家旗
封面設計　黃聖文
美術設計　郭姵妤
地圖繪製　余崇任
校　　對　蔡綉敏

出 版 者　前衛出版社
10468 台北市中山區農安街153號4樓之3
Tel：02-25865708　Fax：02-25863758
郵撥帳號：05625551
e-mail：a4791@ms15.hinet.net
http://www.avanguard.com.tw

出版總監　林文欽
法律顧問　南國春秋法律事務所

總 經 銷　紅螞蟻圖書有限公司
11494 台北市內湖區舊宗路2段121巷19號
Tel：02-27953656　Fax：02-27954100

出版日期　2016 年 9 月初版一刷
2019 年 10 月初版四刷

定　　價　新台幣 450 元

Printed in Taiwan　ISBN 978-957-801-807-5